Jens Fricke

Value-at-Risk Ansätze zur Abschätzung von Marktrisiken

GABLER EDITION WISSENSCHAFT

Jens Fricke

Value-at-Risk Ansätze zur Abschätzung von Marktrisiken

Theoretische Grundlagen
und empirische Analysen

Mit einem Geleitwort von Prof. Dr. Ralf Pauly

Deutscher Universitäts-Verlag

Bibliografische Information Der Deutschen Nationalbibliothek
Die Deutsche Nationalbibliothek verzeichnet diese Publikation in der Deutschen Nationalbibliografie; detaillierte bibliografische Daten sind im Internet über <http://dnb.d-nb.de> abrufbar.

Dissertation Universität Osnabrück, 2005

1. Auflage September 2006

Lektorat: Brigitte Siegel / Sabine Schöller

Der Deutsche Universitäts-Verlag ist ein Unternehmen von Springer Science+Business Media.
www.duv.de

Umschlaggestaltung: Regine Zimmer, Dipl.-Designerin, Frankfurt/Main
Druck und Buchbinder: Rosch-Buch, Scheßlitz
Gedruckt auf säurefreiem und chlorfrei gebleichtem Papier
Printed in Germany

ISBN-10 3-8350-0550-2
ISBN-13 978-3-8350-0550-1

Geleitwort

Der Value-at-Risk dient der Abschätzung künftiger Marktrisiken. Zu denken ist dabei an Risiken bei Aktien- und Wechselkursen oder bei Rohstoffpreisen. Hier steht das Risiko einer Finanzanlage, sei es eine Aktie oder ein Portfolio von Aktien, im Mittelpunkt.

Anhand des Value-at-Risk können Unternehmen zum einen ein optimales Portfolio zusammenstellen, zum anderen können sie damit das Gesamtrisiko ihrer Geldanlagen steuern. Er rückt im Risikomanagement verstärkt in das Tätigkeitsfeld von Unternehmen, die ihre Marktrisiken zuverlässig abschätzen möchten. Einen zusätzlichen Handlungsdruck übt der Baseler Ausschuss für Bankenaufsicht aus. Um drohenden künftigen Finanzkrisen in Volkswirtschaften vorzubeugen, hat dieser regulatorische Vorschriften erlassen. Darin wird die Höhe von Eigenmitteln, die ein Unternehmen zu hinterlegen hat, in Abhängigkeit vom Grad des Marktrisikos geregelt, genauer von dem prognostizierten Value-at-Risk.

Von einem bestimmten Tag ausgehend ist der Value-at-Risk der Verlust einer Finanzanlage, der mit der Wahrscheinlichkeit $1 - \alpha$ innerhalb der nächsten Tage nicht überschritten wird. Dieser Maximalverlust ist zu prognostizieren, und zwar sind 1- und 10-Tages Value-at-Risk Prognosen zu erstellen. Die 1-Schritt Prognosen dienen der Evaluierung des Verfahrens. Von der Güte der 1-Schritt Prognose und der Höhe der 10-Schritt Prognose hängt die in den Basel II Richtlinien geregelte Eigenkapitalanforderung (EKA) ab.

Bei der Überprüfung sind die 1-Schritt Prognosen mit den realisierten Verlusten innerhalb eines Jahres zu vergleichen. Bei einem zuverlässigen Verfahren sollte der tatsächliche Verlust nur in relativ wenigen Fällen über dem prognostizierten Value-at-Risk liegen. Die Richtlinien geben für die Zahl der Überschreitungen ein Intervall vor. Ist sie kleiner als die Intervalluntergrenze, dann bleibt ein Multiplikator unverändert, und ist sie größer als die Obergrenze, dann ist das als ungeeignet angesehene Prognoseverfahren zu ersetzen. Liegt die Zahl innerhalb des Intervalls, dann erhöht sich der Multiplikator. Dieser ist als Ausgleich dafür gesetzt, dass Unternehmen auch auf der Normalverteilung basierende Verfahren wählen können, die aber das Risiko auf Finanzmärkten systematisch unterschätzen.

Mit der Wahrscheinlichkeit $\alpha = 0,01$ und dem Multiplikator, der Werte zwischen 3 und 4 annehmen kann, können die zu hinterlegenden Eigenkapitalmittel einen beträchtlichen Anteil an der gesamten Finanzanlage erreichen und dadurch die Dispositionsfreiheit von Finanzinstituten erheblich einschränken.

Die Unternehmen stehen vor dem Problem, ein Verfahren auszuwählen, mit dem bei möglichst geringer Hinterlegung von Eigenmitteln die Marktrisiken zuverlässig prognostiziert werden können. Hier setzt die Arbeit von Herrn Fricke an.

Aus statistischer Sicht stellt der Value-at-Risk ein Quantil der künftigen Verteilung des Portfoliozuwachses innerhalb der Zeitspanne von einem bzw. zehn Tagen dar. Dieses lässt sich unter allgemeinen Bedingungen aus dem entsprechenden Quantil der zugehörigen bedingten Renditeverteilung ermitteln. Für die Entwicklung der Rendite hat die Finanzmarktökonometrie in den letzten 25 Jahren verschiedene vielversprechende Modelle entwickelt, die sich für Prognosen der Quantile bedingter Renditeverteilungen ausnutzen lassen. Zu nennen sind hier univariate und multivariate GARCH-Modelle sowie CAViaR-Ansätze zur direkten Prognose von Quantilen. Diese theoretische Basis nutzt Herr Fricke, um eine Reihe von Verfahren zur Prognose des Value-at-Risk vorzuschlagen, die konsequent auf die Basel II EKA ausgerichtet sind.

Die umfassende empirische Vergleichsstudie zeigt, dass die auf der Basis der modernen GARCH- und CAViaR-Modelle entwickelten Ansätze das Spektrum der geeigneten Verfahren wesentlich bereichern. Diese zeigt zudem, dass auch ein wenig zuverlässiges Verfahren zu relativ niedriger EKA führen kann. In diesem Fall fehlt dem Unternehmen der Anreiz, auf ein zuverlässigeres Prognoseverfahren zu wechseln. Möglicherweise sanktioniert der Multiplikator nur unzureichend die Unzuverlässigkeit des Verfahrens.

Die vorliegende Arbeit stellt den komplexen Stoff der Value-at-Risk Prognosen im Zusammenhang mit der EKA nach Basel II umfassend und in relativ leicht zugänglicher Weise dar und evaluiert in einer umfangreichen empirischen Analyse systematisch herkömmliche und theoretisch wohl fundierte Verfahren. Sie gewährt somit dem interessierten Leser einen verständlichen Überblick über die theoretische Fundierung und die empirische Anwendung von Verfahren zu Value-at-Risk Prognosen.

Prof. Dr. Ralf Pauly

Vorwort

Das Management von Risiken gewinnt zunehmende Bedeutung im Rahmen der komplexen Zusammenhänge, die von Unternehmen zur erfolgreichen Entwicklung gestaltet werden müssen. Es ist wesentlich, die Geschäftsaktivitäten hinsichtlich der potenziellen Verlustmöglichkeiten zu bewerten. Für diese Bewertung bietet sich das Konzept Value-at-Risk an, welches die Verlustmöglichkeit mit einer gewissen Wahrscheinlichkeit belegt und die Risikosituation mit einem monetären Betrag quantifiziert. Dieses Vorgehen bewertet die Risikosituation des Unternehmens mit einer Kennzahl, die leicht verständlich ist. Die Zusammenführung mit der Bewertung der Renditemöglichkeit von Geschäftsaktivitäten liefert die Basis zur erfolgreichen Steuerung des Unternehmens.

Insbesondere für Finanzinstitute stellt sich die Frage der genauen Quantifizierung von Risiken und der adäquaten Hinterlegung mit Eigenmitteln. Für diese Fragestellung liefern die Basel II-Anforderungen einen Rahmen zur Ausgestaltung. Danach werden die Finanzinstitute aufgefordert, ihre Risiken mit Value-at-Risk zu bewerten und nach einer festgelegten Berechnungslogik eine vorgeschriebene Eigenmittelhinterlegung vorzunehmen.

An diesem entscheidenden Punkt setzt die vorliegende Arbeit an. Die Ausgestaltung des Value-at-Risk Konzepts zur Bewertung von Marktrisiken kann durch unterschiedliche Ansätze vorgenommen werden. Dabei bieten sich neuere Entwicklungen zur Modellierung der Volatilität und Interdependenz von Finanzmarktzeitreihen an. Die Integration dieser Modelle in die Berechnung des Value-at-Risk liefert aus theoretischer Sicht Vorteile. Im Rahmen der umfangreichen empirischen Vergleichsstudie wird gezeigt, dass sich die Vorteile auch in der praktischen Anwendung belegen lassen. Dabei werden nicht nur genaue Prognosen der bestehenden Marktrisiken erzielt, sondern zudem die geforderten Eigenmittel zur Hinterlegung möglichst gering gehalten, welches eine erstrebenswerte Situation für die Finanzinstitute darstellt.

Durch die Ausführung und Belegung dieser Vorteilhaftigkeit neuerer Ansätze zur Modellierung der Volatilität und Interdependenz wurde die Zielsetzung meiner Arbeit erreicht. Bei der Erarbeitung dieser Gedanken haben mir sehr viele Freunde, Bekannte und Kollegen geholfen, bei denen ich mich ganz herzlich bedanken möchte.

Insbesondere möchte ich meinem Doktorvater Herrn Prof. Dr. Ralf Pauly danken, der mich seit meinem Grundstudium an der Universität Osnabrück jederzeit gefördert und persönlich unterstützt hat. Die fruchtbaren Diskussionen während meines Studiums und bei anschließenden Treffen haben meine persönliche Entwicklung bedeutend vorangetrieben.

Dank gebührt Herrn Dr. Dietrich Trenkler, der mir die praktische Umsetzung und das tiefere Verständnis der theoretischen Konzepte ermöglicht hat, und Herrn Prof. Dr. Lothar Knüppel, der einen wesentlichen Beitrag zur Entwicklung meiner Kenntnisse im Themengebiet der Statistik geleistet und als Korreferent meine Doktorarbeit betreut hat.

Ohne die Unterstützung meiner Mentoren bei Roland Berger Strategy Consultants Dr. Felix Dannegger und Dirk Hanßen wäre die Erstellung meiner Doktorarbeit nicht möglich gewesen. Daher möchte ich mich ganz herzlich bei Ihnen für den gewährten Freiraum zur wissenschaftlichen Arbeit im Rahmen des Doktorandenprogramms und Ihren persönlichen Einsatz bedanken.

Ganz besondere Bedeutung für meine gesamte berufliche und persönliche Entwicklung haben meine Eltern und meine Familie. Nur durch die jederzeitige Unterstützung und Befürwortung meiner Entscheidungen durch meine Eltern konnte ich meine gesetzten Ziele erreichen. Dafür werde ich immer große Dankbarkeit empfinden. Die entscheidende Person in meinem Leben ist meine Frau Yvonne. Ohne Ihre Unterstützung, die zahlreichen Diskussionen, die gemeinsamen Erfahrungen und Ihre Zuneigung, hätte ich nie diesen Weg gehen können. Meine Dankbarkeit darüber, dass wir unsere Zeit weiterhin gemeinsam verbringen können, kann ich nicht in Worte fassen.

Jens Fricke

Inhaltsverzeichnis

Abbildungsverzeichnis

Tabellenverzeichnis

Symbolverzeichnis

Kapitel 1

Einleitung

Risikomanagement rückt immer stärker in das Interesse der Unternehmen. Die Abschätzung der Marktrisiken ist eine wichtige Aufgabe zur effizienten Kapitalallokation, insbesondere zur Hinterlegung hinreichender Eigenmittel zur Absicherung gegen extreme Marktbewegungen. Der Ermittlung des daraus möglicherweise entstehenden Verlustbetrags, in der Regel als Value-at-Risk bezeichnet, kommt große Bedeutung zu. Um diese Abschätzung des Marktrisikos optimal vornehmen zu können, ist eine Erweiterung des Spektrums möglicher Ausgestaltungen der Berechnung des Value-at-Risk notwendig. Es ist sinnvoll, neuere Ansätze zur Berechnung des Value-at-Risk mit den bestehenden Ansätzen zu vergleichen, um den Ansatz auszuwählen, der aus Sicht des Unternehmens zu einer genaueren Abschätzung der Marktrisiken und einer angemessenen Hinterlegung mit Eigenmitteln führt. Dieses Vorgehen führt zu einer risikoadäquaten Steuerung des Verhältnisses zwischen Risiken und Eigenmitteln und realisiert damit eine positive Wahrnehmung des Unternehmens bei Rating-Agenturen und Aktionären. Die Vorgaben des Baseler Ausschusses für Bankenaufsicht (Basel II) zum Umgang mit Marktrisiken gelten als Richtlinien zur Berechnung des Value-at-Risk für Finanzinstitute.

Die Notwendigkeit der stärkeren Berücksichtigung des Risikomanagements beruht auf den wirtschaftlichen und gesellschaftlichen Entwicklungen der letzten Jahre. Der technologische Fortschritt führt zur Globalisierung der Märkte. Computersysteme verbinden Unternehmen auf der ganzen Welt. Das Internet ist wesentlicher Bestandteil der Gesellschaft geworden. Bemerkenswert ist die zunehmende Vernetzung der Finanzmärkte. Finanztitel werden rund um die Uhr auf der ganzen Welt gehandelt, wodurch weitreichende Chancen aber auch Risiken für die Marktteilnehmer entstehen: Auf Grund der engen Vernetzung können sich Finanzkrisen sehr schnell ausbreiten. Prominente Beispiele der jüngeren Vergangenheit (u.a. Barings Bank, Enron, LTCM, Metallgesellschaft) führen dieses Risiko deutlich vor Augen.

Diese steigende Komplexität des Unternehmensumfelds erfordert intelligentes Risikomanagement, um die erfolgreiche Weiterentwicklung des Unternehmens nicht zu gefährden. Intelligentes Risikomanagement identifiziert und bewertet Risiken und führt zu Schlussfolgerungen und Maßnahmen entsprechend der Unternehmenszielsetzung. Intelligentes Risikomanagement ist also ein Erfolgsfaktor: Durch bewusstes Steuern des Verhältnisses zwischen Rendite und Risiko wird eine sinnvolle Allokation der Finanzmittel und damit eine Wertsteigerung des Unternehmens erreicht.

Regulatorische Anforderungen verstärken zusätzlich den Handlungsdruck auf die Unternehmen. Die Basel II-Anforderungen setzen verbindliche Standards hinsichtlich des Risikomanagements von international tätigen Banken. Die geforderte risikoadäquate Bewertung von Finanzinstrumenten führt zunehmend zur Entwicklung unternehmensinterner Modelle der Banken. Bei günstiger Ausgestaltung bilden diese Modelle die Risiken des zukünftigen Geschäftsverlaufs zutreffend ab und legen damit die Basis für entsprechende Maßnahmen zum Umgang mit den Risiken.

Die Basel II-Kriterien verknüpfen die Höhe der Eigenkapitalanforderung bei Verwendung eines unternehmensinternen Modells direkt mit dem prognostizierten Value-at-Risk. So führt eine Erhöhung des Value-at-Risk bei ausgeschöpften Eigenmitteln zur Eingrenzung von Handelsaktivitäten oder zur Notwendigkeit der Erhöhung der Eigenmittel. Für das Finanzinstitut kommt der umfassenden Analyse und Bewertung der unterschiedlichen Ansätze zur Berechnung des Value-at-Risk entscheidende Bedeutung zu. Insbesondere neuere Ausgestaltungsmöglichkeiten der Berechnung erweitern das Spektrum der Mittel zur Erreichung einer angemessenen Darstellung der Marktrisiken. Ein geeigneter Value-at-Risk Ansatz gewährleistet die risikoadäquate Steuerung der Kapitalstruktur des Unternehmens.

1.1 Problemstellung

Zur Illustration des Forschungsstands zur Berechnung des Value-at-Risk (VaR) kann ein Zitat von Prof. Engle, dem Nobelpreisträger für Wirtschaft des Jahres 2003 herangezogen werden ([39], S. 367): „Despite VaR's conceptual simplicity, its measurement is a very challenging statistical problem, and none of the methodologies developed so far gives satisfactory solutions". In erster Linie soll die vorliegende Arbeit einen Beitrag zur Lösung des aufgeworfenen Problems leisten: Welche Ansätze zur Berechnung des Value-at-Risk eignen sich zur adäquaten Abschätzung von Marktrisiken?

Zur Beantwortung dieser Frage wurden zahlreiche Ideen in wissenschaftlichen Arbeiten (für einen Überblick vgl. Manganelli/Engle [76]) formuliert, wobei sich insbesondere die Erkenntnisse zur Modellierung von Finanzmarktzeitreihen für die Berechnung des Value-at-Risk nutzen lassen. Oftmals konzentriert sich die Darstellung der Ansätze zur Berechnung des Value-at-Risk auf univariate 1-Schritt Value-at-Risk Prognosen. Da die Basel II-Kriterien die Festlegung der geforderten Eigenmittel an die 10-Schritt Value-at-Risk Prognosen knüpft, sollte eine systematische Ausweitung der Darstellung der Ansätze hinsichtlich dieser Anforderung vorgenommen werden. Hierbei werden in der Regel Simulationsverfahren benötigt, um die Problematik der 10-Schritt Prognose zu lösen. In der aktuellen Diskussion werden multivariate Ansätze zur Berechnung des Value-at-Risk kaum berücksichtigt. Der Fokus bisher diskutierter Ansätze liegt auf der univariaten Modellierung eines Portfolios, statt die Bestandteile des Portfolios multivariat zu modellieren, um gegebenenfalls die Information über die Interdependenz der Bestandteile sinnvoll nutzen zu können. Diese multivariaten Ansätze zur Lösung der Ausgangsfrage sollen in dieser Arbeit stärker in den Blickpunkt rücken.

Aus der umfassenden Darstellung und Diskussion der einzelnen Ansätze lassen sich aus dem theoretischen Blickwinkel Vor- und Nachteile herausarbeiten. Die Eignung der einzelnen Ansätze zur Anwendung in realen Problemstellungen kann ausschließlich durch eine empirische Vergleichsstudie analysiert werden. Die bisherigen empirischen Arbeiten weisen oftmals Einschränkungen des Betrachtungsumfangs auf. In der Regel werden nur ausgewählte Ansätze eines Forschungsbereichs verglichen oder es wird sich auf bestimmte vereinfachende Verteilungsannahmen beschränkt. Der Arbeit von Brooks/Persand ([23], S. 8) ist folgendes Zitat zu entnehmen: „A number of methods to incorporate fat tails have been proposed, most importantly the use of extreme value distributions for returns. However, we continue to employ the normality assumption since other distributional approaches usually do not directly employ a volatility estimate". Diese Einschränkung auf die Normalverteilungsannahme mündet in der Feststellung der Autoren zur Eignung der Ansätze hinsichtlich der Value-at-Risk Berechnung ([23], S. 20): „The first point to note is that if the objective is to cover 99% of future losses, then almost none of the models are adequate". Aber genau diese 99% Value-at-Risk Prognosen werden von den Basel II-Kriterien gefordert. Ziel dieser Arbeit soll es daher sein, eine umfassende Analyse der denkbaren Ausgestaltungen der Value-at-Risk Berechnungen vorzunehmen, da vermutet werden kann, dass neuere Ideen (z.B. Engle/Manganelli [39]), alternative Verteilungsannahmen und die Einbeziehung von multivariaten Ansätzen zu geeigneteren Abschätzungen der Marktrisiken führen.

Die Evaluation der in empirischen Studien verwendeten Ansätze konzentrierte sich bisher auf den Vergleich der getroffenen Value-at-Risk Prognosen mit den tatsächlich realisierten Verlusten der betrachteten Finanzmarktzeitreihen. Auf Grundlage dieses Vergleichs und abgeleiteter Tests lassen sich Aussagen über die Eignung der jeweiligen Ansätze treffen. In der vorliegenden Arbeit soll über diese Betrachtungsweise hinausgegangen werden. Aus der Sicht des Finanzinstituts ist es nicht nur wesentlich, die Risiken möglichst genau abzuschätzen, sondern auch eine angemessene Hinterlegung mit Eigenmitteln zu wählen. Eine zu hohe Hinterlegung mit Eigenmitteln führt zu unnötiger Bindung von Ressourcen und damit zu höheren Kapitalkosten. Dieser aus Sicht des Finanzinstituts wichtige Aspekt soll realitätsnah abgebildet werden, indem das Vorgehen zur Festlegung der Eigenkapitalanforderung anhand der Basel II-Richtlinien tagesgenau nachgebildet wird. Dank dieser Betrachtungsweise kann eine umfassende Bewertung der denkbaren Ansätze zur Berechnung des Value-at-Risk erfolgen, da zum einen die Genauigkeit des Ansatzes und zum anderen die resultierenden Eigenkapitalanforderungen bewertet werden können. Die Evaluation der Ansätze soll durch ein bisher kaum beachtetes Evaluationskriterium, welches die Eignung der Ansätze anhand der Zielfunktion der Quantilsregression bewertet, abgerundet werden.

Diese Arbeit soll daher nicht nur zur Lösung des statistischen Problems der Value-at-Risk Prognosen beitragen, sondern zusätzlich die Implikationen des jeweiligen Ansatzes für das Finanzinstitut betrachten. Als Ergebnis sollen Ausgestaltungen der Berechnung des Value-at-Risk herausgearbeitet werden, die beiden Ansprüchen genügen: Genaue Abschätzung der Risiken bei möglichst geringer Hinterlegung von Eigenmitteln, um zum einen die Risiken decken zu können, aber zum anderen keine Ressourcen an Eigenmitteln unnötig zu verschwenden. Dieses optimale Vorgehen zur Nutzung der Kapitalressourcen sollte sowohl für die wissenschaftliche Forschung als auch für die betroffenen Finanzinstitute eine Bereicherung der Diskussion darstellen.

1.2 Gang der Untersuchung

Das zweite Kapitel beginnt mit der Einordung des Themas in das Gesamtspektrum des Risikomanagements. Der Kern des zweiten Kapitels ist die Vorstellung und Beurteilung des Grundkonzepts Value-at-Risk, wobei in einem Überlick die Ausgestaltungsmöglichkeiten der Berechnung dargelegt werden. Die regulatorischen Anforderungen durch Basel II geben den Rahmen für die spätere empirische Vergleichsstudie und die Bewertung der Value-at-Risk Ansätze vor. Zum Abschluss dieses Grundlagenkapitels werden die in der Praxis verwendeten Value-at-Risk Ansätze aufbereitet, um jeweils Vor- und Nachteile des Vorgehens zu diskutieren. Diese Diskussion liefert den Ausgangspunkt für das dritte Kapitel dieser Arbeit: Volatilität und Interdependenz. In diesem Kapitel wird die Modellierung der zeitveränderlichen Volatilität und Interdependenz mit GARCH-Modellen (generalized autoregressive conditional heteroscedasticity) detailliert beschrieben. Dabei stehen Definition, Schätzung, Prognose und Beurteilung univariater sowie multivariater GARCH-Modelle im Vordergrund. Die Erkenntnisse aus dem dritten Kapitel werden im vierten Kapitel genutzt, um unterschiedliche Ausgestaltungen der Einbeziehung von GARCH-Modellen als wesentlichen Bestandteil des Kapitels über neuere Value-at-Risk Ansätze zu präsentieren. Daneben werden im vierten Kapitel auch andere neuere Ideen zur Value-at-Risk Berechnung vorgestellt. Das fünfte Kapitel beginnt mit der Beschreibung der Datengrundlage der empirischen Vergleichsstudie. Der Schwerpunkt des Kapitels liegt in der Anwendung der in vorangegangenen Kapiteln dargestellten Ansätze zur Berechnung des Value-at-Risk. Dabei werden im ersten Schritt univariate Ansätze verglichen, um darauf aufbauend die multivariaten Ansätze in den Vergleich einzubeziehen. Das fünfte Kapitel schließt mit der Beurteilung der verwendeten Ansätze aus Sicht des Finanzinstituts. Das abschließende sechste Kapitel fasst die wesentlichen Erkenntnisse der vorliegenden Arbeit zusammen und zeigt in einem Ausblick den weiteren Forschungsbedarf auf.

Kapitel 2

Value-at-Risk

Erwachsen aus den Erfahrungen der prominenten Finanzkrisen (für eine Diskussion von Fallbeispielen vgl. Jorion [66], Kapitel 2) in den neunziger Jahren rückte Value-at-Risk als Konzept zur Abschätzung von Marktrisiken stärker in den Blickpunkt der Finanzinstitute und der regulierenden Aufsichtsbehörden. Value-at-Risk schätzt den höchstmöglichen, aus Risiken resultierenden Verlustbetrag für einen gegebenen zukünftigen Zeitraum ab. Damit kann die Risikosituation durch eine einzelne Kennziffer zusammengefasst werden. Der ermittelte Value-at-Risk dient zur Information des Top-Managements. Zusätzlich kann der Value-at-Risk für ausgewählte Teilbereiche der Geschäftstätigkeit berechnet werden. Darauf aufbauend können die Risikopositionen der verschiedenen Teilbereiche durch die Festsetzung von Limits kontrolliert werden. Aktives Management der Risikopositionen steuert gezielt die Allokation des Kapitals auf die relevanten Teilbereiche. Durch dieses Vorgehen besteht die Möglichkeit, das gesamte Finanzinstitut konsequent hinsichtlich der Abwägung zwischen Rendite und Risiko auszurichten. Der genauen Berechnung des Value-at-Risk kommt wesentliche Bedeutung zu, da hiermit die Ausgangsbasis zur effektiven Steuerung geliefert wird.

In diesem Kapitel wird zunächst das Gesamtspektrum Risikomanagement strukturiert (2.1), um dann über die formale Definition des Value-at-Risk (2.2) zu den Ausgestaltungsmöglichkeiten der Berechnung (2.3) zu kommen. Im darauf folgenden Abschnitt (2.4) werden die regulatorischen Anforderungen durch Basel II beschrieben. Den Abschluss dieses Kapitels (2.5) bilden die Darstellungen der in der Praxis verwendeten Ausgestaltungen der Value-at-Risk Berechnung.

2.1 Strukturierung des Risikomanagements

In Abhängigkeit vom Industriesektor und dem spezifischen Geschäftsmodell des Unternehmens kommt den verschiedenen Risikoarten eine unterschiedliche Bedeutung zu. Eine grobe Abschätzung der Gewichtung der Bedeutung der Risikoarten in einigen Industriesektoren ist Merbecks, Stegemann und Frommeyer ([80], S. 135, im weiteren durch MSF abgekürzt) zu entnehmen. In dieser Arbeit wird der Strukturierung der Autoren gefolgt, und damit die folgende Unterscheidung der Risikoarten gewählt (vgl. MSF [80], S. 80):

- Marktrisiken
- Kreditrisiken
- Operationelle Risiken
- Geschäftsrisiken

Die folgenden Unterkapitel stellen die vier wesentlichen Risikoarten vor, um die Marktrisiken als Schwerpunkt dieser Arbeit in den Gesamtkontext des Risikomanagements einordnen zu können.

2.1.1 Marktrisiken

Spätestens seit dem Zusammenbruch der Barings Bank 1995 (vgl. Jorion [66], S. 36-38) ist der breiten Öffentlichkeit und besonders den Finanzinstituten bewusst geworden, welche erheblichen Konsequenzen Fehleinschätzungen der Marktrisiken nach sich ziehen können. In diesem Fall ist ein Verlust in Höhe von 1,3 Milliarden Dollar entstanden.

Zahlreiche andere Finanzkrisen belegen die hohe Gefährdung der Wirtschaft durch Marktrisiken (vgl. Jorion [66], Kapitel 2). „Unter Marktrisiken wird hier die Gefahr einer möglichen Veränderung der Vermögenslage eines Unternehmens auf Grund einer Abweichung der Marktpreise beispielsweise für Aktien, Währungen, Rohstoffe und Zinsen von ihren erwarteten Werten verstanden“ (vgl. MSF [80], S. 82).

In dieser Arbeit wird auf die Abschätzung von Marktrisiken, insbesondere Aktienkursrisiken fokussiert. Unter Aktienkursrisiko wird das durch Kursschwankungen hervorgerufene Risiko eines Portfolios aus Aktien beziehungsweise Aktienindizes verstanden. In der empirischen Vergleichsstudie wird ein Datensatz bestehend aus europäischen Aktienindizes verwendet. Die Messung des diesbezüglichen Marktrisikos erfolgt anhand der Tagesschlusskurse der betrachteten Indizes.

Die weiteren Ausführungen dieser Arbeit zur Berechnung des Value-at-Risk eines Aktienportfolios lassen sich auf Wechselkurs-, Rohstoffpreis- oder Zinsänderungsrisiken übertragen. Damit sind die Erkenntnisse für nahezu alle Unternehmen relevant, da in der heutigen globalisierten Wirtschaft äußerst selten ein Unternehmen ohne Abhängigkeit von Wechselkursen oder Rohstoffpreisen zu finden ist.

2.1.2 Kreditrisiken

Kreditrisiken sind von großer Bedeutung für Universalbanken, die als Kreditgeber zahlreiche Unternehmen mit Kapital versorgen. Zunehmend wird eine risikoadäquate Analyse der Kreditnehmer durchgeführt. Mit Hilfe von Rating-Agenturen oder eigenen Bonitätsbewertungsmodellen werden die Risiken aus dem Kreditgeschäft durch Auswahl der Kreditnehmer und risikoadäquate Ermittlung des Zinssatzes gezielt gesteuert.

„Unter Kreditrisiken wird hier die Gefahr möglicher Wertverluste von Forderungen eines Unternehmens verstanden

- auf Grund unerwarteter vollständiger, partieller oder temporärer Zahlungsunfähigkeit oder -unwilligkeit eines Schuldners (Ausfall- bzw. Kreditausfallrisiko),
- auf Grund einer mit einer unerwarteten Bonitätsverschlechterung des Schuldners einhergehenden Marktwertminderung der Forderung (Bonitätsrisiko),
- auf Grund einer unerwarteten Reduktion der Werthaltigkeit von Sicherheiten oder Garantien (Besicherungsrisiko),
- oder auf Grund einer unerwarteten generellen Neubewertung der bestehenden und unveränderten Ausfall-, Bonitäts- und Besicherungsrisiken am Markt (Spread-Risiko)“

(vgl. zur Vertiefung MSF [80], S. 83/84).

In der jüngeren Vergangenheit lässt sich ein weiterer Beleg für den bewussteren Umgang mit Kreditrisiken erkennen. Finanzinstitute veräußern zunehmend

„notleidende“ Forderungen an spezialisierte Finanzinvestoren. Hierdurch werden die Risiken aus dem betreffenden Kreditgeschäft weitergegeben.

2.1.3 Operationelle Risiken

Operationelle Risiken sind für alle Unternehmen relevant. Besonders Produktionsunternehmen sind Störungen des operativen Geschäfts ausgeliefert.

„Operationelle Risiken werden hier als die Gefahr möglicher Vermögensverluste für ein Unternehmen auf Grund unerwarteter mangelhafter Abläufe im internen Leistungsbereich (zum Beispiel mangelnde Qualifikation oder Sorgfalt von Mitarbeitern, Fehlfunktion von Systemen oder Betrug) oder unerwarteter externer Beeinträchtigungen der internen Abläufe (zum Beispiel Terroranschläge oder Naturkatastrophen) verstanden“ (vgl. MSF [80], S. 87).

Die Bandbreite der operationellen Risiken ist groß. Ein extremes Beispiel ist der Terroranschlag vom 11. September 2001 mit seinen dramatischen Folgen. Auch Imageschäden können zu den operationellen Risiken gezählt werden. An diesem Beispiel wird besonders deutlich, wie vielschichtig und schwer quantifizierbar sich diese Risikoart für das Unternehmen gestaltet. Zur Identifizierung und Bewertung der operationellen Risiken werden oftmals Risikobäume konzipiert, wobei die Einzelrisiken die Blätter darstellen, die sich sukzessive zum finanziellen Gesamtrisiko verdichten. Dabei wird auf jeder Ebene die Eintrittswahrscheinlichkeit des identifizierten Risikos und die Ausprägung des Effekts auf die nächsthöhere Ebene modelliert. Als Ergebnis dieses Vorgehens können die finanziellen Auswirkungen auf das Geschäftsergebnis analysiert werden.

2.1.4 Geschäftsrisiken

Nach der Berücksichtigung der Markt-, Kredit- und operationellen Risiken verbleiben die Geschäftsrisiken.

„Unter Geschäftsrisiken wird hier die Gefahr möglicher Vermögensverluste für ein Unternehmen verstanden, die vor allem durch unerwartete Schwankungen der Absatzmenge oder der Absatzpreise bzw. -margen auf Grund veränderter Kundennachfrage oder -präferenzen entstehen“ (vgl. MSF [80], S. 92).

Besonders unerwartet hohe Nachfrageschwankungen in Branchen mit hohem Fixkostenanteil führen zu einer erheblichen Hebelwirkung. Ein Beispiel ist die Automobilindustrie. Neue Modelle führen permanent zur Änderung des verfügbaren Angebots, wodurch erhebliche Nachfrageschwankungen generiert werden. Als zweites Beispiel kann die Energieversorgung herangezogen werden. Maßgeblicher Einflussfaktor für die Kundennachfrage ist der Wetterverlauf des jeweiligen Jahres. Auch Geschäftsrisiken sind vom Unternehmen aktiv zu steuern. Diese Managementaufgabe kann sich bei dieser Risikoart schwierig gestalten. Das Wetter kann vom Unternehmen nicht beeinflusst werden. Jedoch können über Wetterderivate geeignete Absicherungsstrategien gefunden werden.

2.2 Value-at-Risk als Risikomaßstab

Die Abschätzung von Marktrisiken beinhaltet die Modellierung einer Zufallsvariablen. Ein Beispiel hierfür kann der zukünftige Kurs einer Aktie oder eines Aktienportfolios sein. Um die Risiken des zukünftigen Verlaufs abschätzen zu können, müssen die Charakteristika dieser Zufallsvariablen beschrieben werden. Dabei wird auf die Beschreibung der Verteilung zurückgegriffen. Die zu modellierende Zufallsvariable sei in diesem einführenden Beispiel mit X beschrieben.

Zur Charakterisierung dieser Zufallsvariablen X werden in der Regel die Momente der Verteilung verwendet. Der theoretische Erwartungswert gibt den mittleren Wert der Verteilung an und wird im weiteren als μ bezeichnet

$$E(X) = \mu.$$

In der empirischen Anwendung liegen Beobachtungen der Zufallsvariable vor, welche mit x bezeichnet sein sollen. Über die vorliegenden Beobachtungen kann eine Schätzung des Erwartungswerts vorgenommen werden

$$\hat{\mu} = \frac{1}{n}\sum_{i=1}^{n} x_i,$$

wobei n die Anzahl der vorliegenden Beobachtungen angibt. Zur Beschreibung der Variabilität der Zufallsvariablen kann die theoretische Varianz der Zufallsvariablen herangezogen werden

$$V(X) = E\left[(X-\mu)^2\right] = \sigma^2.$$

Die Varianz der Zufallsvariablen wird mit Hilfe der vorliegenden Beobachtungen geschätzt

$$\widehat{\sigma^2} = \frac{1}{n-1}\sum_{i=1}^{n}(x_i - \hat{\mu})^2. \qquad (2.1)$$

Die Beobachtungen einer Aktie oder eines Aktienportfolios liegen in Form einer Zeitreihe vor. Die historischen Werte der Zeitreihe können als Realisation einer Zufallsvariablen angesehen werden. Die Quadratwurzel der geschätzten Varianz wird in diesem Zusammenhang oftmals als geschätzte historische Volatilität bezeichnet. Die Volatilität einer Aktie oder eines Aktienportfolios lässt Aussagen über die Schwankungsbreite zu.

Die Überlegung eines Finanzinstituts hinsichtlich der Risiken eines Aktienportfolios konzentriert sich oftmals auf die einseitige Abschätzung des möglichen zukünftigen Verlusts. Bei dieser Fokussierung auf das Verlustrisiko beziehungsweise den höchstmöglichen Verlustbetrag sollte ein Risikomaß verwendet werden, welches diese Betrachtungsweise abbildet.

Die Varianz betrachtet sowohl positive als auch negative Abweichungen vom Erwartungswert. Damit führen extrem positive ebenso wie extrem negative Abweichungen zu einer Erhöhung des Risikos. In der Betrachtungsweise des Finanzinstituts stellen extrem positive Abweichungen vom Erwartungswert kein erhöhtes Risiko dar. Die ausschließliche Berechnung der historischen Volatilität aus den vorliegenden Beobachtungen kann daher nicht geeignet sein.

Um dieses Problem zu überwinden wurde das Konzept des Value-at-Risk entwickelt. „Value-at-Risk ist, vereinfacht formuliert, die in Währungseinheiten ausgedrückte maximale (ungünstige) Abweichung des tatsächlichen Werts einer Position von ihrem erwarteten Wert innerhalb eines definierten Zeitraums und innerhalb eines festzulegenden Sicherheits- oder Konfidenzniveaus“ (vgl. MSF [80], S. 114).

Wichtig ist hierbei, dass Value-at-Risk in der Regel als positiver Wert definiert ist, jedoch einen Verlustbetrag darstellt. Das Value-at-Risk Konzept hat sich vor allem bei Finanzinstituten als Standardverfahren zur Abschätzung von Marktrisiken durchgesetzt.

Der Value-at-Risk beachtet auch die Schiefe und Wölbung beziehungsweise Kurtosis der zu modellierenden Zufallsvariablen. Die Schiefe S ist ein Maß für die Asymmetrie einer Verteilung (vgl. Franses/van Dijk [47], S. 13)

$$S = E\left[\frac{(X-\mu)^3}{\sigma^3}\right] \tag{2.2}$$

und kann wie folgt geschätzt werden

$$\hat{S} = \frac{1}{n}\sum_{i=1}^{n}\frac{(x_i-\hat{\mu})^3}{\hat{\sigma}^3}. \tag{2.3}$$

Die Kurtosis beschreibt die Form der betrachteten Verteilung (vgl. Franses/van Dijk [47], S. 10)

$$K = E\left[\frac{(X-\mu)^4}{\sigma^4}\right]. \tag{2.4}$$

Die Schätzung aufgrund empirischer Beobachtungen folgt mit

$$\hat{K} = \frac{1}{n}\sum_{i=1}^{n}\frac{(x_i-\hat{\mu})^4}{\hat{\sigma}^4}. \tag{2.5}$$

Insbesondere Abweichungen von der Normalverteilung ($K = 3$) lassen sich durch die Berechnung der Kurtosis feststellen. Höhere Werte ($K > 3$) der geschätzten Kurtosis weisen auf eine höhere Anzahl extremer Beobachtungen hin.

In den folgenden Unterabschnitten wird zunächst das Konzept Value-at-Risk formal definiert. Daraufhin werden generelle Anforderungen an ein Risikomaß dargestellt, um letztendlich zu einer Beurteilung des Konzepts Value-at-Risk zu gelangen. Die Diskussion der historischen Volatilität wird im Abschnitt 2.5.1 nochmals aufgegriffen und weitergeführt, da die historische Volatilität als ein Baustein zur Berechnung des Value-at-Risk verwendet werden kann.

2.2.1 Definition des Value-at-Risk

Zunächst soll der Untersuchungsgegenstand dieser Arbeit enger eingegrenzt werden. Wie schon erwähnt, wird die Berechnung des Value-at-Risk anhand eines Aktienportfolios durchgeführt. Es sei p_i der Wert des Portfolios zum Zeitpunkt i. Der zukünftige Wert des Portfolios in der Zeitperiode $i+\tau$ sei durch $p_{i+\tau}$ gegeben. Zwischen dem Wert p_i und $p_{i+\tau}$ liegen folglich τ Zeiteinheiten. Bei Aktienkursen werden Tage als Zeiteinheit gewählt. Ziel der Value-at-Risk Berechnung ist demnach eine Abschätzung für die nächsten τ Tage. Der Value-at-Risk der Zeitspanne der nächsten τ Zeiteinheiten wird im folgenden mit $VaR(\alpha)_{\tau|i}$ bezeichnet und erfüllt die Gleichung 2.6 mit P als Symbol für die Wahrscheinlichkeit:

$$P(p_i - p_{i+\tau} > VaR(\alpha)_{\tau|i}) = \alpha. \tag{2.6}$$

Der Value-at-Risk ist festgelegt als Verlustbetrag, der im zukünftigen Zeitpunkt $i+\tau$ mit vorgegebener Wahrscheinlichkeit $1-\alpha$ nicht überschritten wird. Dabei ist der historische Verlauf des Portfolios bis zum Zeitpunkt i bekannt.

Die Modellierung des historischen Kursverlaufs ist mit Schwierigkeiten verbunden, da die Zeitreihe eines Aktienkurses oftmals nicht stationär ist (zur Stationarität vgl. Pindyck/Rubinfeld [91], S. 493/494). Daher wird dazu übergegangen, die

Renditezeitreihe einer Aktienkurszeitreihe zu modellieren. Die resultierenden Ergebnisse können dann wieder zurücktransformiert werden, um Aussagen über den Aktienkurs oder das Aktienportfolio treffen zu können. Es sei r_i die Portfoliorendite zum Zeitpunkt i

$$r_i = \ln(p_i/p_{i-1}). \tag{2.7}$$

Das Portfolio ist zusammengesetzt aus m einzelnen Wertpapieren. Die Rendite eines Wertpapiers sei $r_{k,i}$, wobei ebenso gilt: $r_{k,i} = \ln(p_{k,i}/p_{k,i-1})$. Die Portfoliorendite kann auch durch die Gewichtung der Bestandteile mit den Gewichtungsfaktoren ω_k dargestellt werden

$$r_i = \sum_{k=1}^{m} \omega_k r_{k,i} = \boldsymbol{\omega}'\mathbf{r}_i. \tag{2.8}$$

Da insbesondere die τ-Schritt Value-at-Risk Analyse interessiert, sei die kumulierte Portfoliorendite für die entsprechende Zeitperiode gegeben durch

$$r_{i+\boldsymbol{\tau}} = \ln(p_{i+\tau}/p_i) = r_{i+1} + \ldots + r_{i+\tau}, \tag{2.9}$$

wobei der Fettdruck des Symbols $\boldsymbol{\tau}$ im Weiteren für die Kumulation über τ Zeiteinheiten steht. Es folgt der Wert des Portfolios zum Zeitpunkt $i + \tau$ mit

$$p_{i+\tau} = p_i \exp(r_{i+\boldsymbol{\tau}}).$$

Es sei $q(\alpha)_{\boldsymbol{\tau}|i}$ das α-Quantil der bedingten Verteilung von $r_{i+\boldsymbol{\tau}}$

$$P(r_{i+\boldsymbol{\tau}} < q(\alpha)_{\boldsymbol{\tau}|i}) = \alpha, \tag{2.10}$$

wobei die historische Information des Prozesses p_i bis zum Zeitpunkt i gegeben ist. Wegen der Gleichungen 2.6 und 2.10 folgt der Value-at-Risk des Portfolios für die Zeitperiode $\boldsymbol{\tau}$ mit

$$VaR(\alpha)_{\boldsymbol{\tau}|i} = p_i(1 - \exp(q(\alpha)_{\boldsymbol{\tau}|i})). \tag{2.11}$$

Die Problemstellung liegt in der Berechnung des Quantils $q(\alpha)_{\boldsymbol{\tau}|i}$. Die weiteren Ausführungen dieser Arbeit stellen verschiedene Vorgehensweisen zur Ausgestaltung dieser Berechnung dar. Die Bestimmung des Quantils der Renditeverteilung des Portfolios ist insofern der Schlüssel zur Bestimmung eines genauen Value-at-Risk.

2.2.2 Anforderungen an ein Risikomaß

Zur Beurteilung geeigneter Risikomaße wurden von Artzner et al. [6] vier Anforderungen an ein Risikomaß definiert. Bei Erfüllung der Anforderungen bezeichnen die Autoren das Risikomaß als kohärent.

Ein kohärentes Risikomaß Υ transformiert den Verlust Y in das Risikomaß $\Upsilon(Y)$ unter Einhaltung der folgenden Bedingungen (in Anlehnung an Alexander [3], S. 259):

- Das Risikomaß ist monoton, wenn $\Upsilon(Y) \geq \Upsilon(Z)$ aus $Y \geq Z$ folgt.
- Das Risikomaß ist homogen, wenn $\Upsilon(\varphi Y) = \varphi\Upsilon(Y)$ für $\varphi \geq 0$ gilt.
- Risikolose Bedingung: $\Upsilon(Y + \psi\varsigma) = \Upsilon(Y) - \psi$ mit dem risikolosen Zinssatz ς und $\psi \in \mathbb{R}$. Die risikolose Anlage des Betrags ψ mindert das vorhandene Risiko um den Betrag ψ.
- Das Risikomaß ist subadditiv, wenn $\Upsilon(Y + Z) \leq \Upsilon(Y) + \Upsilon(Z)$ gilt.

Die Einhaltung dieser Bedingungen gewährleistet die Konvexität der Risikofunktion. In der aktuellen Forschung werden die definierten Anforderungen und die Implikationen diskutiert. Die Arbeit von Artzner et al. [6] gibt zwei Beispiele, in denen das Risikomaß Value-at-Risk die vierte Bedingung der Subadditivität nicht einhält. Die Diskussion soll in dieser Arbeit nicht vertieft werden.

Die Zielsetzung dieser Arbeit ist die Identifikation eines geeigneten Ansatzes zur Berechnung des Value-at-Risk eines Aktienportfolios. Es geht nicht um die Zusammenführung der Value-at-Risk Abschätzungen einzelner Teilbereiche. Nur bei dieser Konsolidierung der Teilbereiche wie beispielsweise der Zusammenfassung von Zinsrisiken, Währungsrisiken und Aktienrisiken ist die Subadditivität relevant.

2.2.3 Beurteilung des Konzepts Value-at-Risk

Das Konzept Value-at-Risk hat sich als Standardverfahren etabliert, da es die Risikopositionen eines Unternehmens in einer Kennzahl analysiert, und somit für das Top-Management eine leicht interpretierbare Steuerungsbasis liefert. Unterschiedliche Teilbereiche lassen sich mit dieser Kennzahl vergleichen, da eine einheitliche Definition des Value-at-Risk für alle Marktrisiken zur Anwendung kommt. Hierauf aufbauend kann die Allokation des Kapitals effizient gesteuert werden. Besonders hervorzuheben ist die Fokussierung auf zukünftige Risiken. Die Anwendung dieses Konzepts richtet folglich den Blick in die Zukunft und unterliegt damit nicht der üblichen Kritik an vergangenheitsorientierten Analysen.

In der Praxis wird der Value-at-Risk auch aufgrund der Vorgaben der Basel II-Richtlinien berechnet. Durch die Basel II-Kriterien wird das Value-at-Risk Konzept zur Bestimmung der Eigenkapitalanforderungen mit bankinternen Modellen akzeptiert und befürwortet (vgl. Abschnitt 2.4). MSF ([80], S. 114) konstatieren: „Mit der Zulassung dieser internen Risikomessmodelle der Banken zeigt sich, dass sich Value-at-Risk auch bei den Aufsichtsbehörden als Referenzmodell für eine moderne Risikoquantifizierung etabliert hat."

Zur Überbrückung des vorliegenden Nachteils der fehlenden Subadditivität des Konzepts Value-at-Risk werden in der aktuellen Diskussion Alternativen vorgeschlagen. Viel diskutiert wird der sogenannte „Expected Shortfall", im weiteren durch ES abgekürzt (Jorion, [66], S. 97), der von Artzner et al. [6] als „Tail conditional expectation" oder von Alexander ([3], S. 260) als „Conditional VaR" bezeichnet wird:

$$ES(\alpha)_{\tau|i} = E(p_i - p_{i+\tau}|p_i - p_{i+\tau} > VaR(\alpha)_{\tau|i}). \tag{2.12}$$

Der Expected Shortfall gibt die durchschnittliche Höhe der Überschreitungen des Value-at-Risk an. Die Bedingungen an ein kohärentes Risikomaß werden durch den Expected Shortfall erfüllt. Die Definition zeigt, dass dieses Risikomaß keine Alternative, sondern eine Ergänzung des Value-at-Risk darstellt, da zu dessen Bestimmung der Value-at-Risk bekannt sein muss. Nur im Rahmen restriktiver Annahmen (wie z.B. Normalverteilung der Renditen) kann das Risikomaß $ES(\alpha)_{\tau|i}$ direkt berechnet werden. Bei Simulationsmethoden oder weniger restriktiver Festlegung der Verteilungsannahmen führt erst die Berechnung des Value-at-Risk zur Identifikation der relevanten Beobachtungen, die zur Berechnung des Risikomaßes $ES(\alpha)_{\tau|i}$ benötigt werden.

2.3 Ausgestaltungsmöglichkeiten der Berechnung

Die vorgestellte Grundlogik des Konzepts Value-at-Risk kann auf unterschiedlichste Weise ausgefüllt werden. Die Berechnung des Value-at-Risk kann dabei auf Grundlage der univariaten Modellierung der Portfoliorenditen oder der multivariaten Modellierung der Portfoliobestandteile erfolgen. Zahlreiche Ausgestaltungsmöglichkeiten wurden noch nicht von der univariaten Analyse auf die multivariate Analyse ausgeweitet. In diesem Abschnitt sollen die grundsätzlichen Alternativen kurz vorgestellt und systematisiert werden. Die Detaillierung der Ansätze zur Value-at-Risk Berechnung findet in den folgenden Abschnitten dieser Arbeit statt.

Die generelle Vorgehensweise weist drei Schritte auf (vgl. Manganelli/Engle [76]):

1. Bewertung des aktuellen Portfolios
2. Schätzung der Verteilung der Portfoliorenditen
3. Berechnung des Value-at-Risk des Portfolios

Dabei unterscheiden sich die unterschiedlichen Ansätze in der Schätzung der Verteilung der Portfoliorenditen. Die Ermittlung des gesuchten Quantils der Renditeverteilung erfolgt auf Basis von:

- Nicht-parametrischen Ansätzen (Schätzung des Quantils direkt aus der historischen Verteilung)
- Parametrischen Ansätzen (oftmals Zerlegung in Prognose der Volatilität und Schätzung der Verteilung der Portfoliorenditen)
- Semi-parametrischen Ansätzen (Modellierung des Quantils ohne restriktive Verteilungsannahmen)

Die folgenden Abschnitte geben einen Überblick zur Ausgestaltung der drei verschiedenen Vorgehensarten.

2.3.1 Nicht-parametrische Ansätze im Überblick

Bei den nicht-parametrischen Ansätzen steht die Verteilung der historischen Renditezeitreihe im Vordergrund. Eine parametrische Verteilungsannahme wird nicht getroffen. Die Ansätze werden in der Regel unter dem Begriff „Historische Simulation“ zusammengefasst, wobei es einige Varianten des Grundansatzes gibt. Das Quantil der Renditeverteilung wird aus den Beobachtungen der Renditezeitreihe einer definierten historischen Zeitperiode ermittelt. Daraus folgt, dass die Charakteristika der analysierten Beobachtungen verwendet werden, um Rückschlüsse auf das zukünftige Quantil der Renditeverteilung zu ziehen. Die Festlegung des Zeitraums ist wesentlich für den ermittelten Value-at-Risk. Extreme Einflüsse wie die Terroranschläge vom 11. September 2001 dominieren die Höhe des Value-at-Risk für die Länge des gewählten Zeitfensters. Der

Value-at-Risk einer Schweizer Großbank wird beispielsweise vom 11. September 2001 bis zum September 2003 von diesen Ereignissen geprägt. Im September 2003 erfolgt eine deutliche Trendwende. Der Value-at-Risk verringert sich ab dem September 2003 rapide (vgl. Credit Suisse [28]). Der Grund für diesen Verlauf liegt in einem historischen Zeitfenster von zwei Jahren. Die Turbulenzen des 11. September und der folgenden Tage sind zwei Jahre im Zeitfenster enthalten, bevor sie nicht mehr berücksichtigt werden.

Nicht-parametrische Ansätze berücksichtigen die empirisch beobachtete zeitveränderliche Volatilität nicht explizit. Falls die Renditezeitreihe eine erkennbare Struktur der Schwankungsbreite im ausgewählten Zeitfenster aufweist, wird diese Information in der Berechnung des Quantils nicht berücksichtigt (vgl. hierzu Abschnitt 3.1).

Der eindeutige Vorteil der nicht-parametrischen Ansätze ist die geringe Komplexität in der Berechnung. Es ist leicht und schnell möglich, den Value-at-Risk auf Grundlage der historischen Renditezeitreihe zu berechnen. Dabei ist keine Schätzung von Parametern eines komplexeren Modells notwendig. Damit besteht nicht die Gefahr durch ein falsches parametrisches Modell Fehlentscheidungen zu treffen. Die detaillierte Vorstellung und Evaluation dieser Kategorie von Ansätzen erfolgt in den Abschnitten 2.5.2 und 4.1.

2.3.2 Parametrische Ansätze im Überblick

Die Gemeinsamkeit der parametrischen Ansätze liegt in der Zusammenführung der Modellierung der Volatilität mit einer geeigneten Verteilungsannahme. Die einfachste Form der parametrischen Modelle ist die in der Praxis oft getroffene Annahme der Normalverteilung der Portfoliorenditen kombiniert mit der Annahme der konstanten Volatilität im Zeitverlauf. Auf diesen Ansatz wird im Abschnitt 2.5.1 eingegangen. Im Gegensatz dazu bestehen parametrische Ansätze, die in ihrer Ausgestaltung wesentlich komplexer sind und dadurch stärker auf empirische Sachverhalte eingehen. GARCH-Modelle und EWMA-Modelle (exponentially weighted moving average) modellieren explizit die zeitveränderliche Volatilität der Renditezeitreihe. Dabei wird ein parametrisches Modell für die Fortentwicklung der Volatilität unterstellt. Somit ist es möglich, Phasen steigender beziehungsweise sinkender Volatilität in die Value-at-Risk Prognose mit einzubeziehen. Die Modellierung der Volatilität wird durch geeignete Verteilungsannahmen ergänzt. Im Abschnitt 2.5.3 wird ein Beispiel hierzu vorgestellt, indem das EWMA-Modell mit der Normalverteilungsannahme der

Renditeverteilung kombiniert wird. Dieser Ansatz stellt eine Alternative zur Berechnung des Value-at-Risk unter der Annahme konstanter Volatilität dar (vgl. Abschnitt 2.5.1). Die Ansätze unter Einbeziehung der GARCH-Modelle werden in Abschnitt 4.2 präsentiert. Dabei wird auf eine flexiblere Verteilungsannahme zur Modellierung der Renditezeitreihe zurückgegriffen.

Die Schwachstelle der parametrischen Ansätze besteht in der oftmals hohen Anzahl an Parametern kombiniert mit eng definierten Verteilungsannahmen. Dieses Vorgehen birgt die Gefahr einer Fehlspezifikation der Modellierung.

2.3.3 Semi-parametrische Ansätze im Überblick

Die Vorgehensweise der nicht-parametrischen und der parametrischen Ansätze wird bei den semi-parametrischen Ansätzen kombiniert. Dabei wird nicht die gesamte Verteilung der Renditezeitreihe durch ein parametrisches Modell beschrieben. Die Ansätze konzentrieren sich auf die Modellierung ausgewählter Teilbereiche der Verteilung. Der Rest der Verteilung wird hingegen durch den nicht-parametrischen Ansatz beschrieben. Die Extremwerttheorie setzt dabei direkt bei der Modellierung der Ränder der betreffenden Verteilung an. Für diese Teilbereiche wird ein parametrisches Modell verwendet (vgl. Abschnitt 4.3.3). Eine andere Möglichkeit ist die Verwendung der Quantilsregression. Bei diesem Ansatz wird eine bestimmte Fortentwicklung des Quantils der Renditeverteilung unterstellt. Dabei wird das interessierende Quantil direkt durch autoregressive Modelle beschrieben (vgl. Abschnitt 4.3.1). GARCH-Modelle ohne konkrete Spezifizierung der Renditeverteilung werden ebenfalls zu den semi-parametrischen Modellen gezählt (vgl. Abschnitt 4.3.2).

Zusammenfassend kann festgehalten werden, dass die semi-parametrischen Ansätze höhere Anforderungen an die Berechnung des Value-at-Risk stellen als die parametrischen Ansätze.

2.4 Regulatorische Anforderungen durch Basel II

Ziel der Vorgaben des Baseler Ausschusses für Bankenaufsicht (Basel II) ist die Verpflichtung der Banken, die typischen finanzwirtschaftlichen Risiken (Kredit-, Markt- und operationelle Risiken) zu messen und zu steuern (vgl. Reichling [93], S. 6). Die Vorgaben gelten zunächst für international tätige Banken. Die Übertragung der Richtlinien in nationales Recht soll laut derzeitiger Planung Anfang 2007 erfolgen.

Die Basel II-Richtlinien bestehen aus drei Säulen. „Die erste Säule regelt die Mindesteigenkapital-Anforderungen von Kreditinstituten und stellt für Unternehmen die relevante Säule dar. Die zweite Säule enthält Aussagen zur Überprüfung der Einhaltung von Standards durch die Bankenaufsicht. Die dritte Säule befasst sich mit verschiedenen Offenlegungspflichten der Kreditinstitute“ (vgl. Reichling [93], S. 6/7).

Die folgenden Unterabschnitte beschäftigen sich mit den regulatorischen Anforderungen hinsichtlich Marktrisiken. Im Vordergrund steht die kompakte Darstellung der Basel II-Vorgaben zur Ermittlung der Eigenkapitalanforderungen, da diese für Finanzinstitute als wesentliche Einflussgröße angesehen werden können. Der Begriff „Finanzinstitute“ wird in dieser Arbeit als Oberbegriff verwendet, um die betreffenden Unternehmen des Finanzsektors wie Banken beziehungsweise Kreditinstitute abzubilden, die in den Anwendungsbereich der Basel II-Richtlinien fallen (zur genauen Beschreibung des Anwendungsbereichs vgl. Basle Committee on Banking Supervision [14], im weiteren durch BCBS abgekürzt).

2.4.1 Generelle Zielsetzung

Die generelle Zielsetzung der Basel II-Richtlinien hinsichtlich Marktrisiken besteht in der Gewährleistung der Stabilität von Finanzinstituten und damit der Stabilität des gesamten Finanzsektors. Die Krisen der Vergangenheit (z.B. Barings Bank) haben gezeigt, dass die unzureichende Messung und Steuerung der Marktrisiken drastische Folgen haben kann. Aus dieser Erfahrung heraus fordern die Basel II-Richtlinien eine risikoadäquate Bewertung der Geschäftssituation. Folglich werden die Mindesteigenkapitalanforderungen aus einer risikobasierten Analyse abgeleitet.

Zur Marktrisikomessung und zur Bestimmung der Eigenkapitalanforderungen werden vom Baseler Ausschuss bankinterne Modelle auf Basis der Value-at-Risk Berechnung befürwortet. Diese Regelungen wurden in einem Zusatz zum Baseler Akkord formuliert, den der Baseler Ausschuss 1996 veröffentlicht hat (vgl. BCBS [11] und [12]). Diese Ausführungen zu Marktrisiken werden in die Basel II-Richtlinien übernommen. Die Ausgestaltung des internen Modells bleibt weitestgehend im Verantwortungsbereich der Finanzinstitute. Die Überprüfung der Qualität des jeweiligen internen Modells obliegt den nationalen Aufsichtsbehörden. Bei Nichteinhaltung der geforderten Standards resultiert eine Erhöhung der Eigenkapitalanforderung für das betreffende Finanzinstitut.

2.4.2 Ausgestaltung des internen Modells

Die ausdrückliche Zulassung und Befürwortung eines internen Modells kann als großer Fortschritt der Basel II-Richtlinien angesehen werden, da hierdurch auf schon entwickelte Modelle bei den Finanzinstituten zurückgegriffen werden kann. Bei der Ausgestaltung des internen Modells werden keine bestimmten Vorgaben hinsichtlich der verwendeten Ansätze gegeben: „No particular type of model is prescribed“ (vgl. BCBS [11], S. 44). Es wird zunächst allgemein ein adäquates Modell gefordert, welches bestimmten Qualitätsstandards genügt (vgl. BCBS [11]). Erst durch die Vorgaben zur Validierung des Modells (vgl. Abschnitte 2.4.4 und 2.4.5) werden Regeln zur Überprüfung der Qualität konkretisiert. Die Erwartung der Aufsichtsbehörden ist, dass die Finanzinstitute fortlaufend ihre Risikomodelle verbessern und alle relevanten Marktrisiken in die Modellierung integrieren: „move to a comprehensive model“ (vgl. BCBS [11], S. 6).

Die Basel II-Richtlinien zum internen Modell erfordern die tägliche Berechnung des Value-at-Risk zur Festlegung der Eigenkapitalanforderung (vgl. Abschnitt 2.4.3). Der Value-at-Risk soll mit einem Signifikanzniveau von $\alpha = 0,01$ für die Haltedauer von 10 Tagen ($\tau = 10$) berechnet werden. Die Berechnung soll mindestens auf den historischen Daten des letzten Jahres basieren, das heißt es werden mindestens 250 Handelstage in die Analyse einbezogen. Zur Vereinfachung der Berechnung des geforderten 10-Schritt Value-at-Risk ist es erlaubt, die 1-Schritt Value-at-Risk Prognose als Grundlage für folgende Skalierungsmöglichkeit zu nutzen:

$$VaR(\alpha)_{\tau|i} = \sqrt{\tau} VaR(\alpha)_{1|i}. \tag{2.13}$$

Diese Vereinfachung soll eine Erleichterung für die Finanzinstitute darstellen, die zur Zeit nur die 1-Schritt Value-at-Risk Prognose berechnen. Methodisch beruht diese Vereinfachung auf restriktiven Annahmen. Die dargestellte Skalierung gilt, wenn für die Renditen eine Normalverteilung mit Erwartungswert Null unterstellt wird. Dabei wird angenommen, dass die Renditen unabhängig und identisch verteilt sind (i.i.d.):

$$r_i \sim \text{i.i.d. } \mathcal{N}(0, \sigma^2).$$

Aus dieser Darstellung kann das bedingte (gegeben die Information bis zum Zeitpunkt i) Quantil der Renditeverteilung für den Zeitpunkt $i+1$ mit

$$q(\alpha)_{1|i} = \sigma z_\alpha$$

einfach bestimmt werden, wobei z_α das α-Quantil der Standardnormalverteilung bezeichnet. Die Varianz der kumulierten τ-Schritt Renditeverteilung (vgl.

Gleichung 2.9) folgt mit

$$V(r_{i+\tau}) = \sum_{l=1}^{\tau} V(r_{i+l}) = \tau\sigma^2.$$

Damit weist die kumulierte Renditeverteilung die folgende Verteilung auf

$$r_{i+\tau} \sim \mathcal{N}(0, \tau\sigma^2) \text{ bzw. } \frac{r_{i+\tau}}{\sqrt{\tau}\sigma} \sim \mathcal{N}(0, 1).$$

Das bedingte Quantil der kumulierten τ-Schritt Renditeverteilung ist folglich

$$q(\alpha)_{\tau|i} = \sqrt{\tau}\sigma z_\alpha = \sqrt{\tau} q(\alpha)_{1|i}.$$

Durch diese Darstellung lässt sich die Skalierungsmöglichkeit (Gleichung 2.13) als Approximation der 10-Schritt Value-at-Risk Prognose begründen.

Als Alternative zur Nutzung des internen Modells ermöglichen die Basel II-Richtlinien das „Standardverfahren". Dieses Verfahren wird oftmals auch als „Building Block Approach" bezeichnet. Die Marktrisiken werden in die vier Risikokategorien (Zinsen, Aktien, Währungen, Rohstoffe) unterteilt. Für jede dieser Kategorien werden alle Positionen in der Regel pauschal mit einem Prozentsatz von 8 % als Risiko der Kategorie bewertet. Das gesamte Marktrisiko ergibt sich durch einfache Summation der Risiken der vier Kategorien. In diesem Ansatz wird die Interdependenz einzelner Risikopositionen nicht berücksichtigt. Durch die Nichtbeachtung der Korrelationen sowohl in einer Risikokategorie als auch zwischen den einzelnen Risikokategorien werden Diversifikationseffekte vernachlässigt (zur detaillierten Darstellung des Verfahrens vgl. BCBS [11]).

Aus dieser Situation ist die Befürwortung des internen Modells durch die Aufsichtsbehörden verständlich. Erst die Nutzung eines internen Modells führt zur realistischen Analyse der Interdependenz von einzelnen Risiken und Risikokategorien und damit zur genaueren Abschätzung von Marktrisiken. Die Basel II-Richtlinien unterstützen somit die verstärkte Nutzung des internen Modells in der Zukunft und stellen das „Standardverfahren" als Auslaufmodell dar: „Banks which adopt a model will not be permitted, save in exceptional circumstances, to revert to the standardised approach" (vgl. BCBS [11], S. 6).

2.4.3 Berechnung der Eigenkapitalanforderung

Zur Absicherung gegen Finanzkrisen erfordern die Basel II-Richtlinien eine adäquate Hinterlegung der eingegangenen Marktrisiken durch Eigenkapital (vgl. BCBS [11]). Die Aufsichtsbehörden greifen explizit auf das Value-at-Risk Konzept zurück, um die regulatorischen Eigenkapitalanforderungen (EKA) mit Hilfe des internen Modells zu berechnen. Die Eigenkapitalanforderung des Zeitpunkts $i+1$ soll entweder der 10-Schritt Value-at-Risk Prognose des letzten Tages oder dem Mittelwert der täglichen 10-Schritt Value-at-Risk Prognosen der letzten 60 Tage multipliziert mit einem Faktor $\mathcal{M}$ entsprechen:

$$EKA_{1|i} = \max\left(\mathcal{M}\frac{1}{60}\sum_{j=1}^{60} VaR(0,01)_{10|i-j+1}, VaR(0,01)_{10|i}\right).$$

Der multiplikative Faktor $\mathcal{M}$ wird zunächst auf $\mathcal{M} = 3$ gesetzt. Bei schlechter Qualität des Modells in der Validierung wird der Faktor auf einen Wert von bis zu 4 erhöht (vgl. Abschnitt 2.4.5). Zur Begründung der festgelegten Höhe des Multiplikators wird von Stahl die Tschebyschewsche Ungleichung angeführt (vgl. Stahl [97]). Die Logik der Erhöhungen des Multiplikators wird in den Basel II-Kriterien angegeben (vgl. BCBS [13], S. 8). Die Erhöhung des Multiplikators führt zu einer höheren Eigenkapitalanforderung. Durch die Erhöhung des Eigenkapitals resultieren höhere Kapitalkosten, da Eigenkapitalgeber in der Regel höhere Renditen als Fremdkapitalgeber erwarten. Dieses ist mit der nachrangigen Bedienung der Eigenkapitalgeber im Insolvenzfall zu begründen. Falls das Finanzinstitut aufgrund höherer Risiken ihr Eigenkapital nicht ausweiten will oder kann, fungiert die erhöhte Eigenkapitalanforderung als Einschränkung der möglichen Geschäftsaktivitäten. Das Finanzinstitut kann nur Geschäfte mit den daraus folgenden Risiken eingehen, solange genügend Eigenkapital zur Erfüllung der Basel II-Richtlinie vorhanden ist. Die Eigenkapitalanforderung ist daher als wesentlicher Bestimmungsfaktor des Handlungsspielraums des Finanzinstituts anzusehen.

In dieser Arbeit wird die Eigenkapitalanforderung (EKA) als ökonomische Zielfunktion betrachtet, die vom Finanzinstitut bei gleichzeitiger genauer Abschätzung der Marktrisiken möglichst minimiert werden sollte. Aus der Minimierung der Eigenkapitalanforderung bei gleichzeitiger Einhaltung der Basel II-Richtlinien steht dem Finanzinstitut der Freiraum zur Aufnahme weiterer Risiken, die gleichzeitig die Chance zu weiteren profitablen Gewinnen bieten, zur Verfügung. Daher wird die Eigenkapitalanforderung in der empirischen Vergleichsstudie (vgl. Kapitel 5) als maßgebliche Kennzahl zur Bewertung der verschiedenen Ansätze herangezogen.

2.4.4 Validierung der Value-at-Risk Prognosen

Die Validierung des Value-at-Risk Ansatzes anhand der Basel II-Richtlinien erfolgt über den Vergleich der 1-Schritt Value-at-Risk Prognosen mit den tatsächlich realisierten 1-Schritt Verlusten über den Zeitraum eines Jahres (circa 250 Handelstage). Die Überschreitung der Value-at-Risk Prognose wird im Weiteren als Backtesting-Ausnahme bezeichnet

$$p_i - p_{i+1} > \widehat{VaR}(0,01)_{1|i}.$$

Äquivalent können die Backtesting-Ausnahmen als Unterschreitungen der Quantilsprognose durch die Renditezeitreihe

$$r_{i+1} < \hat{q}(0,01)_{1|i}$$

ermittelt werden. Die Validierung der 1-Schritt Prognosen wird gewählt, da sich die Gewichtung der einzelnen Wertpapiere im Portfolio über einen längeren Zeitraum verändert. Damit ist ein angemessener Vergleich nicht gewährleistet (vgl. BCBS [13]). Diese Vorgabe ist insofern inkonsistent, da sich die Eigenkapitalanforderung am 10-Schritt Value-at-Risk orientiert. Hieraus entsteht der Anreiz für das Finanzinstitut, die 1-Schritt Value-at-Risk Prognosen eher konservativ zu gestalten, um in der Validierung erfolgreich zu sein, hingegen die 10-Schritt Value-at-Risk Prognose eher anti-konservativ zu berechnen, um die Eigenkapitalanforderung und damit die Kapitalkosten zu minimieren.

Die statistische Evaluation der Value-at-Risk Prognosen konzentriert sich darauf, die Zeitreihe der Backtesting-Ausnahmen zu analysieren. Ein Value-at-Risk Modell mit einem Konfidenzniveau von $(1-\alpha)\%$ sollte Prognosen abgeben, die in $\alpha\%$ der Fälle zu einer Backtesting-Ausnahme führen. Dieses wird oftmals als unbedingte Anforderung bezeichnet

$$P(r_{i+1} < q(\alpha)_{1|i}) = \alpha. \tag{2.14}$$

Die Backtesting-Ausnahmen sollten über die gesamte Zeitperiode verteilt sein und nicht gehäuft auftreten. Zur Beurteilung dieser Anforderung wurden von Christoffersen [26] Tests entwickelt. Dabei wird zunächst eine Indikator-Variable definiert, die bei Eintreten der Backtesting-Ausnahme den Wert 1 und ansonsten den Wert 0 annimmt

$$I_{i+1} = \begin{cases} 1 & \text{für } r_{i+1} < \hat{q}(\alpha)_{1|i} \\ 0 & \text{für } r_{i+1} > \hat{q}(\alpha)_{1|i} \end{cases}.$$

Als Forderung lässt sich zusammenfassen, dass die Serie $\{I_{i+1}\}_{i=1}^{n}$ im Backtesting-Zeitraum der zurückliegenden n Zeitperioden unabhängig und identisch verteilt (i.i.d.) sein sollte. Basierend auf dieser Indikator-Variablen wird im ersten Test die Nullhypothese des Parameters α der Bernoulli-Variablen

$$H_0 : I_{i+1} \sim \text{i.i.d. Bernoulli}(\alpha) \tag{2.15}$$

gegen die Alternativhypothese, dass der wahre Parameter von α abweicht, getestet. Die Likelihood-Ratio Teststatistik (LR) für diesen ersten Test kann wie folgt

$$LR_1 = -2\ln\left[\frac{\alpha^{n_1}(1-\alpha)^{n_0}}{\hat{\alpha}^{n_1}(1-\hat{\alpha})^{n_0}}\right] \overset{a}{\sim} \chi^2(1)$$

formuliert werden. Unter Gültigkeit der H_0-Hypothese ist die Teststatistik asymptotisch Chi-Quadrat-verteilt mit einem Freiheitsgrad, wobei gilt:

n_1 = Anzahl der Ausprägungen der Indikator-Variablen mit dem Wert 1,

n_0 = Anzahl der Ausprägungen der Indikator-Variablen mit dem Wert 0,

$$\hat{\alpha} = \frac{n_1}{n_0 + n_1} \text{ als ML-Schätzung von } \alpha.$$

Im zweiten Schritt kann die Hypothese eines unabhängig verteilten Bernoulli-Prozesses gegen die Alternativhypothese eines Markov-Prozesses erster Ordnung getestet werden (vgl. Christoffersen [26])

$$LR_2 = -2\ln\left[\frac{\hat{\alpha}^{n_1}(1-\hat{\alpha})^{n_0}}{(1-\hat{\pi}_{01})^{n_{00}}\hat{\pi}_{01}^{n_{01}}(1-\hat{\pi}_{11})^{n_{10}}\hat{\pi}_{11}^{n_{11}}}\right] \overset{a}{\sim} \chi^2(1),$$

mit

n_{jk} = Anzahl der Beobachtungen mit j gefolgt von k $(j,k=0,1)$,

$$\pi_{jk} = P(I_{i+1} = k | I_i = j) \qquad (j,k = 0,1),$$
$$\hat{\pi}_{01} = \frac{n_{01}}{n_{00}+n_{01}}, \qquad \hat{\pi}_{11} = \frac{n_{11}}{n_{10}+n_{11}}.$$

Im dritten Schritt kann abschließend die Nullhypothese eines unabhängigen Bernoulli-Prozesses mit Parameter α gegen die Alternativhypothese eines Markov-Prozesses erster Ordnung mit einer alternativen Übergangsmatrix getestet werden:

$$H_0 : \pi_{01} = \pi_{11} = \alpha,$$
$$LR_3 = -2\ln\left[\frac{\alpha^{n_1}(1-\alpha)^{n_0}}{(1-\hat{\pi}_{01})^{n_{00}}\hat{\pi}_{01}^{n_{01}}(1-\hat{\pi}_{11})^{n_{10}}\hat{\pi}_{11}^{n_{11}}}\right] \overset{a}{\sim} \chi^2(2).$$

Es gilt: $LR_3 = LR_1 + LR_2$. Die Beschränkung dieser Testmethodik liegt in der ausschließlichen Berücksichtigung von Abhängigkeiten erster Ordnung.

Die grundsätzliche Idee dieser formalen Tests wird auch in den Basel II-Richtlinien befolgt. Die Basel II-Richtlinien fordern die Auswertung der Anzahl der Backtesting-Ausnahmen des letzten Jahres. Eine Abweichung der beobachteten Backtesting-Ausnahmen von der erwarteten Anzahl bzw. ein gehäuftes Auftreten von Backtesting-Ausnahmen führt zu erheblichen Konsequenzen für das Finanzinstitut. Bei moderater Abweichung wird der Multiplikator $\mathcal{M}$ zur Berechnung der Eigenkapitalanforderungen erhöht. Eine starke Abweichung der Anzahl der Backtesting-Ausnahmen führt dazu, dass die Aufsichtsbehörde zusätzlich eine Änderung des Modells vom betreffenden Finanzinstitut verlangt.

2.4.5 Konsequenzen der Validierung

Die Konsequenzen der Anzahl an Backtesting-Ausnahmen über die letzten zwölf Monate (ca. 250 Handelstage) werden durch die Basel II-Richtlinien geregelt und folgen einer Ampel-Logik basierend auf Gleichung 2.15 und $\alpha = 0,01$ (vgl. BCBS [13]). Im grünen Bereich ist der Value-at-Risk Ansatz zuverlässig. Der Multiplikator verbleibt daher beim Ausgangswert $\mathcal{M} = 3$. Dieser Wert des Multiplikators sichert die Finanzinstitute gegen unerwartete Marktgegebenheiten und Fehleranfälligkeiten des Modells ab (vgl. BCBS [12], S. 3/4 und Stahl [97]). Allerdings basieren die Überlegungen zur Höhe des Multiplikators auf der Annahme der Normalverteilung (vgl. Stahl [97]). Damit kann der gewählte Ausgangswert $\mathcal{M} = 3$ bei Value-at-Risk Ansätzen mit alternativen Verteilungsannahmen gegebenenfalls zu hoch sein, da die bestehenden Risiken durch eine alternative Verteilung angemessen berücksichtigt werden. Die Konstruktion des Multiplikators kann somit zu einem Zielkonflikt führen, da der Ausgangswert $\mathcal{M} = 3$ keinen ausreichenden Anreizmechanismus für das Finanzinstitut liefert, um gegebenenfalls zu angemesseneren Verteilungsannahmen zu wechseln.

Im gelben Bereich trifft das Basel II-Komitee unterstützt durch die nationalen Gremien eine Entscheidung über die Anhebung des multiplikativen Faktors $\mathcal{M}$. Dabei können außergewöhnliche Marktgegebenheiten als Grund für die Backtesting-Ausnahmen geltend gemacht werden, welche zu einer Aussetzung der ansonsten strengen Einhaltung der Vorgaben zur Anhebung des Faktors führen können. Die Höhe der Anhebungen dient der Aufrechterhaltung des angestrebten Signifikanzniveaus $\alpha = 0,01$ (vgl. BCBS [13], S. 8).

Der rote Bereich führt zu einer direkten Sanktionierung durch Anhebung des multiplikativen Faktors $\mathcal{M}$ auf den Wert $\mathcal{M} = 4$. Aufgrund der offenbarten Mängel des Modells wird das betreffende Finanzinstitut von der Aufsichtsbehörde aufgefordert, das Modell zu ändern.

Zusammenfassend sind die Folgen der Anzahl der Backtesting-Ausnahmen in Tabelle 2.1 dargestellt:

Zone	Backtesting-Ausnahmen	Anstieg des Faktors $\mathcal{M}$
Grün	0 bis 4	0.00
Gelb	5	0.40
	6	0.50
	7	0.65
	8	0.75
	9	0.85
Rot	≥ 10	1.00

Tabelle 2.1: Konsequenzen der Validierung

Das Reporting an die zuständige nationale Aufsichtsbehörde findet quartalsweise statt. Die Evaluation des letzten Jahres wird zur Festsetzung des Multiplikators für das folgende Quartal verwendet. Mehr als vier Backtesting-Ausnahmen führen zu einem höheren Multiplikator. Damit resultiert aus einer ungenauen Abschätzung der Marktrisiken eine höhere Eigenkapitalanforderung. Die Höhe der Eigenkapitalanforderung ist letztendlich an die 10-Schritt Value-at-Risk Prognose und an die Qualität des verwendeten Value-at-Risk Ansatzes geknüpft.

Die Auswahl des geeigneten Value-at-Risk-Ansatzes ist der wesentliche Schlüssel zur erfolgreichen Abschätzung der Marktrisiken, da hiermit über die Genauigkeit des Modells und die resultierenden Folgekosten aufgrund der Höhe der Eigenkapitalanforderung entschieden wird.

2.5 Value-at-Risk in der Praxis

In der Praxis werden oftmals Ansätze angewendet, die leicht zu verstehen und einfach umsetzbar sind. Neuere komplexere Ansätze werden nur sehr langsam ins Tagesgeschäft der Finanzinstitute übernommen. Generell ist darauf zu achten, dass die verwendeten Ansätze wesentliche Charakteristika der zu modellierenden Finanzmarktzeitreihen abbilden. Eine vielbeachtete und in zahlreichen wissenschaftlichen Artikeln bestätigte Eigenschaft der betrachteten Finanzmarktzeitreihen ist die Leptokurtosis, das heißt, die Renditezeitreihen weisen eine höhere Kurtosis im Vergleich zur Normalverteilung auf (vgl. Gleichungen 2.4/2.5, Gourieroux [50], S. 68/69, Franses/van Dijk [47], S. 9/10). Besondere Beachtung hat die Modellierung der Volatilität einer Finanzmarktzeitreihe gefunden. Es lassen sich Phasen unterschiedlicher Volatilität erkennen, die sich durch GARCH-Modelle abbilden lassen (vgl. Engle [35] und Bollerslev [17]). Die Volatilität wird nicht als konstant angenommen, sondern explizit im Zeitverlauf modelliert.

Ansätze zur Berechnung des Value-at-Risk sollten diese empirischen Informationen berücksichtigen. Falls dieses nicht gegeben ist, erscheint es sinnvoll, komplexere Ansätze in die Praxis zu überführen, um eine realitätsnahe Berechnung des Value-at-Risk sicherzustellen. In den folgenden drei Abschnitten werden die wesentlichen Praxis-Ansätze diskutiert:

- Historische Volatilität (parametrischer Ansatz)
- Historische Simulation (nicht-parametrischer Ansatz)
- EWMA-Modellierung der Volatilität (parametrischer Ansatz)

Das Ziel ist es, die Eignung der Ansätze zu diskutieren und gegebenenfalls Verbesserungsmöglichkeiten hinsichtlich der Berechnung des Value-at-Risk aufzuzeigen.

2.5.1 Historische Volatilität und Normalverteilungsannahme

Die Annahme der Normalverteilung für die Verteilung der Renditezeitreihe ist wesentlich für die Finanzmarkttheorie. Die Portfoliotheorie beruht auf der Annahme der Normalverteilung, um die Abwägung zwischen Rendite und Risiko als Entscheidungs- und Auswahlgrundlage in den Vordergrund zu stellen (vgl. Markowitz [77]). Das Capital Asset Pricing Modell zur Ableitung der wohlbekannten „Beta-Faktoren" und damit der Kapitalkosten eines Unternehmens beruht ebenfalls auf der Normalverteilungsannahme (vgl. Sharpe [96], Lintner [73], Mossin [85]). Auch in der Black-Scholes Formel, der wesentlichen Grundlage der Optionspreistheorie, ist die Normalverteilungsannahme wesentlicher Bestandteil (vgl. Black/Scholes [16]).

Die Normalverteilungsannahme kann zur Berechnung des Value-at-Risk verwendet werden. Durch die Annahme der multivariaten Normalverteilung der

Portfoliorenditen wird eine schnelle und einfache Berechnung des Value-at-Risk erreicht. Die Verteilungsannahme der multivariaten Normalverteilung für den Vektor $\mathbf{r}_i$ bestehend aus den m einzelnen Wertpapieren wird mit

$$\mathbf{r}_i \sim \text{i.i.d. } \mathcal{N}_m(\boldsymbol{\mu}, \boldsymbol{\Sigma})$$

dargestellt, wobei mit $\boldsymbol{\mu}$ der Vektor der Erwartungswerte und mit $\boldsymbol{\Sigma}$ die Varianz-Kovarianz-Matrix bezeichnet ist. Daraus folgt für die Portfoliorendite $r_i = \boldsymbol{\omega}'\mathbf{r}_i$

$$r_i \sim \text{i.i.d. } \mathcal{N}(\mu, \sigma^2)$$

mit

$$\mu = \boldsymbol{\omega}'\boldsymbol{\mu} \text{ und } \sigma^2 = \boldsymbol{\omega}'\boldsymbol{\Sigma}\boldsymbol{\omega}.$$

Das α-Quantil $q(\alpha)_{\tau|n}$ der bedingten Verteilung von $r_{n+\tau}$ (vgl. Gleichung 2.10), basierend auf dem Informationsstand einschließlich des Zeitpunkts n, ist

$$q(\alpha)_{\tau|n} = \mu_{\tau|n} + z_\alpha \sigma_{\tau|n}$$

mit

$$\mu_{\tau|n} = \tau\mu \text{ und } \sigma_{\tau|n} = \sqrt{\tau}\sigma.$$

Der Value-at-Risk des Portfolios für die Zeitperiode τ folgt mit (vgl. Gleichung 2.11)

$$VaR(\alpha)_{\tau|n} = p_n(1 - \exp(q(\alpha)_{\tau|n})) = p_n(1 - \exp(\mu_{\tau|n} + z_\alpha \sigma_{\tau|n})).$$

Die Schätzung des Erwartungswerts μ mit der Länge des Zeitfensters n kann wie folgt vorgenommen werden

$$\hat{\mu}_{k,\tau|n} = \tau\hat{\mu}_{k,1|n} = \tau\left(\frac{1}{n}\sum_{i=1}^{n} r_{k,i}\right), \qquad k = 1, ..., m,$$

$$\hat{\mu}_{\tau|n} = \tau(\omega'\hat{\boldsymbol{\mu}}_{1|n}).$$

In der Praxis wird oftmals $\hat{\mu}_{\tau|n} = 0$ gesetzt. Durch dieses Vorgehen hängt die Value-at-Risk Berechnung wesentlich von der historischen Volatilität beziehungsweise historischen Varianz-Kovarianz-Matrix ab. Für die Varianz-Kovarianz-Matrix wird folgende Schätzung angewendet

$$\hat{\sigma}_{op,1|n} = \frac{1}{n-1}\sum_{i=1}^{n}(r_{o,i} - \hat{\mu}_{o,1|n})(r_{p,i} - \hat{\mu}_{p,1|n}), \qquad o, p = 1, ..., m,$$

$$\hat{\sigma}_{op,\tau|n} = \tau\hat{\sigma}_{op,1|n},$$

$$\widehat{\sigma^2}_{\tau|n} = \tau(\omega'\hat{\Sigma}_{1|n}\omega)$$

mit

$$\hat{\Sigma}_{1|n} = \begin{pmatrix} \hat{\sigma}_{11,1|n} & \hat{\sigma}_{12,1|n} & \cdots & \hat{\sigma}_{1m,1|n} \\ \hat{\sigma}_{21,1|n} & \hat{\sigma}_{22,1|n} & \cdots & \hat{\sigma}_{2m,1|n} \\ \vdots & \vdots & \ddots & \vdots \\ \hat{\sigma}_{m1,1|n} & \hat{\sigma}_{m2,1|n} & \cdots & \hat{\sigma}_{mm,1|n} \end{pmatrix}.$$

Der Einfachheit dieses Ansatzes stehen einige Kritikpunkte gegenüber. Für die Auswahl der Länge des Zeitfensters n gibt es keine Regeln. Bei der Berücksichtigung einer langen Historie der Renditezeitreihen fließt mehr Information in die Schätzer ein, das heißt die Schätzungen werden zuverlässiger. Hingegen wird dadurch die implizite Annahme getroffen, dass sich die Varianzen beziehungsweise Kovarianzen über diesen Zeitraum nicht verändern. Bei Vorliegen sich ändernder Parameter kann es angemessener sein, eine verhältnismäßig kurze Historie einzubeziehen.

Die Annahme der Normalverteilung wird in zahlreichen empirischen Studien abgelehnt. Renditezeitreihen weisen in der Regel eine höhere Kurtosis auf, das heißt extrem negative und extrem positive Renditen treten häufiger auf als bei einer Normalverteilung (vgl. Gourieroux [50], S. 68/69 oder Franses/van Dijk [47], S. 9/10). Die Konstanz der Volatilität σ im Zeitverlauf, ausgedrückt durch die sogenannte „Square-Root-of-Time Regel"

$$\sigma_{\tau|i} = \sqrt{\tau}\sigma_{1|i},$$

kann zu Fehleinschätzungen führen (vgl. Diebold et al. [30]).

Zusammenfassend lässt sich sagen, dass bei Annahme der Normalverteilung der Renditen mit konstanter historischer Volatilität die Gefahr besteht, Marktrisiken zu unterschätzen.

2.5.2 Historische Simulation der Renditeverteilung

Die historische Simulation ist der am häufigsten angewendete Ansatz zur Ermittlung des Value-at-Risk in der Praxis. Vorteil dieses Ansatzes ist, dass keine Annahmen über die Verteilung der Renditezeitreihe benötigt werden. Daher wird die historische Simulation zu den nicht-parametrischen Ansätzen gezählt. Bei diesem Ansatz ist es nicht notwendig, die Varianz-Kovarianz-Matrix der m Wertpapiere zu bestimmen. Stattdessen wird als Grundidee die historische Datengrundlage genutzt, um die empirische Verteilung zu schätzen. Die

Value-at-Risk Prognose wird über die Ermittlung des α-Quantils der historischen Portfoliorenditezeitreihe r_i berechnet. Gegebenenfalls wird hierzu zunächst die Portfoliorenditezeitreihe aus den Bestandteilen des Portfolios gebildet: $r_i = \boldsymbol{\omega}'\mathbf{r}_i$ (vgl. Gleichung 2.8).

Formal dargestellt ist das α-Quantil $q(\alpha)$ der Verteilung F:

$$q(\alpha) = F^{-1}(\alpha) = \inf\{x \in \mathbb{R} : F(x) \geq \alpha\}, \qquad 0 < \alpha < 1.$$

Die Schwierigkeit der Anwendung besteht darin, dass die Verteilung der Renditen nicht bekannt ist. Daher wird das empirische Quantil der historischen Renditezeitreihe über die historischen Beobachtungen geschätzt. Vereinfacht gesprochen ist das α-Quantil die Rendite, welche größer ist als $\alpha\%$ der Beobachtungen und kleiner als $(1-\alpha)\%$ der Beobachtungen. Zur genauen Ermittlung werden die historischen Renditen $r_i (i = 1, ..., n)$ aufsteigend sortiert. Es sei

$$r_{(1)}, ..., r_{(n)}$$

die Ordnungsstatistik der Beobachtungen definiert durch

$$r_{(1)} \leq ... \leq r_{(n)}.$$

Zur Schätzung des empirischen Quantils $\hat{q}(\alpha)$ gibt es unterschiedliche Möglichkeiten (vgl. Hyndman/Fan [62]). In der vorliegenden Arbeit wird zur Schätzung im ersten Schritt der ganzzahlige Wert l bestimmt, der die Bedingung (vgl. Hyndman/Fan [62], Definition 7)

$$l - 1 + \alpha \leq \alpha n < l + \alpha$$

erfüllt. Mit dem Gewichtungsfaktor d zur Interpolation der relevanten geordneten Werte $r_{(i)}$

$$d = 1 + (n-1)\alpha - l$$

resultiert das geschätzte Quantil (vgl. Hyndman/Fan [62], Gleichung 1)

$$\hat{q}(\alpha, r_i) = (1-d)r_{(l)} + dr_{(l+1)}. \tag{2.16}$$

Diese Vorgehensweise wird in der vorliegenden Arbeit durchgehend zur Schätzung des empirischen Quantils verwendet. Dieses rechtfertigt die Unterscheidung der Notation, denn das 1-Schritt Quantil $q(\alpha)_{1|n}$ zur Bestimmung des 1-Schritt Value-at-Risk kann durch unterschiedlichste Ansätze ermittelt werden. Bei der historischen Simulation wird auf das geschätzte empirische Quantil zurückgegriffen

$$\hat{q}(\alpha)_{1|n} = \hat{q}(\alpha, r_i),$$

um die 1-Schritt Value-at-Risk Prognose des Portfolios zu schätzen

$$\widehat{VaR}(\alpha)_{1|n} = p_n(1 - \exp(\hat{q}(\alpha)_{1|n})).$$

Die Ermittlung der τ-Schritt Value-at-Risk Prognose kann unterschiedlich gestaltet werden. Eine Möglichkeit ist das Ziehen mit Zurücklegen aus den historischen 1-Schritt Renditen. Dieses Vorgehen wird als Bootstrap-Verfahren bezeichnet (vgl. Davison/Hinkley [29], S. 2/3). Die aus der historischen Renditezeitreihe zufällig gezogene Beobachtung sei $\tilde{r}_{j,n+\tau}$, wobei der Index j die j-te Ziehung angibt. Dabei gilt $j = 1, ..., N$ und $\tau = 1, ..., 10$. Es werden demnach $10N$ zufällige Ziehungen vorgenommen. Grundlage dieses Vorgehens ist die Annahme von identisch und unabhängig verteilten (i.i.d.) Renditen r_i. Zur Bildung der interessierenden kumulierten 10-Schritt Renditen $\tilde{r}_{j,n+\mathbf{10}}$ (vgl. Gleichung 2.9) werden die gezogenen Renditen summiert

$$\tilde{r}_{j,n+\mathbf{10}} = \sum_{\tau=1}^{10} \tilde{r}_{j,n+\tau}. \tag{2.17}$$

Durch dieses Vorgehen werden N kumulierte 10-Schritt Renditen simuliert, aus denen das geschätzte empirische Quantil $\hat{q}(\alpha, \tilde{r}_{j,n+\mathbf{10}})$ ermittelt werden kann. Dieses wird als 10-Schritt Quantil zur Schätzung des 10-Schritt Value-at-Risk verwendet (vgl. Gleichung 2.11)

$$\widehat{VaR}(\alpha)_{\mathbf{10}|n} = p_n(1 - \exp(\hat{q}(\alpha)_{\mathbf{10}|n})).$$

Zur Bestimmung des kumulierten 10-Schritt Quantils können alternativ zunächst kumulierte 10-Schritt Renditen $r_{s+\mathbf{10}}$ aus den n historischen Beobachtungen gebildet werden (vgl. Gleichung 2.9)

$$r_{s+\mathbf{10}} = \sum_{t=s+1}^{s+10} r_t, \qquad \text{für } s = 0, 1, ..., n-10.$$

Beruhend auf diesen kumulierten 10-Schritt Renditen kann die Schätzung des empirischen Quantils vorgenommen werden, um das interessierende Quantil $\hat{q}(\alpha)_{\mathbf{10}|n}$ zu erhalten. Dieses Vorgehen wird oftmals in der Praxis verwendet, wobei kritisch anzumerken ist, dass sich die gebildeten kumulierten 10-Schritt Renditen überlappen und damit keine unabhängigen Beobachtungen darstellen.

Um dieses zu verhindern, können die kumulierten 10-Schritt Renditen auch überlappungsfrei gebildet werden. Durch dieses Vorgehen reduziert sich die Anzahl der kumulierten 10-Schritt Renditen um den Faktor 10. Dadurch bleiben oftmals nur wenige Beobachtungen zur Bestimmung des empirischen Quantils über, sodass diese Möglichkeit in der vorliegenden Arbeit nicht weiterverfolgt wird.

Zur Diskussion der historischen Simulation ist anzumerken, dass dieser Ansatz die Charakteristika der empirischen Renditeverteilung berücksichtigt. Es wird keine explizite Annahme über die Verteilung der Renditezeitreihe (beispielsweise Normalverteilung) getroffen. Hervorzuheben ist im Weiteren die verständliche Grundidee des Ansatzes. Die Gewinnung des interessierenden Value-at-Risk aus dem historisch beobachteten Verlauf des Portfolios ist leicht nachvollziehbar.

Problematisch ist die Auswahl der Länge des Zeitfensters n. Die Abwägung zwischen der Einbeziehung einer größeren Anzahl von Beobachtungen (mehr Information) und der Annahme der Konstanz der Verteilung (Tendenz zu einem kleineren Zeitfenster) stellt sich wiederum (vgl. Abschnitt 2.3.1). Die Value-at-Risk Prognose hängt stark von der Länge des Zeitfensters ab.

Dieses Problem kann durch Gewichtung der Beobachtungen im historischen Zeitfenster abgemildert werden. Beispielsweise führt eine exponentielle Gewichtungsstruktur zur geringeren Gewichtung weiter zurückliegender Beobachtungen (vgl. Abschnitt 4.1).

Weiterer Kritikpunkt zur historischen Simulation ist, dass die zeitveränderliche Volatilität der Renditezeitreihe nicht explizit modelliert wird. Dadurch werden die beobachtbaren Phasen unterschiedlicher Volatilität nicht beachtet. Dieses kann zu einer Unter- oder Überschätzung des Value-at-Risk führen.

2.5.3 Exponentielle Glättung der Volatilität

In diesem Ansatz wird die zeitveränderliche Volatilität explizit modelliert. In der Regel wird die exponentielle Glättung der Volatilität als EWMA-Modell (exponentially weighted moving average) bezeichnet (vgl. Alexander [3], S. 57 ff.). Die Grundidee dieses Ansatzes wurde von dem Finanzinstitut J.P. Morgan zu einer kommerziellen Software-Lösung weiterentwickelt. Der heutige Anbieter dieses Ansatzes ist das Unternehmen „RiskMetrics“. Das EWMA-Modell gilt als parametrischer Ansatz mit zeitveränderlicher Volatilität.

Es sei h_i die zeitveränderliche bedingte Varianz der Renditezeitreihe. Die Unterscheidung der Notation von σ^2 wird bewusst getroffen, um deutlich herauszustellen, dass die Varianz in der Modellierung nicht mehr als konstant angesehen wird. Der Vektor der Renditezeitreihen $\mathbf{r}_i$ wird gegeben dem

Informationsstand Ω_{i-1} zum Zeitpunkt $i-1$ wie folgt modelliert:

$$\mathbf{r}_i|\Omega_{i-1} \sim \mathcal{N}_m(\mathbf{0}, \mathbf{H}_i),$$

wobei $\mathbf{H}_i$ die zeitveränderliche Varianz-Kovarianz-Matrix darstellt. Für die Portfoliorendite r_i folgt mit $h_i = \boldsymbol{\omega}'\mathbf{H}_i\boldsymbol{\omega}$

$$r_i|\Omega_{i-1} \sim \mathcal{N}(0, h_i).$$

Die Verteilung der Portfoliorendite wird durch eine Normalverteilung mit zeitveränderlicher bedingter Varianz h_i beschrieben. Der Erwartungswert wird in diesem Ansatz auf Null gesetzt, das heißt es wird angenommen, dass sich der Mittelwert der Renditezeitreihe nicht signifikant von Null unterscheidet.

Die wesentliche Erweiterung in diesem Ansatz besteht in der Einführung der bedingten Betrachtungsweise hinsichtlich Varianz und Kovarianz

$$h_{op,i} = \mathrm{Cov}(r_{o,i}, r_{p,i}|\Omega_{i-1}).$$

Die Schätzung der Varianz-Kovarianz-Matrix $\mathbf{H}_i$ erfolgt über exponentielle Glättung der Form

$$\hat{h}_{op,1|n} = (1-\lambda)\sum_{j=1}^{\infty} \lambda^{j-1} r_{o,n-j+1} r_{p,n-j+1}.$$

Das EWMA-Modell legt mehr Gewicht auf die Beobachtungen des aktuellen Randes. Die resultierende Schätzung der Volatilität reagiert daher sehr schnell auf ungewöhnlich große positive und negative Renditen. Der Parameter λ fungiert als Glättungsparameter. Höhere Werte von λ mit $0 < \lambda < 1$ führen zu geringerer Gewichtung der aktuellen Beobachtungen. Alexander ([3], S. 59) berichtet von sinnvollen Werten für λ zwischen 0,75 und 0,98. Die kommerzielle Software-Version „RiskMetrics“ verwendet $\lambda = 0,94$.

Eine einfache Berechnung wird durch die folgende Rekursion erreicht:

$$\hat{h}_{op,1|n} = (1-\lambda) r_{o,n} r_{p,n} + \lambda \hat{h}_{op,n}.$$

Da $E(r_{o,n+\tau} r_{p,n+\tau}|\Omega_n) = h_{op,\tau|n}$ gilt, entspricht die τ-Schritt Prognose der 1-Schritt Prognose $\hat{h}_{op,\tau|n} = \hat{h}_{op,1|n}$. Die Prognose bleibt damit auf einer Höhe und kehrt nicht zu einem langfristigen Mittelwert zurück. Es folgt die Schätzung der kumulierten τ-Schritt Varianz-Kovarianz-Matrix

$$\hat{h}_{op,\tau|n} = \tau \hat{h}_{op,1|n}.$$

Die bedingte τ-Schritt Varianz der Portfoliorendite ergibt sich mit

$$\hat{h}_{\tau|n} = \tau(\boldsymbol{\omega}'\hat{\mathbf{H}}_{1|n}\boldsymbol{\omega}).$$

Hinsichtlich der τ-Schritt Renditeverteilung wird im „RiskMetrics"-Ansatz die Annahme der Normalverteilung getroffen

$$\frac{r_{n+\tau}}{\sqrt{h_{\tau|n}}} \sim \mathcal{N}(0,1) \text{ bzw. } \frac{r_{n+\tau}}{\sqrt{\hat{h}_{\tau|n}}} \sim \mathcal{N}(0,1).$$

Der Value-at-Risk des Portfolios für die Zeitperiode τ lässt sich aufgrund der Normalverteilungsannahme leicht berechnen

$$\widehat{VaR}(\alpha)_{\tau|n} = p_n(1 - \exp(\hat{q}(\alpha)_{\tau|n})) = p_n\left(1 - \exp\left(z_\alpha\sqrt{\hat{h}_{\tau|n}}\right)\right).$$

Die Normalverteilungsannahme ist theoretisch nicht haltbar, da das gewählte Modell nur die 1-Schritt Verteilung der Renditen festlegt. Die Verteilung der kumulierten τ-Schritt Rendite ist eine Summe von Zufallsvariablen, die jeweils eine unterschiedliche bedingte Varianz h_i aufweisen. Die kumulierte τ-Schritt Verteilung kann somit deutlich von der Normalverteilung abweichen. Die getroffene restriktive Annahme ist kritisch zu betrachten. Eine Lösungsmöglichkeit zur Ermittlung der gesuchten Renditeverteilung ist die Monte-Carlo-Simulation, die in Abschnitt 4.2 vorgestellt wird.

Das EWMA-Modell kann mit einer beliebigen Historie der Renditezeitreihe angewendet werden. Durch die exponentielle Glättung wird in Abhängigkeit von der Wahl des Glättungsparameters weit zurückliegenden Beobachtungen nur ein geringes Gewicht gegeben. Dieses ist im Hinblick auf die Basel II-Richtlinien kritisch zu sehen, da gegebenenfalls die weiter zurückliegenden Beobachtungen des letzten Jahres die Value-at-Risk Prognose nur geringfügig beeinflussen.

Zusammenfassend lässt sich sagen, dass der wesentliche Vorteil der exponentiellen Glättung in der „RiskMetrics"-Ausgestaltung in der expliziten Modellierung der zeitveränderlichen Volatilität liegt. Die Value-at-Risk Prognose passt sich daher schnell den Veränderungen der Marktverhältnisse an. Der Ansatz besitzt jedoch Nachteile. Der Glättungsparameter λ wird nicht geschätzt, sondern aufgrund von Erfahrungswerten festgelegt. Fundierter wäre eine Schätzung des Modells auf Grundlage statistischer Theorie (vgl. Kapitel 3). Aus der Modellierung der Varianz-Kovarianz-Matrix folgt die langfristige Prognose mittels der „Square-Root-of-Time Regel". Die Prognose tendiert damit nicht zu einem langfristigen Mittelwert („Mean Reversion"). Im Kapitel 3 werden die GARCH-Modelle vorgestellt, die realistischere Eigenschaften als der Spezialfall EWMA-Modell aufweisen.

Kapitel 3

Volatilität und Interdependenz

Zur Berechnung eines zuverlässigen Value-at-Risk ist die Modellierung der Volatilität und Interdependenz empfehlenswert. Unterschiedliche Phasen der Volatilität der Finanzmarktzeitreihen sollten in der Berechnung des Value-at-Risk berücksichtigt werden. Eine Steigerung der Volatilität führt zu erhöhten Marktrisiken, sodass eine gleichzeitige Anpassung des Value-at-Risk notwendig erscheint. Auch die Interdependenz der einzelnen Wertpapiere eines Portfolios hat wesentlichen Einfluss auf die Höhe der Marktrisiken. In markanten Abschwungphasen der Finanzmärkte wird oftmals beobachtet, dass die Korrelation zwischen den einzelnen Wertpapieren zunimmt. Dieses führt bei konstanten Gewichtungsfaktoren zu einer Erhöhung des Gesamtrisikos des Portfolios, sodass die Value-at-Risk Prognose folglich angehoben werden sollte.

Eine vielbeachtete Modellklasse zur Beschreibung der empirischen Beobachtungen sind die GARCH-Modelle. Begründer dieser Modellklasse ist Prof. Engle, der 1982 den Grundstein für die schnelle Entwicklung der Forschung in diesem Themengebiet legte (vgl. Engle [35]). Die Generalisierung des innovativen Ansatzes wurde 1986 durch Prof. Bollerslev vorgenommen (vgl. Bollerslev [17]), der zusammen mit Prof. Engle und zahlreichen weiteren Wissenschaftlern die Modellentwicklung und -erweiterung maßgeblich geprägt und vorangetrieben hat.

Im nächsten Abschnitt (3.1) werden die univariaten GARCH-Modelle zur Modellierung der zeitveränderlichen Volatilität betrachtet. Im darauf folgenden Abschnitt (3.2) werden multivariate Erweiterungen der GARCH-Modelle vorgestellt. Mit ihrer Hilfe kann die Interdependenz in multivariaten Portfolioüberlegungen beachtet werden. Besondere Berücksichtigung findet dabei die Modellierung der zeitveränderlichen Varianz-Kovarianz-Matrix.

3.1 Univariate Modellierung der Volatilität

GARCH-Modelle wurden in den letzten Jahren in der akademischen Literatur besonders beachtet. Der Erfolg dieser Modelle liegt darin, dass sie empirische Beobachtungen wie zeitveränderliche Volatilität und die Abweichung der unbedingten Verteilung der Renditezeitreihe von der Normalverteilung oftmals treffend beschreiben können. Die empirischen Phänomene der Renditezeitreihen sind zwar schon Jahrzehnte bekannt, jedoch gelang es Engle (1982) erstmals mit dem Autoregressive Conditional Heteroscedasticity (ARCH) Modell eine zutreffende parametrische formale Beschreibung zu entwickeln. Zur Darstellung der univariaten GARCH-Modelle sind einige sehr gute Bücher und Artikel erschienen. Die GARCH-Modelle werden in der vorliegenden Arbeit sehr kompakt dargestellt. Zur detaillierteren Darstellung wird an dieser Stelle auf die Literatur von Franses/van Dijk [47], Alexander [3], Hamilton [55] und Gourieroux [50] verwiesen. Einen sehr guten und umfassenden Überblick bietet der Artikel von Bera/Higgins [15]. Als einer der ersten Autoren liefert Akgiray [1] eine ausführliche Analyse und Diskussion der Anpassung von GARCH-Modellen und der Prognose mit GARCH-Modellen.

Die folgenden Ausführungen orientieren sich an der Darstellung von Franses/van Dijk [47]. Im nächsten Abschnitt wird zunächst die Grundidee und die Definition des GARCH-Modells vorgestellt, um danach die Schätzung und Prognose der univariaten GARCH-Modelle darzustellen. Im Abschnitt 3.1.4 werden die univariaten GARCH-Modelle im Hinblick auf die Anwendbarkeit zur Berechnung des Value-at-Risk kritisch diskutiert.

3.1.1 Definition univariater GARCH-Modelle

Die Grundidee der GARCH-Modelle ist die Beschreibung der zeitveränderlichen Volatilität durch einen parametrischen Ansatz, wobei die aktuelle Volatilität durch die Charakteristika der historischen Zeitreihe bestimmt wird. Da somit die Volatilität zum Zeitpunkt i vom Informationsstand des Zeitpunkts $i-1$ und gegebenenfalls von der gesamten historischen Entwicklung abhängt, sprechen wir von bedingter Volatilität beziehungsweise Varianz. Ausgangspunkt der Überlegungen ist die Modellierung der Renditezeitreihe r_i als Regressionsmodell

$$r_i = E(r_i|\Omega_{i-1}) + u_i, \qquad i = 1, ..., n,$$

wobei Ω_{i-1} den Informationsstand zum Zeitpunkt $i-1$ angibt. Der Wert u_i wird als Innovation bezeichnet, da er die Abweichung der Renditezeitreihe vom bedingten Erwartungswert darstellt. Im Weiteren sei zur Vereinfachung der Darstellung

$$\mu_i = E(r_i|\Omega_{i-1}),$$

wobei μ_i als autoregressives Modell ausgestaltet sein kann. Engle [35] unterstellte für die Innovationen u_i gegeben Ω_{i-1} die folgende Verteilung

$$u_i|\Omega_{i-1} \sim \mathcal{N}(0, h_i).$$

Eine analoge Darstellung ist

$$u_i = \sqrt{h_i}v_i, \qquad v_i \sim \text{i.i.d. } \mathcal{N}(0, 1).$$

Es folgt die bedingte Verteilung der Renditezeitreihe

$$r_i|\Omega_{i-1} \sim \mathcal{N}(\mu_i, h_i).$$

Engle [35] formulierte 1982 das ARCH(p)-Modell, indem die bedingte Varianz in Abhängigkeit der quadrierten Innovationen modelliert wird

$$h_i = \alpha_0 + \sum_{j=1}^{p} \alpha_j u_{i-j}^2,$$

wobei $\alpha_0 > 0$ und $\alpha_j \geq 0$ gelten muss, um eine positive bedingte Varianz zu gewährleisten. Aus dieser Formulierung ist die wesentliche Eigenschaft der Modellierung deutlich erkennbar. Große Abweichungen der Renditezeitreihe r_i vom bedingten Erwartungswert μ_i führen zu großen positiven oder negativen Innovationen u_i. Daraus resultiert, dass für p Zeitperioden die bedingte Varianz der Renditezeitreihe erhöht ist. Durch diese Eigenschaft des Modells lassen sich die empirisch beobachteten Phasen unterschiedlicher Volatilität beschreiben.

Oftmals wird eine hohe Anzahl der $p+1$ Parameter zur Modellierung der bedingten Varianz benötigt. Dieses wirkt sich nachteilig auf die Schätzung des Modells aus. Daher wurde das ARCH-Grundmodell von Bollerslev [17] weiterentwickelt. Zur Beschreibung der bedingten Varianz mit dem GARCH(p,q)-Modell werden q Terme hinzugefügt, wodurch eine wesentlich flexiblere Modellierung resultiert, die in der Regel eine geringere Anzahl an Parametern (z.B. $p = 1$, $q = 1$) zur Beschreibung der bedingten Varianz benötigt

$$h_i = \alpha_0 + \sum_{j=1}^{p} \alpha_j u_{i-j}^2 + \sum_{k=1}^{q} \beta_k h_{i-k},$$

wobei $\alpha_0 > 0$ und α_j, $\beta_k \geq 0$ dafür sorgt, dass die bedingte Varianz zu jedem Zeitpunkt positiv ist.

Eine weitere Generalisierung ist durch die Veränderung der Verteilungsannahme möglich. Die GARCH-Modelle sind nicht auf die Normalverteilung

$$r_i|\Omega_{i-1} \sim \mathcal{N}(\mu_i, h_i)$$

beschränkt (vgl. Bollerslev [17]). Stattdessen können auch alternative Verteilungsannahmen getroffen werden. Die Spezifikation einer anderen Verteilung führt in der Regel zu einer höheren Komplexität zur Beschreibung der Renditezeitreihe, da zusätzliche Parameter zur Erreichung einer höheren Flexibilität der Verteilung notwendig sind. Der Versuch, geeignetere Verteilungen zu spezifizieren, kann zu einem infiniten Regress führen, da die Charakteristika der Renditezeitreihe nicht vollständig abgebildet werden können. Beispielsweise kann eine komplexere symmetrische Verteilung spezifiziert werden, die allerdings bei genauerer Betrachtung wieder verworfen werden muss, da Asymmetrien vorliegen.

Zur Lösung dieser Problematik wird oftmals zunächst auf die Normalverteilung zurückgegriffen, da durch diese einfache Modellierung die Schätzung des GARCH-Modells erleichtert wird. Die Quasi-Maximum-Likelihood Schätzung stellt sicher, dass die Schätzer konsistent und asymptotisch normalverteilt sind (vgl. Abschnitt 3.1.2). Die vorteilhaften Schätzeigenschaften sind auch bei Abweichung der wahren Verteilung von der Normalverteilung gesichert. Zur Value-at-Risk Prognose kann die Normalverteilungsannahme im Anschluss an die Parameterschätzung relativiert werden, indem beispielsweise Bootstrap-Verfahren angewendet werden (vgl. Abschnitt 4.3.2).

Das in der akademischen Diskussion und in der empirischen Anwendung am häufigsten verwendete Modell ist das GARCH(1,1)-Modell

$$h_i = \alpha_0 + \alpha_1 u_{i-1}^2 + \beta_1 h_{i-1} \tag{3.1}$$

mit $\alpha_0 > 0$ und α_1, $\beta_1 \geq 0$. Durch rekursives Einsetzen der bedingten Varianz wird ersichtlich, dass diese Modellierung äquivalent zu einem ARCH(p)-Modell mit exponentiell fallenden Gewichtungsfaktoren für $p \to \infty$ ist

$$\begin{aligned} h_i &= \alpha_0 + \alpha_1 u_{i-1}^2 + \beta_1 h_{i-1} \\ &= \alpha_0 + \alpha_1 u_{i-1}^2 + \beta_1(\alpha_0 + \alpha_1 u_{i-2}^2 + \beta_1(\alpha_0 + \alpha_1 u_{i-3}^2 + \beta_1(\ldots))) \\ &= \alpha_0/(1-\beta_1) + \alpha_1(u_{i-1}^2 + \beta_1 u_{i-2}^2 + \beta_1^2 u_{i-3}^2 + \ldots). \end{aligned}$$

Die Analogie der GARCH-Modelle zu den bekannten ARMA-Modellen (vgl. Pindyck/Rubinfeld [91], Kapitel 17) kann durch die Einführung der Differenz ϖ_i zwischen der quadrierten Innovation und der bedingten Varianz hergestellt werden

$$\varpi_i = u_i^2 - h_i.$$

Durch Einsetzen in Gleichung 3.1 folgt

$$\begin{aligned} u_i^2 &= \alpha_0 + \alpha_1 u_{i-1}^2 + \beta_1(u_{i-1}^2 - \varpi_{i-1}) + \varpi_i \\ &= \alpha_0 + (\alpha_1 + \beta_1)u_{i-1}^2 + \varpi_i - \beta_1 \varpi_{i-1}. \end{aligned}$$

Aus dieser Darstellung resultiert die für ARMA-Modelle wohlbekannte Stationaritätsbedingung (vgl. Pindyck/Rubinfeld [91], S. 535)

$$\alpha_1 + \beta_1 < 1. \tag{3.2}$$

Bei Einhaltung der Stationaritätsbedingung folgt für die Herleitung der unbedingten Varianz der Innovationen σ_u^2,

$$\sigma_u^2 = E(u_i^2) = E(E(u_i^2|\Omega_{i-1})) = E(h_i),$$

$$E(h_i) = \alpha_0 + (\alpha_1 + \beta_1)E(h_{i-1}).$$

Bei Stationarität gilt $E(h_i) = E(h_{i-1})$. Daraus folgt die unbedingte Varianz

$$\sigma_u^2 = \frac{\alpha_0}{1 - \alpha_1 - \beta_1}.$$

Die unbedingte Varianz weist damit einen langfristigen Mittelwert auf. Dabei ist die bedingte Varianz zeitveränderlich modelliert. Die Tendenz der bedingten Varianz zu einem Mittelwert zurückzukehren, wird oftmals als „Mean Reversion“ bezeichnet. Dieses Verhalten der GARCH-Modelle stellt eine Verbesserung im Vergleich zu den EWMA-Modellen (vgl. Abschnitt 2.5.3) dar, weil die beschriebene Rückkehr zu einem langfristigen Mittelwert in empirischen Studien beobachtet werden kann (vgl. Alexander [3], S. 84 ff.).

Varianten des GARCH-Modells

Eine Ausgestaltung der zahlreichen Variantcn des GARCH-Modells ist das GJR- oder TGARCH-Modell. Entwickelt wurde diese Variante zeitgleich durch Glosten/Jaganathan/Runkle [49] und Zakoian [102]. Die formale Darstellung ist

$$h_i = \beta_0 + \beta_1 u_{i-1}^2 + \beta_2 I_{i-1} u_{i-1}^2 + \beta_3 h_{i-1},$$

wobei die Funktion I_i zur Berücksichtigung von Asymmetrien der Renditezeitreihe führt

$$I_i = \begin{cases} 1 & \text{für } u_i < 0 \\ 0 & \text{sonst} \end{cases}.$$

Falls der Parameter β_2 in der Schätzung des Modells signifikant ist, bestehen Asymmetrien in der Entwicklung der bedingten Varianz, das heißt das Vorzeichen der Innovation spielt eine entscheidende Rolle für die Höhe der bedingten Varianz. In empirischen Studien wurde ein positiver Parameter nachgewiesen, das heißt die bedingte Varianz reagiert stärker auf negative Innovationen (vgl. hierzu „News impact curves" in Engle/Ng [42]).

Ein Spezialfall des GARCH(1,1)-Modells ist das schon vorgestellte EWMA-Modell (vgl. Abschnitt 2.5.3). Mit den Parametern $\alpha_0 = 0$, $\alpha_1 = 1 - \lambda$, $\beta_1 = \lambda$ in Gleichung 3.1 und $\mu_i = 0$ folgt das EWMA-Modell

$$h_i = (1 - \lambda)r_{i-1}^2 + \lambda h_{i-1}.$$

In dieser Gleichung wird auch die Kritik an diesem Spezialfall deutlich. Es gilt

$$(1 - \lambda) + \lambda = 1.$$

Somit gilt die Stationaritätsbedingung (vgl. Gleichung 3.2) nicht. Dieser Spezialfall wird als IGARCH (Integrated GARCH) bezeichnet. Für die zahlreichen weiteren Varianten der GARCH-Modelle wird auf die schon genannte Literatur, insbesondere Franses/van Dijk [47], verwiesen.

3.1.2 Schätzung univariater GARCH-Modelle

In diesem Abschnitt wird die Schätzung des folgenden Modells dargestellt

$$r_i = \mu_i + u_i, \qquad u_i|\Omega_{i-1} \sim \mathcal{N}(0, h_i).$$

Es wird angenommen, dass die Innovationen u_i eine Normalverteilung aufweisen. Der bedingte Erwartungswert μ_i ist beispielsweise eine lineare Funktion der in dem Vektor $\mathbf{x}_i$ zusammengefassten Historie der Renditezeitreihe und des Parametervektors $\boldsymbol{\theta}$

$$\mu_i = f(\mathbf{x}_i, \boldsymbol{\theta})$$

mit

$$\mathbf{x}_i = (1, r_{i-1}, ..., r_{i-p})'.$$

Die bedingte Varianz h_i folgt einem GARCH-Modell mit Parametervektor $\boldsymbol{\beta}$. Beispielsweise kann ein GARCH(1,1)-Modell (vgl. Gleichung 3.1) angenommen werden. Die Parameter der Mittelwertgleichung und der Varianzgleichung werden in dem Parametervektor $\boldsymbol{\phi}$ zusammengefasst: $\boldsymbol{\phi} = (\boldsymbol{\theta}', \boldsymbol{\beta}')'$.

Unter der Normalverteilungsannahme gilt

$$r_i|\Omega_{i-1} \sim \mathcal{N}(\mu_i, h_i).$$

Daraus folgt

$$f(r_i|\Omega_{i-1};\phi) = (2\pi h_i)^{-\frac{1}{2}} \exp\left(-\frac{1}{2}\frac{u_i^2}{h_i}\right).$$

Die Log-Likelihood Funktion der i-ten Beobachtung $\ln l_i(\phi)$ ist

$$\ln l_i(\phi) = \ln f(r_i|\Omega_{i-1};\phi) = -\frac{1}{2}\ln(2\pi) - \frac{1}{2}\ln(h_i) - \frac{1}{2}\frac{u_i^2}{h_i}.$$

Die Schätzung des Parametervektors ϕ erfolgt über die Maximierung der Log-Likelihood Funktion über die gesamte Stichprobe ($i = 1, ..., n$)

$$\ln L(\phi) = \sum_{i=1}^{n} \ln l_i(\phi) = -\frac{n}{2}\ln(2\pi) - \frac{1}{2}\sum_{i=1}^{n}\ln(h_i) - \frac{1}{2}\sum_{i=1}^{n}\frac{u_i^2}{h_i}, \tag{3.3}$$

$$\hat{\phi} = \max_{\phi} \ln L(\phi),$$

wobei die Maximum-Likelihood Optimierung die Bedingung erster Ordnung löst

$$\sum_{i=1}^{n} \frac{\partial \ln l_i(\phi)}{\partial \phi} = 0.$$

Die Score-Vektoren

$$\frac{\partial \ln l_i(\phi)}{\partial \theta} = \frac{u_i}{h_i}\frac{\partial \mu_i(\theta)}{\partial \theta} + \frac{1}{2h_i}\left(\frac{u_i^2}{h_i} - 1\right)\frac{\partial h_i}{\partial \theta},$$

$$\frac{\partial \ln l_i(\phi)}{\partial \beta} = \frac{1}{2h_i}\left(\frac{u_i^2}{h_i} - 1\right)\frac{\partial h_i}{\partial \beta}$$

sind nicht-linear in den Parametern, so dass ein Optimierungsalgorithmus, wie beispielsweise der BHHH- oder Marquardt-Algorithmus zum Einsatz kommt (vgl. Judge et al. [67] (Anhang B), Alexander [3] (S. 94/95), Marquardt [78]).

Wenn die Normalverteilung die richtige Spezifikation ist, sind die resultierenden Parameterschätzungen konsistent, asymptotisch normalverteilt und asymptotisch effizient. Die asymptotische Varianz-Kovarianz-Matrix von $\sqrt{n}(\hat{\phi} - \phi)$ entspricht dann der Inversen der Informationsmatrix $\mathcal{I}^{-1}$ mit

$$\mathcal{I} = -E\left(\frac{\partial^2 \ln l_i(\phi)}{\partial \phi \partial \phi'}\right) = E\left(\frac{\partial \ln l_i(\phi)}{\partial \phi}\frac{\partial \ln l_i(\phi)}{\partial \phi'}\right) = \mathcal{J}$$

(vgl. Bollerslev [17], S. 317).

Zusammengefasst folgt die asymptotische Normalverteilung mit

$$\left(\mathcal{I}^{-1}\right)^{-\frac{1}{2}} \sqrt{n} \left(\hat{\phi} - \phi\right) \overset{a}{\sim} \mathcal{N}(\mathbf{0}, \mathbf{I}).$$

Sollte die wahre Verteilung der Renditezeitreihe von der angenommenen Normalverteilung abweichen, kann in diesem Fall auf die Ergebnisse von White [101] und Bollerslev/Wooldridge [20] zurückgegriffen werden, welche belegen, dass bei korrekter Spezifikation der ersten beiden Momente die Schätzer dennoch konsistent und asymptotisch normalverteilt sind. Somit kann die Schätzung der Parameter weiterhin auf der Normalverteilungsannahme basieren, wobei allerdings die asymptotische Effizienz der Schätzer nicht mehr gewährleistet ist. Auch die Gleichheit der Matrizen $\mathcal{I}$ und $\mathcal{J}$ ist nicht mehr gegeben: $\mathcal{I} \neq \mathcal{J}$. Die Schätzung der Parameter wird als Quasi-Maximum-Likelihood bezeichnet, wobei die asymptotische Varianz-Kovarianz-Matrix der Parameter konsistent geschätzt wird, indem die Inverse der Informationsmatrix $\mathcal{I}^{-1}$ durch $\mathcal{I}^{-1}\mathcal{J}\mathcal{I}^{-1}$ ersetzt wird.

Es gilt die Konsistenz und asymptotische Normalverteilung des Quasi-Maximum-Likelihood Schätzers $\hat{\phi}$ (vgl. White [101], Theorem 3.2)

$$(\mathcal{I}^{-1}\mathcal{J}\mathcal{I}^{-1})^{-\frac{1}{2}}\sqrt{n}(\hat{\phi} - \phi) \overset{a}{\sim} \mathcal{N}(\mathbf{0}, \mathbf{I}).$$

In der vorliegenden Arbeit wird in der empirischen Vergleichsstudie ein rollierendes Zeitfenster zur Analyse verwendet. Dadurch werden 1174 Schätzungen der Parameter für den jeweiligen Ansatz und die jeweilige Zeitreihe benötigt. Vor diesem Hintergrund ist eine einfache Handhabung der Schätzung für die empirische Arbeit wesentlich, um unter anderem den Zeitaufwand der Berechnungen zu begrenzen. Zur Gewährleistung dieser Anforderung werden die Parameter ϕ des GARCH-Modells in zwei Schritten geschätzt.

Im ersten Schritt werden die Parameter der Mittelwertgleichung θ über die Kleinst-Quadrate Methode geschätzt. Wenn die Mittelwertgleichung ausschließlich durch eine Konstante μ spezifiziert wird, resultiert aus diesem Vorgehen die Schätzung der Konstanten als arithmetisches Mittel der Renditezeitreihe. Folglich kann der geschätzte Parameter als durchschnittliche historische Rendite interpretiert werden. Im zweiten Schritt kann die Schätzung der Parameter der Varianzgleichung β mittels der Maximum-Likelihood Methode mit den geschätzten Residuen $\hat{u}_t$ aus dem ersten Schritt erfolgen. Hierzu werden die geschätzten Residuen in die Gleichung 3.3 eingesetzt. Das beschriebene Vorgehen führt zur wesentlichen Vereinfachung der Schätzung der Modelle, wobei die Konsistenz der Schätzer gesichert ist.

3.1.3 Prognose mit univariaten GARCH-Modellen

Die Prognose der bedingten Varianz mit GARCH-Modellen wird zunächst für das GARCH(1,1)-Modell mit $\mu_i = \mu$ dargestellt (vgl. Gleichung 3.1)

$$r_i = \mu + u_i, \qquad u_i|\Omega_{i-1} \sim \mathcal{N}(0, h_i),$$

$$h_i = \alpha_0 + \alpha_1 u_{i-1}^2 + \beta_1 h_{i-1}.$$

Es sei $\hat{h}_{\tau|n}$ die geschätzte τ-Schritt Prognose der bedingten Varianz der Innovation gegeben den Informationsstand zum Zeitpunkt n. Es gilt für die 1-Schritt Prognose

$$\hat{V}(u_{n+1}|\Omega_n) = \hat{h}_{1|n} = \hat{\alpha_0} + \hat{\alpha_1}\hat{u}_n^2 + \hat{\beta}_1\hat{h}_n.$$

Wegen des einfachen Aufbaus $r_i = \mu + u_i$ ist

$$\hat{V}(r_{n+\tau}|\Omega_n) = \hat{V}(u_{n+\tau}|\Omega_n).$$

Die τ-Schritt Prognose kann rekursiv entwickelt werden. Mit

$$E(u_{n+\tau}^2|\Omega_n) = h_{\tau|n}, \qquad \text{für } \tau > 0$$

gilt

$$\hat{V}(r_{n+\tau}|\Omega_n) = \hat{h}_{\tau|n} = \hat{\alpha_0} + (\hat{\alpha_1} + \hat{\beta}_1)\hat{h}_{\tau-1|n}, \qquad \tau > 1.$$

Durch schrittweises Einsetzen folgt für $\tau > 1$

$$\hat{h}_{\tau|n} = \hat{\alpha_0}\left[\sum_{j=1}^{\tau-1}(\hat{\alpha_1} + \hat{\beta}_1)^{j-1}\right] + (\hat{\alpha_1} + \hat{\beta}_1)^{\tau-1}\hat{h}_{1|n}. \tag{3.4}$$

Für den Sonderfall IGARCH(1,1) mit $\alpha_1 + \beta_1 = 1$ und $\alpha_0 = 0$ gilt

$$\hat{h}_{\tau|n} = \hat{h}_{1|n}.$$

Dieses entspricht der Prognose des EWMA-Modells (vgl. Abschnitt 2.5.3).

Bei Einhaltung der Stationaritätsbedingung (vgl. Gleichung 3.2) kann aus Gleichung 3.4 folgende Form der τ-Schritt-Prognose gewonnen werden

$$\hat{h}_{\tau|n} = \frac{\hat{\alpha_0}}{1 - \hat{\alpha_1} - \hat{\beta}_1} + (\hat{\alpha_1} + \hat{\beta}_1)^{\tau-1}\left[\hat{h}_{1|n} - \frac{\hat{\alpha_0}}{1 - \hat{\alpha_1} - \hat{\beta}_1}\right].$$

Für $\tau \to \infty$ ist die „Mean Reversion" ersichtlich

$$\lim_{\tau\to\infty} \hat{h}_{\tau|n} = \frac{\hat{\alpha_0}}{1 - \hat{\alpha_1} - \hat{\beta}_1} = \widehat{\sigma_u^2}.$$

Die interessierende kumulierte τ-Schritt-Prognose kann wie folgt ermittelt werden

$$\begin{aligned}\hat{h}_{\tau|n} &= \hat{V}(r_{n+\tau}|\Omega_n) = \sum_{j=1}^{\tau} \hat{h}_{j|n} \\ &= \frac{\tau\hat{\alpha_0}}{1-\hat{\alpha_1}-\hat{\beta_1}} + \left[\frac{1-(\hat{\alpha_1}+\hat{\beta_1})^\tau}{1-\hat{\alpha_1}-\hat{\beta_1}}\right]\left[\hat{h}_{1|n} - \frac{\hat{\alpha_0}}{1-\hat{\alpha_1}-\hat{\beta_1}}\right].\end{aligned}$$

Bei autoregressiven Termen in der Mittelwert-Gleichung steigt die Komplexität der Prognose. In der vorliegenden Arbeit wird die Prognose der bedingten Varianz der Renditezeitreihe im AR(1)-GARCH(1,1)-Modell ausgeführt

$$r_i = \theta + \phi r_{i-1} + u_i, \qquad u_i|\Omega_{i-1} \sim \mathcal{N}(0, h_i),$$

$$h_i = \alpha_0 + \alpha_1 u_{i-1}^2 + \beta_1 h_{i-1}.$$

Der geschätzte bedingte Erwartungswert für die τ-Schritt Prognose der Renditezeitreihe ist

$$\hat{E}(r_{n+\tau}|\Omega_n) = \hat{\mu}_{\tau|n} = \hat{\theta}\sum_{j=1}^{\tau}\hat{\phi}^{j-1} + \hat{\phi}^\tau r_n.$$

Die bedingte 1-Schritt Varianz der Renditen entspricht der bedingten 1-Schritt Varianz der Innovationen, woraus

$$\hat{V}(r_{n+1}|\Omega_n) = \hat{V}(u_{n+1}|\Omega_n) = \hat{h}_{1|n}$$

folgt.

Für $\tau > 1$ ergeben sich durch den AR(1)-Term Unterschiede zwischen der Varianz der Renditen und der Varianz der Innovationen

$$\hat{V}(r_{n+\tau}|\Omega_n) \neq \hat{V}(u_{n+\tau}|\Omega_n) = \hat{h}_{\tau|n}, \qquad \tau > 1.$$

Die 2-Schritt Prognose kann durch Rekursion vorgenommen werden

$$\begin{aligned}\hat{V}(r_{n+2}|\Omega_n) &= \hat{\alpha_0} + (\hat{\alpha_1} + \hat{\beta_1} + \hat{\phi}^2)\hat{V}(r_{n+1}|\Omega_n) \\ &= \hat{\alpha_0} + (\hat{\alpha_1} + \hat{\beta_1} + \hat{\phi}^2)\hat{h}_{1|n}.\end{aligned}$$

Dieses entspricht

$$\begin{aligned}\hat{V}(r_{n+2}|\Omega_n) &= \hat{\phi}^2\hat{V}(r_{n+1}|\Omega_n) + \hat{V}(u_{n+2}|\Omega_n) \\ &= \hat{\phi}^2\hat{h}_{1|n} + \hat{h}_{2|n}.\end{aligned}$$

Die τ-Schritt Prognose der bedingten Varianz der Renditen kann über schrittweises Einsetzen gebildet werden

$$\begin{aligned}\hat{V}(r_{n+\tau}|\Omega_n) &= \hat{\phi}^2\hat{V}(r_{n+\tau-1}|\Omega_n) + \hat{V}(u_{n+\tau}|\Omega_n)\\ &= \sum_{j=1}^{\tau}\hat{\phi}^{2(\tau-j)}\hat{h}_{j|n}.\end{aligned}$$

Für $\tau \to \infty$ kann diese Reihe wie folgt geschrieben werden

$$\lim_{\tau\to\infty}\hat{V}(r_{n+\tau}|\Omega_n) = \frac{\hat{\alpha_0}}{(1-\hat{\alpha_1}-\hat{\beta}_1)(1-\hat{\phi}^2)} = \frac{\widehat{\sigma_u^2}}{1-\hat{\phi}^2}.$$

Zur Kumulation der τ-Schritt Prognose der bedingten Varianz der Renditezeitreihe gilt

$$\begin{aligned}\hat{V}(r_{n+\tau}|\Omega_n) &= \sum_{l=1}^{\tau}\hat{V}(r_{n+l}|\Omega_n) + \sum_{l,k=1;l\neq k}^{\tau}\widehat{\mathrm{Cov}}(r_{n+l}, r_{n+k}|\Omega_n)\\ &= \sum_{j=1}^{\tau}\left(\sum_{k=1}^{\tau-j+1}\hat{\phi}^{k-1}\right)^2\hat{h}_{j|n}.\end{aligned}$$

Bei dieser Darstellung der Prognose der bedingten Varianz der Renditezeitreihe im AR(1)-GARCH(1,1)-Modell wird die Analogie zu ARIMA-Modellen deutlich (vgl. Pindyck/Rubinfeld [91], S. 571).

3.1.4 Beurteilung der univariaten GARCH-Modelle

Univariate GARCH-Modelle gewinnen zunehmende Beachtung in der Modellierung von Finanzmarktzeitreihen. Die Modellbildung ist durch fundierte Theorie untermauert. Besonders die explizite Berücksichtigung der zeitveränderlichen Volatilität führt zu weitergehenden Einsichten über die Charakteristika von Finanzmarktzeitreihen. Die Modellierung lässt Raum für Erweiterungen hinsichtlich der Beschreibung der bedingten Varianz (beispielsweise TGARCH-Modell) und der Verteilungsannahme für die Innovationen.

Die Schätzung der Parameter benötigt eine ausreichende Anzahl an Beobachtungen, um Schwierigkeiten hinsichtlich der Parameterrestriktionen und des Auffindens eines globalen Optimums zu vermeiden. Das EWMA-Modell als Spezialfall der GARCH-Modelle weist weniger Komplexität auf. Die heuristische Vorgehensweise führt zu den in Abschnitt 2.5.3 dargestellten Kritikpunkten.

Ein generelles Problem der GARCH-Modelle liegt in der Bestimmung der τ-Schritt Renditeverteilung. Eine analytische Bestimmung ist problematisch, da die GARCH-Modelle nur die 1-Schritt Renditeverteilung eindeutig festlegen. Geeignete Strategien zum Umgang mit dieser Problematik hinsichtlich der Value-at-Risk Prognosen werden im Abschnitt 4.2 vorgestellt.

Zusammenfassend kann vermutet werden, dass die Einbeziehung der GARCH-Modelle in die Value-at-Risk Prognose die Genauigkeit der Abschätzung verbessert. Diese Vermutung soll in der empirischen Vergleichsstudie (Kapitel 5) überprüft werden.

3.2 Multivariate Modellierung der Interdependenz

In diesem Abschnitt wird die Zusammensetzung des Portfolios aus einzelnen Wertpapieren ins Zentrum der Betrachtung gerückt. Die Darstellung der Portfoliorendite eines Portfolios führt bei Aggregation der Renditen der einzelnen Portfoliobestandteile durch die Gewichtungsfaktoren zu einem Informationsverlust (vgl. Gleichung 2.8). Die Informationen über die Interdependenz der einzelnen Wertpapiere werden vernachlässigt. Es ist bekannt, dass sich Korrelationen zwischen Wertpapieren im Zeitverlauf verändern (vgl. Longin/Solnik [74]). Diese zeitveränderlichen Strukturen sollten modelliert werden, um die Information zur Berechnung des Value-at-Risk zu nutzen. Die Interdependenz zwischen einzelnen Wertpapieren spiegelt sich in der Varianz-Kovarianz-Matrix wider. Zur Parametrisierung dieser Matrix eignen sich multivariate GARCH-Modelle. Die wesentliche Herausforderung dieser Modellierung liegt in der sinnvollen Reduktion der Komplexität des Ansatzes. Nur sparsame Parametrisierungen der Varianz-Kovarianz-Matrix sind in der Anwendung des Modells geeignet. Es müssen Restriktionen hinsichtlich der Parametrisierung gefunden werden, welche die Anwendbarkeit des Modells gewährleisten.

In den folgenden Abschnitten werden ausgewählte multivariate Ansätze vorgestellt, wobei chronologisch mit dem VECH-Modell von Bollerslev, Engle und Wooldridge [19] begonnen wird. Daraufhin wird das Faktor-Modell von Diebold und Nerlove [31] erläutert. Die Darstellung des Constant Conditional Correlation Modell von Bollerslev [18] führt über das OGARCH-Modell von Alexander [3] zum Dynamic Conditional Correlation Modell von Engle [37].

3.2.1 Definition multivariater GARCH-Modelle

Das multivariate GARCH-Modell für den Vektor der Renditezeitreihen $\mathbf{r}_i$ kann generell wie folgt spezifiziert werden

$$\mathbf{r}_i = \boldsymbol{\mu}_i + \mathbf{u}_i,$$

wobei $\mathbf{r}_i$, $\boldsymbol{\mu}_i$ und $\mathbf{u}_i$ $m \times 1$ Vektoren sind. $\boldsymbol{\mu}_i$ stellt den Vektor der bedingten Erwartungswerte dar

$$\boldsymbol{\mu}_i = E(\mathbf{r}_i|\Omega_{i-1}).$$

Als Differenz zwischen $\mathbf{r}_i$ und $\boldsymbol{\mu}_i$ resultiert der Vektor der Innovationen $\mathbf{u}_i$. Die multivariate bedingte $m \times m$ Varianz-Kovarianz-Matrix $\mathbf{H}_i$ ersetzt die bedingte Varianz im univariaten Fall

$$\mathbf{u}_i|\Omega_{i-1} \sim \mathcal{N}_m(\mathbf{0}, \mathbf{H}_i).$$

Die Varianz des Portfolios folgt mit

$$h_i = \boldsymbol{\omega}'\mathbf{H}_i\boldsymbol{\omega} > 0,$$

wobei $\boldsymbol{\omega}$ der Vektor der Gewichtungsfaktoren ist. Die wesentliche Frage ist die Parametrisierung der Varianz-Kovarianz-Matrix. Die Komplexität der Modellierung steigt mit der Anzahl m der unterschiedlichen Wertpapiere stark an. Daher sollten Parametrisierungen gefunden werden, die eine Schätzung des Modells unter den gegebenen Restriktionen ermöglichen, ohne die notwendige Flexibilität der Modellierung zu verlieren. In den nächsten Abschnitten werden die schon angesprochenen unterschiedlichen Vorgehensweisen vorgestellt. Eine grafische Aufbereitung der Alternativen kann über „News Impact Surfaces" vorgenommen werden (vgl. Kroner/Ng [70]). Dabei werden die Auswirkungen des Vektors der Innovationen auf die Varianz-Kovarianz-Matrix der Folgeperiode untersucht.

VECH

Das VECH-Modell von Bollerslev, Engle und Wooldridge [19] wird in der vorliegenden Arbeit als Ausgangspunkt für die Darstellungen gewählt, da der generelle Aufbau der multivariaten GARCH-Modelle anhand dieser Modellierung anschaulich dargelegt werden kann. Das VECH-Modell wird wie folgt definiert

$$\text{vech}(\mathbf{H}_i) = \mathbf{W} + \sum_{j=1}^{p} \mathbf{A}_j \text{vech}(\mathbf{u}_{i-j}\mathbf{u}'_{i-j}) + \sum_{k=1}^{q} \mathbf{B}_k \text{vech}(\mathbf{H}_{i-k}),$$

wobei vech($\mathbf{H}_i$) den Vektor der einmalig vorkommenden Elemente der Varianz-Kovarianz-Matrix darstellt. Die Parameter der Modellierung sind in dem $\frac{1}{2}m(m+1)\times 1$ Vektor $\mathbf{W}$ und den $\frac{1}{2}m(m+1)\times\frac{1}{2}m(m+1)$ Matrizen $\mathbf{A}_j (j = 1, ..., p)$ und $\mathbf{B}_k (k = 1, ..., q)$ zusammengefasst. Deutlicher Nachteil dieses Modells ist die große Anzahl an Parametern. Für das reduzierte Modell mit $p = 1$ und $q = 1$ resultieren schon $\frac{1}{2}m^2(m+1)^2 + \frac{1}{2}m(m+1)$ Parameter. Explizit dargestellt für $p = 1$, $q = 1$ und zwei Portfoliobestandteile resultiert

$$\begin{pmatrix} h_{11,i} \\ h_{12,i} \\ h_{22,i} \end{pmatrix} = \begin{pmatrix} w_1 \\ w_2 \\ w_3 \end{pmatrix} + \begin{pmatrix} a_{11} & a_{12} & a_{13} \\ a_{21} & a_{22} & a_{23} \\ a_{31} & a_{32} & a_{33} \end{pmatrix} \begin{pmatrix} u_{1,i-1}^2 \\ u_{1,i-1}u_{2,i-1} \\ u_{2,i-1}^2 \end{pmatrix} + \begin{pmatrix} b_{11} & b_{12} & b_{13} \\ b_{21} & b_{22} & b_{23} \\ b_{31} & b_{32} & b_{33} \end{pmatrix} \begin{pmatrix} h_{11,i-1} \\ h_{12,i-1} \\ h_{22,i-1} \end{pmatrix}.$$

Für zwei Portfoliobestandteile werden folglich schon 21 Parameter benötigt. Für $m = 5$ folgen aus dieser Formulierung 465 Parameter. Daraus kann geschlossen werden, dass die Parametrisierung der Varianz-Kovarianz-Matrix vereinfacht werden muss. Eine Möglichkeit liegt in der Spezifikation der Diagonal-Form

$$\begin{pmatrix} h_{11,i} \\ h_{12,i} \\ h_{22,i} \end{pmatrix} = \begin{pmatrix} w_1 \\ w_2 \\ w_3 \end{pmatrix} + \begin{pmatrix} a_{11} & 0 & 0 \\ 0 & a_{22} & 0 \\ 0 & 0 & a_{33} \end{pmatrix} \begin{pmatrix} u_{1,i-1}^2 \\ u_{1,i-1}u_{2,i-1} \\ u_{2,i-1}^2 \end{pmatrix} + \begin{pmatrix} b_{11} & 0 & 0 \\ 0 & b_{22} & 0 \\ 0 & 0 & b_{33} \end{pmatrix} \begin{pmatrix} h_{11,i-1} \\ h_{12,i-1} \\ h_{22,i-1} \end{pmatrix}.$$

Durch diese Restriktion für die Varianz-Kovarianz-Matrix wird eine Reduzierung der Anzahl an Parametern erreicht. Die weiteren Restriktionen $\mathbf{W} = \mathbf{0}$, $\mathbf{A}_1 = \text{diag}(1-\lambda)$, $\mathbf{B}_1 = \text{diag}(\lambda)$ mit $0 < \lambda < 1$ führen mit $\boldsymbol{\mu}_i = \mathbf{0}$ zum bereits dargestellten EWMA-Modell (vgl. Abschnitt 2.5.3)

$$\begin{pmatrix} h_{11,i} \\ h_{12,i} \\ h_{22,i} \end{pmatrix} = \begin{pmatrix} 1-\lambda & 0 & 0 \\ 0 & 1-\lambda & 0 \\ 0 & 0 & 1-\lambda \end{pmatrix} \begin{pmatrix} r_{1,i-1}^2 \\ r_{1,i-1}r_{2,i-1} \\ r_{2,i-1}^2 \end{pmatrix} + \begin{pmatrix} \lambda & 0 & 0 \\ 0 & \lambda & 0 \\ 0 & 0 & \lambda \end{pmatrix} \begin{pmatrix} h_{11,i-1} \\ h_{12,i-1} \\ h_{22,i-1} \end{pmatrix}.$$

Durch diese restriktive Parametrisierung wird sichergestellt, dass die Varianz-Kovarianz-Matrix positiv-definit ist (vgl. Bera/Higgins [15], S. 343/344 und Alexander [3], S. 202).

Faktor-GARCH

Das Ziel des von Diebold und Nerlove [31] entwickelten Faktor-Modells ist es, die hohe Anzahl an Parametern zu reduzieren. Die bedingte Varianz-Kovarianz-Matrix der beobachtbaren Renditezeitreihen wird durch einen gemeinsamen Faktor F_i erklärt, der die GARCH-Struktur aufweist. Der gemeinsame Faktor repräsentiert das Eintreffen neuer Informationen, die für die m Renditezeitreihen $\mathbf{r}_i$ relevant sind. Dabei wird der Faktor in diesem Abschnitt als beobachtbar angenommen, das heißt er wird nicht durch eine Faktorenanalyse oder Hauptkomponentenanalyse ermittelt. Dieses denkbare Vorgehen wird in dem Abschnitt zu OGARCH-Modellen ausgeführt.

Das Ein-Faktor GARCH(1,1)-Modell wird wie folgt dargestellt

$$\mathbf{r}_i = \boldsymbol{\mu} + \mathbf{b}F_i + \boldsymbol{\varepsilon}_i.$$

Es gilt

$$\text{Cov}(\varepsilon_{k,i}, F_i) = 0 \qquad \text{für } k = 1, ..., m$$

beziehungsweise

$$\boldsymbol{\varepsilon}_i \sim \text{i.i.d. } \mathcal{N}(\mathbf{0}, \boldsymbol{\Gamma}) \qquad \text{mit } \boldsymbol{\Gamma} = \text{diag}\,(\gamma_1, \gamma_2, ..., \gamma_m),$$

wobei γ_k die spezifische Varianz des k-ten Wertpapiers darstellt. Weiter gilt

$$F_i = c + u_i, \qquad F_i|\Omega_{i-1} \sim \mathcal{N}(c, h_i),$$

$$h_i = \alpha_0 + \alpha_1 u_{i-1}^2 + \beta_1 h_{i-1}.$$

Die Formulierung der bedingten Varianz kann beliebig von dieser GARCH(1,1)-Variante auf komplexere GARCH-Modelle ausgeweitet werden. Für die bedingte Verteilung der Renditezeitreihen $\mathbf{r}_i$ resultiert

$$\mathbf{r}_i|\Omega_{i-1} \sim \mathcal{N}(\boldsymbol{\mu} + c\mathbf{b}, \mathbf{H}_i)$$

mit

$$\mathbf{H}_i = h_i\mathbf{b}\mathbf{b}' + \boldsymbol{\Gamma}.$$

Die Schwierigkeit dieses Modells liegt vor allem in der Auswahl des Faktors F_i. Geeignet erscheinen Indizes mit hoher Marktkapitalisierung (beispielsweise der Euro Stoxx Index), da sie als Indikator für das Verhalten des Gesamtmarktes gelten.

Zusammenfassend kann festgestellt werden, dass der beschriebene Ansatz das Verhalten der einzelnen Renditezeitreihen durch einen gemeinsamen Faktor erklärt. Dadurch wird die Komplexität der multivariaten Betrachtungsweise reduziert. Zur Beschreibung der zeitveränderlichen Varianz-Kovarianz-Matrix wird ausschließlich ein univariates GARCH-Modell benötigt. Die Verknüpfung der Entwicklung der individuellen Renditezeitreihe mit der Entwicklung des Gesamtmarktes entspricht der Logik des Capital Asset Pricing Modells, welches an der ähnlichen Struktur der Modellierung erkennbar wird (vgl. Elton/Gruber et al. [32], S. 299).

Constant Conditional Correlation

Das Constant Conditional Correlation (CCC) Modell wurde 1990 von Bollerslev [18] formuliert. Die Vereinfachung dieses Modells besteht in der Ableitung der Varianz-Kovarianz-Matrix aus zeitveränderlichen bedingten Varianzen und der Annahme konstanter Korrelationen im Zeitverlauf. Es wird im Folgenden von der Modellierung des Vektors der Renditezeitreihen $\mathbf{r}_i$ durch einen Vektor mit Konstanten $\boldsymbol{\mu}$ ausgegangen

$$\mathbf{r}_i = \boldsymbol{\mu} + \mathbf{u}_i, \qquad \mathbf{u}_i|\Omega_{i-1} \sim \mathcal{N}_m(\mathbf{0}, \mathbf{H}_i).$$

Die Definition der unbedingten Korrelation zwischen den Renditezeitreihen o und p $(o, p = 1, ..., m)$ ist allgemein bekannt

$$\text{Corr}(r_{o,i}, r_{p,i}) = \frac{E(u_{o,i}u_{p,i})}{\sqrt{E(u_{o,i}^2)E(u_{p,i}^2)}}.$$

Dazu kommt die Formulierung der bedingten Korrelation $\rho_{op,i}$

$$\rho_{op,i} = \frac{E(u_{o,i}u_{p,i}|\Omega_{i-1})}{\sqrt{E(u_{o,i}^2|\Omega_{i-1})E(u_{p,i}^2|\Omega_{i-1})}} = \frac{h_{op,i}}{\sqrt{h_{oo,i}h_{pp,i}}}.$$

Die wesentliche Annahme im CCC-Modell ist die Konstanz der bedingten Korrelation

$$\rho_{op,i} = \rho_{op}.$$

Die bedingte Kovarianz bleibt zeitveränderlich

$$E(u_{o,i}u_{p,i}|\Omega_{i-1}) = \rho_{op}\sqrt{E(u_{o,i}^2|\Omega_{i-1})}\sqrt{E(u_{p,i}^2|\Omega_{i-1})}.$$

Die Varianz-Kovarianz-Matrix wird wie folgt spezifiziert

$$\mathbf{H}_i = \mathbf{D}_i\mathbf{R}\mathbf{D}_i,$$

wobei $\mathbf{D}_i^2$ die Diagonal-Matrix der bedingten Varianzen darstellt

$$\mathbf{D}_i^2 = \mathrm{diag}(h_{kk,i}) = \mathrm{diag}(E(u_{k,i}^2|\Omega_{i-1}))$$

und $\mathbf{R}$ die $m \times m$ Matrix der konstanten bedingten Korrelationen mit den Elementen ρ_{op} ist. $\mathbf{R}$ wird über die standardisierten Residuen $\mathbf{v}_i$ ermittelt

$$\mathbf{v}_i = \mathbf{D}_i^{-1}\mathbf{u}_i.$$

Es folgt aus den obigen Darstellungen

$$E(v_{o,i}v_{p,i}|\Omega_{i-1}) = \rho_{op}$$

beziehungsweise in Matrixschreibweise hergeleitet

$$\begin{aligned} E(\mathbf{v}_i\mathbf{v}_i'|\Omega_{i-1}) &= E(\mathbf{D}_i^{-1}\mathbf{u}_i\mathbf{u}_i'\mathbf{D}_i^{-1}|\Omega_{i-1}) \\ &= \mathbf{D}_i^{-1}E(\mathbf{u}_i\mathbf{u}_i'|\Omega_{i-1})\mathbf{D}_i^{-1} \\ &= \mathbf{D}_i^{-1}\mathbf{H}_i\mathbf{D}_i^{-1} \\ &= \mathbf{R}. \end{aligned}$$

Der Vorteil dieser Modellierung ist die Ermittlung der zeitveränderlichen Varianz-Kovarianz-Matrix durch Schätzung von m univariaten GARCH-Modellen und der Schätzung der Korrelationsmatrix über die standardisierten Residuen $\mathbf{v}_i$. Die Schätzung kann in zwei Schritte zerlegt werden (vgl. die ausführliche Darstellung in Abschnitt 3.2.2). Die Komplexität der multivariaten Betrachtungsweise wird durch die geringere Anzahl an Parametern reduziert. Durch das beschriebene Vorgehen ist bei Beachtung der üblichen Parameterrestriktionen für univariate GARCH-Modelle die positiv-definite Varianz-Kovarianz-Matrix gesichert (vgl. Bollerslev [18]).

OGARCH

Die wesentliche Annahme des OGARCH-Modells ist, dass die empirischen Renditezeitreihen linear in unkorrelierte Hauptkomponenten überführt werden können (vgl. Alexander [3], S. 210 ff.). Die Abbildung der Renditezeitreihen durch Hauptkomponenten ist eine weitere Möglichkeit, die Komplexität der multivariaten Betrachtungsweise zu reduzieren.

Das Ziel der Hauptkomponentenanalyse ist die Erklärung der Variation der m Renditezeitreihen durch l Hauptkomponenten, die weitestgehend dieselben Informationen aufweisen. Es sei $\mathbf{r} \sim (\boldsymbol{\mu}, \boldsymbol{\Sigma})$ die $n \times m$ Matrix der Renditezeitreihen.

In der empirischen Anwendung erfolgt zunächst die Standardisierung der Renditezeitreihen

$$\dot{\mathbf{x}}_k = \frac{\mathbf{r}_k - \mu_k \mathbf{1}}{\sigma_k}, \qquad k = 1, ..., m.$$

In dieser Darstellung soll die Korrelationsmatrix $\boldsymbol{\rho}$ zur Ermittlung der Hauptkomponenten genutzt werden

$$\boldsymbol{\rho} = \frac{\dot{\mathbf{X}}'\dot{\mathbf{X}}}{n} \qquad \text{mit } \dot{\mathbf{X}} = (\dot{\mathbf{x}}_1, \dot{\mathbf{x}}_2, ..., \dot{\mathbf{x}}_m).$$

Es sei $\boldsymbol{\rho} = \mathbf{JEJ}'$ die Spektraldarstellung von $\boldsymbol{\rho}$ mit den Eigenwerten e_k ($k = 1, ..., m$)

$$\mathbf{E} = \text{diag}(e_1, ..., e_m) \text{ und } e_1 \geq e_2 \geq ... \geq e_m,$$

dann sind die Hauptkomponenten die Spalten der $n \times m$ Matrix $\mathbf{S}$ (vgl. Johnson/Wichern [64], Kapitel 8)

$$\mathbf{S} = \dot{\mathbf{X}}\mathbf{J}.$$

Die Spalten der Matrix $\mathbf{J}$ beinhalten die Eigenvektoren. Die Hauptkomponenten sind dabei so geordnet, dass die Hauptkomponente in der ersten Spalte den größten Anteil der Varianz erklärt. Die Hauptkomponenten sind paarweise unkorreliert. Die k-te Hauptkomponente ist

$$\mathbf{s}_k = j_{1k}\dot{\mathbf{x}}_1 + j_{2k}\dot{\mathbf{x}}_2 + ... + j_{mk}\dot{\mathbf{x}}_m.$$

Es gilt

$$\dot{\mathbf{X}} = \mathbf{SJ}'$$

beziehungsweise

$$\dot{\mathbf{x}}_k = j_{k1}\mathbf{s}_1 + j_{k2}\mathbf{s}_2 + ... + j_{km}\mathbf{s}_m.$$

Es sei $\mathbf{H}_i$ die $m \times m$ bedingte Varianz-Kovarianz-Matrix der Renditezeitreihen $\mathbf{r}_i$. Dann kann folgende Approximation verwendet werden ($m - l$ Hauptkomponenten werden nicht beachtet)

$$\mathbf{H}_i \approx \boldsymbol{\Xi}\mathbf{E}_i\boldsymbol{\Xi}'$$

mit der $m \times l$ Matrix $\boldsymbol{\Xi} = (\mathbf{j}_1\sigma_1, ..., \mathbf{j}_l\sigma_l)$ und der $l \times l$ Matrix

$$\mathbf{E}_i = \text{diag}(V(s_{1,i}|\Omega_{i-1}), ..., V(s_{l,i}|\Omega_{i-1}))$$

mit l zur Beschreibung verwendeten Hauptkomponenten. Es werden demnach die Eigenwerte e_k als Varianz der Hauptkomponenten zeitveränderlich modelliert

$$E(s_{k,i}^2|\Omega_{i-1}) = e_{k,i}.$$

Diese bedingte Betrachtungsweise ermöglicht die Beschreibung der zeitveränderlichen Charakteristika durch GARCH-Modelle. Es kann ein GARCH(1,1)-Modell verwendet werden (vgl. Gleichung 3.1)

$$e_{k,i} = \alpha_0 + \alpha_1 s_{k,i-1}^2 + \beta_1 e_{k,i-1},$$

wobei für die bedingten Varianzen der Hauptkomponenten $e_{k,i}$ unterschiedliche Parameter verwendet werden können.

Die Matrix $\mathbf{H}_i$ ist positiv semi-definit. Sie ist positiv-definit, wenn $l = m$ gilt. Daraus folgt, dass bei $l < m$ die Eigenwerte ($e_{k,i} > 0$ für $k = 1, ..., l$) der Matrix überprüft werden müssen, um eine positiv-definite Varianz-Kovarianz-Matrix zu gewährleisten (vgl. Alexander [2], S. 7).

Der Vorteil der Methode ist die Reduktion der Risiken auf wenige Risikofaktoren, die dennoch die Risikosituation adäquat abbilden. Dadurch muss nur eine geringe Anzahl bedingter Varianzen modelliert werden. Der Nachteil dieses Vorgehens liegt in der Annahme der bedingten Unkorreliertheit der Hauptkomponenten, da durch die Theorie der Hauptkomponentenanalyse nur die unbedingte Unkorreliertheit gesichert ist (vgl. Alexander [3], S. 211).

Dynamic Conditional Correlations

Das Dynamic Conditional Correlation (DCC) Modell von Engle [37] erweitert das schon vorgestellte Constant Conditional Correlations Modell von Bollerslev. Die Flexibilität der univariaten GARCH-Modelle wird hierbei mit einer einfachen parametrischen Modellierung der zeitveränderlichen bedingten Korrelationen verbunden. In empirischen Studien wurde festgestellt, dass Korrelationen zwischen einzelnen Wertpapieren zeitveränderlich sind (vgl. Longin/Solnik [74]). Diese Information über die zeitveränderliche Korrelationsstruktur ist besonders für die Berechnung des Value-at-Risk relevant.

Im DCC-Modell werden zunächst univariate GARCH-Modelle angepasst, um dann im zweiten Schritt die zeitveränderlichen Korrelationen aus den standardisierten Residuen zu ermitteln. Diese Parametrisierung erhält die einfache Interpretation univariater GARCH-Modelle und ermöglicht die Konstruktion eines flexiblen Schätzers für die bedingte Korrelationsmatrix.

Die Modellierung des DCC-Modells erfolgt analog zum CCC-Modell. Dabei wird die Korrelationsmatrix $\mathbf{R}$ nicht mehr als konstant angenommen, sondern als zeitveränderliche Korrelationsmatrix $\mathbf{R}_i$ ausgestaltet

$$\mathbf{H}_i = \mathbf{D}_i \mathbf{R}_i \mathbf{D}_i,$$

wobei

$$\mathbf{D}_i^2 = \mathrm{diag}(h_{kk,i})$$

gilt. Daraus folgt mit $\mathbf{v}_i = \mathbf{D}_i^{-1}\mathbf{u}_i$

$$E(\mathbf{v}_i\mathbf{v}_i'|\Omega_{i-1}) = \mathbf{D}_i^{-1}\mathbf{H}_i\mathbf{D}_i^{-1} = \mathbf{R}_i.$$

Als Schätzer für die bedingte Korrelationsmatrix $\mathbf{R}_i$ bieten sich einige Möglichkeiten an. Vielversprechend ist die exponentielle Glättung (vgl. Abschnitt 2.5.3)

$$\rho_{op,i} = \frac{g_{op,i}}{\sqrt{g_{oo,i}g_{pp,i}}}, \qquad \mathbf{R}_i = [\rho_{op,i}]$$

mit

$$g_{op,i} = (1-\lambda)v_{o,i-1}v_{p,i-1} + \lambda g_{op,i-1}. \tag{3.5}$$

Bei dieser Ausgestaltung kann durch die Festlegung eines einheitlichen Parameters λ gesichert werden, dass die bedingte Korrelationsmatrix positiv-definit ist. Die Formulierung der Matrix $\mathbf{R}_i$ kann durchaus komplexer gestaltet werden. Beispielsweise kann ein GARCH-Modell verwendet werden (vgl. Engle [37], S. 341)

$$g_{op,i} = \overline{\rho}_{op} + \beta_1(v_{o,i-1}v_{p,i-1} - \overline{\rho}_{op}) + \beta_2(g_{op,i-1} - \overline{\rho}_{op}),$$

wobei $\overline{\rho}_{op}$ die unbedingte Korrelation zwischen $v_{o,i}$ und $v_{p,i}$ darstellt. Die Umformulierung dieser Darstellung ergibt (vgl. Engle [37], S. 341)

$$g_{op,i} = \overline{\rho}_{op}\left(\frac{1-\beta_1-\beta_2}{1-\beta_2}\right) + \beta_1\sum_{s=1}^{\infty}\beta_2^{s-1}v_{o,i-s}v_{p,i-s}.$$

Matrix-Versionen der vorgestellten Schätzer können wie folgt geschrieben werden

$$\mathbf{G}_i = (1-\lambda)(\mathbf{v}_{i-1}\mathbf{v}_{i-1}') + \lambda\mathbf{G}_{i-1},$$

$$\mathbf{G}_i = \overline{\rho}(1-\beta_1-\beta_2) + \beta_1(\mathbf{v}_{i-1}\mathbf{v}_{i-1}') + \beta_2\mathbf{G}_{i-1},$$

wobei $\overline{\rho}$ die unbedingte Korrelationsmatrix der standardisierten Residuen $\mathbf{v}_i$ darstellt. Die Matrix $\mathbf{R}_i$ ist positiv-definit, da die Matrix $\mathbf{G}_i$ ein gewichteter Mittelwert einer positiv-definiten und einer positiv semi-definiten Matrix ist (vgl. Engle [37], S. 341).

Zusammenfassend kann festgestellt werden, dass die Modellierung der zeitveränderlichen Korrelationsmatrix die Abbildung empirischer Beobachtungen ermöglicht. Die Komplexität dieses Ansatzes ist hoch, sodass eine einfache Modellierung der bedingten Korrelationen (z.B. durch exponentielle Glättung) sinnvoll ist.

3.2.2 Schätzung multivariater GARCH-Modelle

Die Schätzung der Parameter kann generell über die Maximum-Likelihood Optimierung vorgenommen werden. In diesem Abschnitt wird für die Renditezeitreihen unterstellt:

$$\mathbf{r}_i = \boldsymbol{\mu}_i + \mathbf{u}_i.$$

Zur Schätzung der multivariaten GARCH-Modelle wird in der Regel die Normalverteilungsannahme für die Innovationen getroffen

$$\mathbf{u}_i | \Omega_{i-1} \sim \mathcal{N}_m(\mathbf{0}, \mathbf{H}_i).$$

Diese Vorgehensweise wird durch die Arbeit von Bollerslev und Wooldridge [20] gerechtfertigt (vgl. Abschnitt 3.1.2). Auch bei Abweichungen der empirischen Renditezeitreihen von der Normalverteilungsannahme sind die Schätzer konsistent und asymptotisch normalverteilt, allerdings ist dann die asymptotische Effizienz der Schätzer nicht gewährleistet. Die Parameter der Formulierung des Vektors der bedingten Erwartungswerte $\boldsymbol{\mu}_i$ und der bedingten Varianz-Kovarianz-Matrix $\mathbf{H}_i$ werden in dem Parametervektor $\boldsymbol{\phi}$ zusammengefasst. Die Log-Likelihood-Funktion kann für m Renditezeitreihen mit jeweils n Beobachtungen wie folgt aufgestellt werden (vgl. Bollerslev, Engle, Wooldridge [19], S. 120)

$$\ln l_i(\boldsymbol{\phi}) = -\frac{m}{2}\ln(2\pi) - \frac{1}{2}\ln|\mathbf{H}_i(\boldsymbol{\phi})| - \frac{1}{2}\mathbf{u}_i(\boldsymbol{\phi})'\mathbf{H}_i^{-1}(\boldsymbol{\phi})\mathbf{u}_i(\boldsymbol{\phi}),$$

$$\ln L(\boldsymbol{\phi}) = \sum_{i=1}^{n} \ln l_i(\boldsymbol{\phi}).$$

Daraus folgt:

$$\ln L(\boldsymbol{\phi}) = -\frac{mn}{2}\ln(2\pi) - \frac{1}{2}\sum_{i=1}^{n}\left(\ln|\mathbf{H}_i(\boldsymbol{\phi})| + \mathbf{u}_i(\boldsymbol{\phi})'\mathbf{H}_i^{-1}(\boldsymbol{\phi})\mathbf{u}_i(\boldsymbol{\phi})\right). \tag{3.6}$$

Diese Funktion muss mit Hilfe geeigneter Algorithmen optimiert werden (vgl. Abschnitt 3.1.2 und die dort angegebene Literatur)

$$\hat{\boldsymbol{\phi}} = \max_{\boldsymbol{\phi}} \ln L(\boldsymbol{\phi}),$$

um den Parametervektor $\boldsymbol{\phi}$ zu schätzen.

In der Regel sind eine Vielzahl an Parametern zu schätzen, wobei die Restriktionen an die Parameter hinsichtlich positiv-definiter Varianz-Kovarianz-Matrix und Stationarität zu beachten sind. Im Folgenden wird die Schätzung der einzelnen

Varianten der multivariaten GARCH-Modelle detaillierter betrachtet. Dabei werden insbesondere die gegebenenfalls vorhandenen Vereinfachungen der Schätzung durch Reduktion der Anzahl der Dimensionen (Faktor-GARCH und OGARCH) beziehungsweise durch die Zerlegung des Problems in Schätzung von univariaten GARCH-Modellen und Schätzung der Korrelationsmatrix (CCC- und DCC-Modell) hervorgehoben.

Schätzung des VECH-Modells

Das VECH-Modell stellt die allgemeinste Variante der multivariaten GARCH-Modelle dar. Zur Schätzung des im Abschnitt 3.2.1 vorgestellten VECH-Modells muss die in Gleichung 3.6 vorgestellte Log-Likelihood-Funktion optimiert werden. Zu den $\frac{1}{2}m^2(m+1)^2 + \frac{1}{2}m(m+1)$ Parametern der bedingten Varianz-Kovarianz-Matrix kommen die Parameter zur Beschreibung des Vektors der bedingten Erwartungswerte $\boldsymbol{\mu}_i$. Bei der Modellierung der einzelnen Renditezeitreihen durch eine Konstante resultieren zusätzlich m Parameter. Der Algorithmus zur Optimierung der Log-Likelihood-Funktion hat oftmals Probleme, ein globales Maximum der Funktion zu bestimmen. Die Varianz-Kovarianz-Matrix $\mathbf{H}_i$ sollte in jedem Zeitpunkt positiv-definit sein: $\boldsymbol{\omega}'\mathbf{H}_i\boldsymbol{\omega} > 0$. Ein Beispiel für die resultierenden Restriktionen ist Bera/Higgins [15] (S. 343/344) zu entnehmen. Es wird deutlich, dass auf Modellierungen zurückgegriffen werden sollte, die eine geringere Komplexität aufweisen. Aufgrund der beschriebenen Probleme wird das VECH-Modell in der empirischen Vergleichsstudie nicht verwendet, da für $m = 5$ eine sinnvolle Parameterschätzung nicht gewährleistet ist.

Schätzung des Faktor-Modells

Im Abschnitt 3.2.1 wurde das Ein-Faktor Modell $\mathbf{r}_i = \boldsymbol{\mu} + \mathbf{b}F_i + \boldsymbol{\varepsilon}_i$ vorgestellt. Die Schätzung der Mittelwertgleichung für die Renditezeitreihen $\mathbf{r}_i$ erfolgt durch die Schätzung von m linearen Regressionen, um die Parameter $\hat{\mu}_k$ und $\hat{b}_k$ $(k = 1, ..., m)$ zu bestimmen. Auf dieser Grundlage lassen sich die geschätzten Residuen

$$\hat{\boldsymbol{\varepsilon}}_i = \mathbf{r}_i - \hat{\boldsymbol{\mu}} - \hat{\mathbf{b}}F_i, \qquad i = 1, ..., n$$

bilden. Die Schätzung der spezifischen Varianz folgt mit

$$\hat{\gamma}_k = \frac{1}{n-2}\sum_{i=1}^{n} \hat{\varepsilon}_{k,i}^2, \qquad k = 1, ..., m.$$

An den Faktor F_i wird eine Konstante c angepasst

$$F_i = \hat{c} + \hat{u}_i \qquad \text{mit } \hat{c} = \frac{1}{n}\sum_{i=1}^{n} F_i.$$

Daraufhin wird das vorgeschlagene GARCH(1,1)-Modell geschätzt (vgl. Abschnitt 3.1.2)

$$\hat{h}_i = \hat{\alpha_0} + \hat{\alpha_1}\hat{u}_{i-1}^2 + \hat{\beta}_1\hat{h}_{i-1}, \qquad i = 1, ..., n.$$

Damit sind alle benötigten Parameter zur Bildung der bedingten Varianz-Kovarianz-Matrix $\hat{\mathbf{H}}_i$ ermittelt

$$\hat{\mathbf{H}}_i = \hat{h}_i\hat{\mathbf{b}}\hat{\mathbf{b}}' + \hat{\mathbf{\Gamma}}.$$

Schätzung des Constant Conditional Correlation Modells

Die Schätzung des CCC-Modells lässt sich vereinfachen, indem die Schätzung der Parameter der bedingten Varianz in zwei Schritten vorgenommen wird. Ausgehend von der allgemeinen Log-Likelihood-Funktion (vgl. Gleichung 3.6)

$$\ln L(\boldsymbol{\phi}) = -\frac{mn}{2}\ln(2\pi) - \frac{1}{2}\sum_{i=1}^{n}\left(\ln|\mathbf{H}_i(\boldsymbol{\phi})| + \mathbf{u}_i(\boldsymbol{\phi})'\mathbf{H}_i^{-1}(\boldsymbol{\phi})\mathbf{u}_i(\boldsymbol{\phi})\right)$$

lässt sich die Funktion durch Umformungen vereinfachen (vgl. Engle [37], S. 342). Die folgenden Umformungsschritte werden durch die elementaren Rechenregeln $\left(|\mathbf{AB}| = |\mathbf{A}||\mathbf{B}|; |\mathbf{A}^2| = |\mathbf{A}|^2 \text{ für } \mathbf{A} = \text{diag}(a_{11}, a_{22}, ..., a_{kk}); \ln\left(a^2\right) = 2\ln a\right)$ ermöglicht

$$\begin{aligned}
\ln L(\boldsymbol{\phi}) &= -\frac{mn}{2}\ln(2\pi) - \frac{1}{2}\sum_{i=1}^{n}\left(\ln|\mathbf{D}_i\mathbf{R}\mathbf{D}_i| + \mathbf{u}_i'\mathbf{D}_i^{-1}\mathbf{R}^{-1}\mathbf{D}_i^{-1}\mathbf{u}_i\right) \\
&= -\frac{mn}{2}\ln(2\pi) - \frac{1}{2}\sum_{i=1}^{n}\left(2\ln|\mathbf{D}_i| + \ln|\mathbf{R}| + \mathbf{v}_i'\mathbf{R}^{-1}\mathbf{v}_i\right) \\
&= -\frac{mn}{2}\ln(2\pi) - \frac{1}{2}\sum_{i=1}^{n}\left(2\ln|\mathbf{D}_i| + \mathbf{u}_i'\mathbf{D}_i^{-1}\mathbf{D}_i^{-1}\mathbf{u}_i + \ln|\mathbf{R}|\right. \\
&\quad \left. + \mathbf{v}_i'\mathbf{R}^{-1}\mathbf{v}_i - \mathbf{v}_i'\mathbf{v}_i\right).
\end{aligned}$$

Die Parameter $\boldsymbol{\phi}$ seien aufgeteilt in den Parametervektor $\dot{\boldsymbol{\phi}} = (\boldsymbol{\theta}', \boldsymbol{\beta}')'$ (vgl. Abschnitt 3.1.2) mit den Parametern in $\mathbf{u}_i$, $\mathbf{D}_i$ und dem Paramtervektor $\ddot{\boldsymbol{\phi}}$ mit den zusätzlichen Parametern in $\mathbf{R}$. Dann kann die Log-Likelihood-Funktion in einen Varianzteil und einen Korrelationsteil zerlegt werden

$$\ln L\left(\dot{\boldsymbol{\phi}}, \ddot{\boldsymbol{\phi}}\right) = \ln L_V\left(\dot{\boldsymbol{\phi}}\right) + \ln L_C\left(\dot{\boldsymbol{\phi}}, \ddot{\boldsymbol{\phi}}\right). \tag{3.7}$$

Der Varianzteil ist

$$\ln L_V\left(\dot{\phi}\right) = -\frac{mn}{2}\ln(2\pi) - \frac{1}{2}\sum_{i=1}^{n}\left(\ln|\mathbf{D}_i|^2 + \mathbf{u}_i'\mathbf{D}_i^{-2}\mathbf{u}_i\right).$$

In dem Korrelationsteil sind die verbleibenden Komponenten zusammengefasst

$$\ln L_C\left(\dot{\phi},\ddot{\phi}\right) = -\frac{1}{2}\sum_{i=1}^{n}\left(\ln|\mathbf{R}| + \mathbf{v}_i'\mathbf{R}^{-1}\mathbf{v}_i - \mathbf{v}_i'\mathbf{v}_i\right).$$

Der Varianzteil ist die Summe univariater GARCH Log-Likelihood-Funktionen

$$\ln L_V\left(\dot{\phi}\right) = -\frac{1}{2}\sum_{i=1}^{n}\sum_{k=1}^{m}\left(\ln(2\pi) + \ln(h_{kk,i}) + \frac{u_{k,i}^2}{h_{kk,i}}\right)$$

mit

$$|\mathbf{D}_i|^2 = h_{11,i}h_{22,i}\dots h_{mm,i},$$

$$\ln|\mathbf{D}_i|^2 = \ln(h_{11,i}) + \ln(h_{22,i}) + \dots + \ln(h_{mm,i}).$$

Die individuellen Log-Likelihood-Funktionen können demnach zunächst separat maximiert werden (vgl. die Schätzung univariater GARCH-Modelle in Abschnitt 3.1.2)

$$\hat{\dot{\phi}} = \max_{\dot{\phi}}\left(\ln L_V\left(\dot{\phi}\right)\right).$$

Der optimale Parametervektor kann dann im zweiten Schritt zur Optimierung des Korrelationsteils verwendet werden

$$\hat{\ddot{\phi}} = \max_{\ddot{\phi}}\left(\ln L_C\left(\hat{\dot{\phi}},\ddot{\phi}\right)\right).$$

Durch die Annahme der konstanten Korrelationsmatrix **R** kann die Schätzung wie folgt durchgeführt werden (vgl. Bollerslev [18], S. 500)

$$\hat{\rho}_{op} = \frac{\sum_{i=1}^{n}\hat{v}_{o,i}\hat{v}_{p,i}}{\sqrt{\sum_{i=1}^{n}\hat{v}_{o,i}^2}\sqrt{\sum_{i=1}^{n}\hat{v}_{p,i}^2}}.$$

Die geschätzten Parameter $\hat{\phi} = \left(\hat{\dot{\phi}}', \hat{\ddot{\phi}}'\right)'$ sind konsistent und asymptotisch normalverteilt unter gewissen Regularitätsbedingungen (vgl. Engle [37], S. 342), die bei Einhaltung der Anforderungen an die Parameter der GARCH-Modelle hinsichtlich Nicht-Negativität und Stationarität erfüllt sind. Für das GARCH(1,1)-Modell muss demnach: $\alpha_0 > 0$, $\alpha_1, \beta_1 \geq 0$, $\alpha_1 + \beta_1 < 1$ gelten (vgl. Abschnitt 3.1.2).

Die Abfolge der Vorgehensschritte zur Schätzung des CCC-Modells kann wie folgt für zwei Wertpapiere ($m = 2$) zusammengefasst werden:

1) Schätzung der zwei univariaten GARCH-Modelle

2) Berechnung der standardisierten Residuen

$$\begin{pmatrix} \hat{v}_{1,i} \\ \hat{v}_{2,i} \end{pmatrix} = \begin{pmatrix} \frac{\hat{u}_{1,i}}{\sqrt{\hat{h}_{11,i}}} \\ \frac{\hat{u}_{2,i}}{\sqrt{\hat{h}_{22,i}}} \end{pmatrix}$$

3) Schätzung der Korrelationsmatrix $\hat{\mathbf{R}}$

4) Berechnung der geschätzten Varianz-Kovarianz-Matrix $\hat{\mathbf{H}}_i$

$$\hat{\mathbf{H}}_i = \begin{pmatrix} \hat{h}_{11,i} & \sqrt{\hat{h}_{11,i}}\sqrt{\hat{h}_{22,i}}\hat{\rho}_{12} \\ \sqrt{\hat{h}_{11,i}}\sqrt{\hat{h}_{22,i}}\hat{\rho}_{12} & \hat{h}_{22,i} \end{pmatrix}.$$

Schätzung des OGARCH-Modells

Zur Schätzung des OGARCH-Modells ist zunächst die Durchführung der Hauptkomponentenanalyse notwendig. Mit den Schätzfunktionen

$$\hat{\mu}_k = \frac{1}{n}\sum_{i=1}^{n} r_{k,i} \quad \text{und} \quad \hat{\sigma}_k = \sqrt{\frac{1}{n-1}\sum_{i=1}^{n}(r_{k,i} - \hat{\mu}_k)^2}$$

lässt sich die geschätzte Korrelationsmatrix ermitteln

$$\hat{\rho} = \frac{\hat{\dot{\mathbf{X}}}'\hat{\dot{\mathbf{X}}}}{n-1}.$$

Mit der geschätzten Spektraldarstellung

$$\hat{\rho} = \hat{\mathbf{J}}\hat{\mathbf{E}}\hat{\mathbf{J}}'$$

können die geschätzten Hauptkomponenten ermittelt werden

$$\hat{\mathbf{S}} = \hat{\dot{\mathbf{X}}}\hat{\mathbf{J}}.$$

Detailliertere Darstellungen können beispielsweise Johnson/Wichern [64] entnommen werden. Nach Durchführung der Hauptkomponentenanalyse sind univariate GARCH-Modelle an die Zeitreihen der Hauptkomponenten anzupassen, um die zeitveränderlichen Varianzen der Hauptkomponenten

$$\hat{\mathbf{E}}_i = \text{diag}(\hat{V}(\hat{s}_{1,i}|\Omega_{i-1}), ..., \hat{V}(\hat{s}_{l,i}|\Omega_{i-1}))$$

zu schätzen. Zur Darstellung der Schätzung kann auf die Ausführungen in Abschnitt 3.1.2 hinsichtlich univariater GARCH-Modelle zurückgegriffen werden.

Zusammen mit den geschätzten Eigenvektoren $\hat{\mathbf{j}}_k$ und den geschätzten Standardabweichungen der Renditezeitreihen $\hat{\sigma}_k$ aus der Hauptkomponentenanalyse kann mit der Matrix $\hat{\boldsymbol{\Xi}} = (\hat{\mathbf{j}}_1\hat{\sigma}_1, ..., \hat{\mathbf{j}}_l\hat{\sigma}_l)$ die geschätzte bedingte Varianz-Kovarianz-Matrix der Renditezeitreihen

$$\hat{\mathbf{H}}_i = \hat{\boldsymbol{\Xi}}\hat{\mathbf{E}}_i\hat{\boldsymbol{\Xi}}'$$

gebildet werden.

Schätzung des Dynamic Conditional Correlation Modells

Das DCC-Modell wurde konstruiert, um eine 2-Schritt Schätzung der Parameter zu ermöglichen. Im ersten Schritt werden die univariaten GARCH-Modelle geschätzt. Im zweiten Schritt werden die geschätzten standardisierten Residuen genutzt, um die zeitveränderlichen Korrelationen zwischen den Renditezeitreihen zu schätzen. Zur Darstellung der Schätzung des DCC-Modells kann auf die Ausführungen zum CCC-Modell zurückgegriffen werden. Es gilt die in Gleichung 3.7 dargestellte Aufspaltung der Log-Likelihood-Funktion

$$\ln L\left(\dot{\phi}, \ddot{\phi}\right) = \ln L_V\left(\dot{\phi}\right) + \ln L_C\left(\dot{\phi}, \ddot{\phi}\right).$$

Der Varianzteil ist weiterhin wie folgt definiert

$$\ln L_V\left(\dot{\phi}\right) = -\frac{mn}{2}\ln(2\pi) - \frac{1}{2}\sum_{i=1}^{n}\left(\ln|\mathbf{D}_i|^2 + \mathbf{u}_i'\mathbf{D}_i^{-2}\mathbf{u}_i\right).$$

Daher können im ersten Schritt die individuellen Log-Likelihood-Funktionen maximiert werden

$$\hat{\dot{\phi}} = \max_{\dot{\phi}}\left(\ln L_V\left(\dot{\phi}\right)\right).$$

Im Korrelationsteil ist im Unterschied zum CCC-Modell die bedingte Korrelationsmatrix zeitveränderlich spezifiziert

$$\ln L_C\left(\dot{\phi}, \ddot{\phi}\right) = -\frac{1}{2}\sum_{i=1}^{n}\left(\ln|\mathbf{R}_i| + \mathbf{v}_i'\mathbf{R}_i^{-1}\mathbf{v}_i - \mathbf{v}_i'\mathbf{v}_i\right).$$

Die Elemente der Matrix $\mathbf{R}_i$ weisen die folgende Form auf

$$\rho_{op,i} = \frac{g_{op,i}}{\sqrt{g_{oo,i}g_{pp,i}}}.$$

Die bedingte Korrelationsmatrix $\mathbf{R}_i$ muss symmetrisch und positiv-definit sein. Weiterhin muss $\rho_{kk,i} = 1$ und $|\rho_{op,i}| \leq 1$ gelten. Bei Festlegung des Parameters λ in der Gleichung 3.5 ist keine Schätzung notwendig. Zur Schätzung des Parameters λ oder bei Nutzung eines GARCH-Modells zur Spezifikation der bedingten Korrelationsmatrix $\mathbf{R}_i$ wird die Optimierung des Korrelationsteils der Log-Likelihood-Funktion im zweiten Schritt vorgenommen

$$\hat{\ddot{\phi}} = \max_{\ddot{\phi}} \left(\ln L_C \left(\hat{\dot{\phi}}, \ddot{\phi} \right) \right).$$

3.2.3 Prognose mit multivariaten GARCH-Modellen

Allgemein lässt sich die Prognose mit multivariaten GARCH-Modellen im Wesentlichen in Analogie zu den univariaten GARCH-Modellen ableiten. In diesem Abschnitt wird sowohl die 1-Schritt Prognose der bedingten Varianz-Kovarianz-Matrix $\hat{\mathbf{H}}_{1|n}$ als auch die τ-Schritt Prognose $\hat{\mathbf{H}}_{\tau|n}$ vorgestellt. In der Darstellung der Prognose mit multivariaten GARCH-Modellen wird in der vorliegenden Arbeit die einfache Ausgestaltung der Mittelwertgleichung mit konstantem Parametervektor $\boldsymbol{\mu}$ verwendet: $\mathbf{r}_i = \boldsymbol{\mu} + \mathbf{u}_i$. Eine Erweiterung der Mittelwertgleichung durch autoregressive Komponenten ist denkbar, führt jedoch zu einer beträchtlichen Steigerung der Komplexität. Die prognostizierte kumulierte bedingte Varianz-Kovarianz-Matrix des Vektors der Renditezeitreihen kann bei Verzicht auf autoregressive Terme als Summe der prognostizierten bedingten Varianz-Kovarianz-Matrizen ermittelt werden

$$\hat{\mathbf{H}}_{\tau|n} = \sum_{l=1}^{\tau} \hat{\mathbf{H}}_{l|n}.$$

Im Folgenden werden die Unterschiede der Prognose der bedingten Varianz-Kovarianz-Matrix mit den vorgestellten Modellen dargestellt. Die Prognose mit dem VECH-Modell lässt sich durch sukzessive Rekursion ermitteln, wobei es sich um die erweiterte Betrachtung der bedingten Varianz-Kovarianz-Matrix handelt. Im CCC-Modell und im DCC-Modell setzt sich die Prognose aus den univariaten Prognosen der bedingten Varianz der jeweiligen Renditezeitreihen und der Prognose der bedingten Korrelationsmatrix zusammen. Beim Faktor-Modell und dem OGARCH-Modell basiert die Prognose der bedingten Varianz-Kovarianz-Matrix auf der Prognose der univariaten bedingten Varianzen, da im Faktor-Modell nur ein Marktindex mit dem GARCH-Modell prognostiziert wird beziehungsweise die ermittelten Hauptkomponenten im OGARCH-Modell als orthogonal angenommen werden.

Prognose mit dem VECH-Modell

Das VECH-Modell weist erhebliche Schwierigkeiten in der Anwendung auf. Dennoch soll an dieser Stelle die Prognose für $p = 1$, $q = 1$ und zwei Wertpapiere dargestellt werden, da ausgehend von dieser Darstellung die Erklärung der alternativen multivariaten GARCH-Modelle und der Zusammenhang zum EWMA-Modell leicht ersichtlich wird. Die 1-Schritt Prognose des VECH-Modells lautet

$$\text{vech}(\hat{\mathbf{H}}_{1|n}) = \begin{pmatrix} \hat{h}_{11,1|n} \\ \hat{h}_{12,1|n} \\ \hat{h}_{22,1|n} \end{pmatrix} = \begin{pmatrix} \hat{w}_1 \\ \hat{w}_2 \\ \hat{w}_3 \end{pmatrix} + \begin{pmatrix} \hat{a}_{11} & \hat{a}_{12} & \hat{a}_{13} \\ \hat{a}_{21} & \hat{a}_{22} & \hat{a}_{23} \\ \hat{a}_{31} & \hat{a}_{32} & \hat{a}_{33} \end{pmatrix} \begin{pmatrix} \hat{u}_{1,n}^2 \\ \hat{u}_{1,n}\hat{u}_{2,n} \\ \hat{u}_{2,n}^2 \end{pmatrix} + \begin{pmatrix} \hat{b}_{11} & \hat{b}_{12} & \hat{b}_{13} \\ \hat{b}_{21} & \hat{b}_{22} & \hat{b}_{23} \\ \hat{b}_{31} & \hat{b}_{32} & \hat{b}_{33} \end{pmatrix} \begin{pmatrix} \hat{h}_{11,n} \\ \hat{h}_{12,n} \\ \hat{h}_{22,n} \end{pmatrix}.$$

Es gilt

$$E(\mathbf{u}_{n+\tau}\mathbf{u}'_{n+\tau}|\Omega_n) = \mathbf{H}_{\tau|n},$$

woraus die τ-Schritt Prognose

$$\text{vech}(\hat{\mathbf{H}}_{\tau|n}) = \begin{pmatrix} \hat{w}_1 \\ \hat{w}_2 \\ \hat{w}_3 \end{pmatrix} + \begin{pmatrix} \hat{a}_{11} + \hat{b}_{11} & \hat{a}_{12} + \hat{b}_{12} & \hat{a}_{13} + \hat{b}_{13} \\ \hat{a}_{21} + \hat{b}_{21} & \hat{a}_{22} + \hat{b}_{22} & \hat{a}_{23} + \hat{b}_{23} \\ \hat{a}_{31} + \hat{b}_{31} & \hat{a}_{32} + \hat{b}_{32} & \hat{a}_{33} + \hat{b}_{33} \end{pmatrix} \text{vech}(\hat{\mathbf{H}}_{\tau-1|n})$$

folgt. Bei Anwendung des EWMA-Modells (vgl. Abschnitt 2.5.3) resultiert die folgende einfache Struktur

$$\text{vech}(\hat{\mathbf{H}}_{\tau|n}) = \text{vech}(\hat{\mathbf{H}}_{2|n}) = \begin{pmatrix} 1 & 0 & 0 \\ 0 & 1 & 0 \\ 0 & 0 & 1 \end{pmatrix} \text{vech}(\hat{\mathbf{H}}_{1|n}).$$

Aufbauend auf der Darstellung des VECH-Modells wird im Weiteren die Prognose der bedingten Varianz-Kovarianz-Matrix mit den alternativen multivariaten GARCH-Modellen aufgezeigt.

Prognose mit dem Faktor-Modell

Die Zeitveränderlichkeit der bedingten Varianz-Kovarianz-Matrix des beschriebenen Ein-Faktor-Modells wird durch die zeitveränderliche bedingte Varianz des gewählten Faktors bestimmt. Die Prognose der bedingten Varianz-Kovarianz-Matrix wird mit Hilfe der geschätzten Parameter der

Mittelwertgleichung $\hat{\mathbf{b}}$, der geschätzten spezifischen Varianz der Renditezeitreihen $\hat{\mathbf{\Gamma}} = \text{diag}(\hat{\gamma}_k)$ und der Prognose der bedingten Varianz des Faktors $\hat{h}_{\tau|n}$ entwickelt (vgl. hierzu die Prognose mit univariaten GARCH-Modellen in Abschnitt 3.1.3)

$$\hat{\mathbf{H}}_{\tau|n} = \hat{h}_{\tau|n}\hat{\mathbf{b}}\hat{\mathbf{b}}' + \hat{\mathbf{\Gamma}}.$$

Das äußere Produkt des geschätzten Parametervektors $\hat{\mathbf{b}}$ sorgt dafür, dass die jeweiligen prognostizierten Varianzen beziehungsweise Kovarianzen unterschiedlich stark auf die Veränderung der Prognose der bedingten Varianz des Faktors reagieren.

Prognose mit dem Constant Conditional Correlation Modell

Durch die Annahme der konstanten Korrelationsmatrix lässt sich die Prognose im CCC-Modell relativ einfach ableiten. Die Prognose der Varianz-Kovarianz-Matrix wird durch die Prognose der individuellen bedingten Varianzen der einzelnen Wertpapiere bestimmt

$$\hat{\mathbf{H}}_{1|n} = \hat{\mathbf{D}}_{1|n}\hat{\mathbf{R}}\hat{\mathbf{D}}_{1|n}.$$

Die τ-Schritt Prognose ist

$$\hat{\mathbf{H}}_{\tau|n} = \hat{\mathbf{D}}_{\tau|n}\hat{\mathbf{R}}\hat{\mathbf{D}}_{\tau|n}$$

mit $\hat{\mathbf{D}}_{\tau|n} = \text{diag}\left(\sqrt{\hat{h}_{11,\tau|n}}, \ldots, \sqrt{\hat{h}_{mm,\tau|n}}\right)$.

Explizit dargestellt lautet die τ-Schritt Prognose der Varianz-Kovarianz-Matrix für drei Wertpapiere

$$\hat{\mathbf{H}}_{\tau|n} = \begin{pmatrix} \hat{h}_{11,\tau|n} & \sqrt{\hat{h}_{11,\tau|n}}\sqrt{\hat{h}_{22,\tau|n}}\hat{\rho}_{12} & \sqrt{\hat{h}_{11,\tau|n}}\sqrt{\hat{h}_{33,\tau|n}}\hat{\rho}_{13} \\ \sqrt{\hat{h}_{11,\tau|n}}\sqrt{\hat{h}_{22,\tau|n}}\hat{\rho}_{12} & \hat{h}_{22,\tau|n} & \sqrt{\hat{h}_{22,\tau|n}}\sqrt{\hat{h}_{33,\tau|n}}\hat{\rho}_{23} \\ \sqrt{\hat{h}_{11,\tau|n}}\sqrt{\hat{h}_{33,\tau|n}}\hat{\rho}_{13} & \sqrt{\hat{h}_{22,\tau|n}}\sqrt{\hat{h}_{33,\tau|n}}\hat{\rho}_{23} & \hat{h}_{33,\tau|n} \end{pmatrix}.$$

Hierbei wird auf die Prognose der univariaten GARCH-Modelle zurückgegriffen (vgl. Abschnitt 3.1.3). Bei der Wahl des GARCH(1,1)-Modells resultiert

$$\hat{h}_{kk,1|n} = \hat{\alpha_0} + \hat{\alpha_1}\hat{u}^2_{k,n} + \hat{\beta_1}\hat{h}_{kk,n}$$

und

$$\hat{h}_{kk,\tau|n} = \hat{\alpha_0} + (\hat{\alpha_1} + \hat{\beta_1})\hat{h}_{kk,\tau-1|n},$$

wobei unterschiedliche Parameter für die jeweiligen bedingten Varianzen ausdrücklich zugelassen sind.

Prognose mit dem OGARCH-Modell

Durch die Orthogonalität der Hauptkomponenten sind im OGARCH-Modell nur die Varianzen der einzelnen Hauptkomponenten zu prognostizieren, um die prognostizierte bedingte Varianz-Kovarianz-Matrix der Renditezeitreihen zu ermitteln

$$\hat{\mathbf{H}}_{\tau|n} = \hat{\mathbf{\Xi}}\hat{\mathbf{E}}_{\tau|n}\hat{\mathbf{\Xi}}'.$$

Die Diagonalmatrix $\hat{\mathbf{E}}_{\tau|n}$ beinhaltet die prognostizierten univariaten bedingten Varianzen der Hauptkomponenten $\hat{e}_{k,\tau|n} = \hat{V}(\hat{s}_{k,n+\tau}|\Omega_n)$

$$\hat{\mathbf{E}}_{\tau|n} = \begin{pmatrix} \hat{e}_{1,\tau|n} & 0 & \cdots & 0 \\ 0 & \hat{e}_{2,\tau|n} & \cdots & 0 \\ \vdots & \vdots & \ddots & \vdots \\ 0 & 0 & \cdots & \hat{e}_{l,\tau|n} \end{pmatrix}.$$

Zur Bestimmung der prognostizierten bedingten Varianzen können die Ausführungen in Abschnitt 3.1.3 verwendet werden.

Prognose mit dem Dynamic Conditional Correlation Modell

Bei der Darstellung der Prognose mit dem DCC-Modell können die Ausführungen zum CCC-Modell als Grundlage genommen werden. Im Unterschied zum CCC-Modell ist beim DCC-Modell die Korrelationsmatrix $\mathbf{R}_i$ zeitveränderlich spezifiziert

$$\hat{\mathbf{H}}_{\tau|n} = \hat{\mathbf{D}}_{\tau|n}\hat{\mathbf{R}}_{\tau|n}\hat{\mathbf{D}}_{\tau|n}.$$

Explizit dargestellt für drei Wertpapiere folgt

$$\hat{\mathbf{H}}_{\tau|n} = \begin{pmatrix} \hat{h}_{11,\tau|n} & \sqrt{\hat{h}_{11,\tau|n}}\sqrt{\hat{h}_{22,\tau|n}}\hat{\rho}_{12,\tau|n} & \sqrt{\hat{h}_{11,\tau|n}}\sqrt{\hat{h}_{33,\tau|n}}\hat{\rho}_{13,\tau|n} \\ \sqrt{\hat{h}_{11,\tau|n}}\sqrt{\hat{h}_{22,\tau|n}}\hat{\rho}_{12,\tau|n} & \hat{h}_{22,\tau|n} & \sqrt{\hat{h}_{22,\tau|n}}\sqrt{\hat{h}_{33,\tau|n}}\hat{\rho}_{23,\tau|n} \\ \sqrt{\hat{h}_{11,\tau|n}}\sqrt{\hat{h}_{33,\tau|n}}\hat{\rho}_{13,\tau|n} & \sqrt{\hat{h}_{22,\tau|n}}\sqrt{\hat{h}_{33,\tau|n}}\hat{\rho}_{23,\tau|n} & \hat{h}_{33,\tau|n} \end{pmatrix}.$$

Die Prognose der bedingten Varianz $\hat{h}_{kk,\tau|n}$ kann den Ausführungen zu der Prognose mit univariaten GARCH-Modellen entnommen werden (vgl. Abschnitt 3.1.3). Die Prognose der bedingten Korrelationsmatrix beruht auf der gewählten Modellspezifikation

$$\rho_{op,\tau|n} = \frac{g_{op,\tau|n}}{\sqrt{g_{oo,\tau|n}g_{pp,\tau|n}}}, \qquad \mathbf{R}_{\tau|n} = \left[\rho_{op,\tau|n}\right].$$

Als Spezifikation der Matrix $\mathbf{G}_i$ wird in der vorliegenden Arbeit das EWMA-Modell verwendet

$$g_{op,i} = (1 - \lambda) v_{o,i-1} v_{p,i-1} + \lambda g_{op,i-1}.$$

Es folgt die 1-Schritt Prognose

$$\hat{g}_{op,1|n} = (1 - \lambda) \hat{v}_{o,n} \hat{v}_{p,n} + \lambda \hat{g}_{op,n}.$$

Für die τ-Schritt Prognose wird die folgende Approximation verwendet

$$E(v_{o,n+l} v_{p,n+l} | \Omega_n) \approx g_{op,l|n}, \qquad \text{für } l = 1, ..., \tau.$$

Damit ist die τ-Schritt Prognose

$$\hat{g}_{op,\tau|n} = \hat{g}_{op,1|n}.$$

Im Unterschied zum CCC-Modell wird die bedingte Korrelationsmatrix durch die komplexere exponentielle Glättung zeitveränderlich spezifiziert. Die 1-Schritt-Prognose beruht daher auf einer zeitveränderlichen Modellierung. Die τ-Schritt Prognose der bedingten Korrelationsmatrix entspricht der 1-Schritt Prognose (vgl. die Ausführungen zum EWMA-Modell in Abschnitt 2.5.3).

3.2.4 Beurteilung der multivariaten GARCH-Modelle

Multivariate GARCH-Modelle zeichnen sich durch die explizite Modellierung der Interdependenz der Renditezeitreihen aus. Die Varianz-Kovarianz-Matrix wird zeitveränderlich modelliert. Dadurch werden wesentliche Aspekte, wie beispielsweise die zeitveränderliche Korrelation in die Betrachtung einbezogen.

Dabei muss deutlich zwischen den einzelnen Modellvarianten unterschieden werden. Es gibt Ansätze, in denen die Flexibilität durch eine zu hohe Anzahl an Parametern überstrapaziert wird. Dieses ist im VECH-Modell der Fall. Diese Ansätze sind nicht geeignet, die Problemstellungen der Praxis zu lösen. Schon bei fünf einzelnen Wertpapieren ist die Anzahl an Parametern zu hoch, um die problemlose Schätzung des Modells zu gewährleisten.

Um dieses Problem zu überwinden, sind zahlreiche Varianten vorgeschlagen worden. Das Faktor-Modell und das OGARCH-Modell fokussieren auf die Reduktion der Anzahl der Risikofaktoren, um dann die Gestaltung der bedingten Varianz-Kovarianz-Matrix auf univariate GARCH-Modelle zurückführen zu können. Durch diese Vorgehensweise wird die Komplexität der Modellierung stark reduziert. Auch das CCC-Modell und das DCC-Modell zielen auf die Komplexitätsreduktion ab, indem die Spezifikation der bedingten Varianz-Kovarianz-Matrix in zwei Schritte zerlegt wird. Durch diese Vorgehensweise können wiederum univariate GARCH-Modelle zur Beschreibung der bedingten Varianzen genutzt werden. Die Korrelationsmatrix kann darauf folgend im zweiten Schritt ermittelt werden. Damit wird eine angemessene Flexibilität der Modellierung erreicht, wobei die Anzahl der Parameter überschaubar ist. Das DCC-Modell eignet sich zusätzlich durch die explizite Modellierung der zeitveränderlichen Korrelation.

Wesentlicher Kritikpunkt an den multivariaten GARCH-Modellen ist generell die hohe Komplexität. Im Sinne der sparsamen Parametrisierung der Modellierung sollte der gewählte Ansatz so einfach wie möglich gestaltet sein, ohne wesentliche Charakteristika zu vernachlässigen. Im Umkehrschluss folgt, dass die multivariaten GARCH-Modelle in der Anwendung zur Berechnung des Value-at-Risk bessere Ergebnisse liefern sollten, um die höhere Komplexität zu rechtfertigen. Dieses wird in der empirischen Vergleichsstudie im Kapitel 5 analysiert.

Kapitel 4

Neuere Value-at-Risk Ansätze

Neben den in der Praxis verwendeten Ansätzen (vgl. Abschnitt 2.5) haben sich in den letzten Jahren in der wissenschaftlichen Forschung einige Ideen zur Ausgestaltung des Konzepts Value-at-Risk entwickelt. Empirische Charakteristika der Renditezeitreihen werden bei diesen neueren Ansätzen verstärkt einbezogen. Die neueren Ansätze lassen sich in die Kategorien nicht-parametrische, parametrische und semi-parametrische Ansätze unterteilen (vgl. Abschnitt 2.3). Bei den nicht-parametrischen Ansätzen steht die Entwicklung von Gewichtungsstrukturen für die historische Renditezeitreihe im Vordergrund (vgl. Abschnitt 4.1). Die parametrischen Ansätze profitieren insbesondere von der Modellierung der Volatilität und Interdependenz mit GARCH-Modellen (vgl. Kapitel 3). Hierbei werden unterschiedliche Verteilungsannahmen betrachtet. Die Berechnung des Value-at-Risk aus der multivariaten Betrachtungsweise mit Hilfe der vorgestellten GARCH-Modelle erweitert das vorhandene Spektrum an Ansätzen (vgl. Abschnitt 4.2). Die semi-parametrischen Ansätze greifen auf weniger restriktive Verteilungsannahmen zur Modellierung des Value-at-Risk zurück. Zur Ausgestaltung dieser Ansätze können die Extremwerttheorie und das Bootstrap-Verfahren verwendet werden, die zur Berechnung des Value-at-Risk in den GARCH-Kontext integriert werden. Ein weiterer semi-parametrischer Ansatz ist die direkte Modellierung des interessierenden Quantils der Renditeverteilung durch ein autoregressives Modell (vgl. Abschnitt 4.3).

Ziel dieses Kapitels ist die umfassende Darstellung und Weiterentwicklung der oben genannten Ideen und Ansätze. Insbesondere wurden die meisten Ansätze bisher nur hinsichtlich der Nutzung für die 1-Schritt Value-at-Risk Prognose entwickelt. Die 10-Schritt Prognose soll in den nächsten Abschnitten detaillierter dargestellt werden, wobei nicht nur die 10-Schritt Value-at-Risk Prognose auf

Grundlage der Normalverteilung, sondern auch 10-Schritt Prognosen basierend auf Simulationsverfahren vorgestellt werden. Außerdem werden die vorgestellten Varianten der multivariaten GARCH-Modelle zur Berechnung des Value-at-Risk in die neueren Ansätze einbezogen.

Durch diese konsequente Ausweitung auf die 10-Schritt Prognose und die multivariate Betrachtungsweise entstehen Ansätze, die eine Neuerung darstellen. Es wird die „Generalized Error Distribution“ zur Simulation der 10-Schritt Renditeverteilung bei unterstelltem GARCH-Modell genutzt (vgl. Abschnitt 4.2.2), eine Möglichkeit zur Verwendung der CAViaR-Modelle zur 10-Schritt Prognose aufgezeigt (vgl. Abschnitt 4.3.1), das CCC-Modell zur Ableitung der 10-Schritt Value-at-Risk Prognose mit Simulationsverfahren verwendet (vgl. Abschnitt 4.3.2), die Faktor-GARCH- und OGARCH-Modelle zur 1-Schritt und 10-Schritt Value-at-Risk Prognose in entsprechende Ansätze integriert (vgl. Abschnitt 4.2.1) und die Simulation der zukünftigen Renditeverteilung zur Value-at-Risk Prognose aus der historischen Renditezeitreihe mit Gewichtungsfaktoren vorgenommen (vgl. Abschnitt 4.1).

Die weiterentwickelten Ansätze liefern die Grundlage für die empirische Vergleichsstudie im fünften Kapitel. Damit ist ein umfassender Vergleich der konkurrierenden Value-at-Risk Ansätze möglich, der den Entscheidungsträgern in Finanzinstituten, Aufsichtsbehörden und Unternehmen jeglicher Art eine Abwägung zwischen Vor- und Nachteilen der einzelnen Ansätze ermöglicht. In diese Abwägung werden sowohl die vorhandenen Ansätze in der Praxis, als auch eine umfassende Auswahl von Ansätzen aus der aktuellen Forschung einbezogen. Damit kann insbesondere im Hinblick auf die Anforderungen der Basel II-Richtlinien aus einer Vielzahl interessanter Ansätze ausgewählt werden. Der für die jeweilige Unternehmenssituation geeignete Ansatz erfasst dabei wesentliche Aspekte der Finanzmarktzeitreihen.

4.1 Nicht-parametrische Ansätze

Das Ziel der nicht-parametrischen Ansätze ist es, den Value-at-Risk ohne Verteilungsannahme für die Renditezeitreihe zu berechnen. Die historische Simulation wurde als nicht-parametrischer Ansatz im Abschnitt 2.5.2 vorgestellt. Im Folgenden wird das Grundkonzept der historischen Simulation erweitert. Die Erweiterungen beruhen auf der Ermittlung des Quantils aus der historischen Renditezeitreihe. Dabei wird keine einheitliche Gewichtung der letzten n historischen Renditen vorgenommen, sondern es wird eine Gewichtungsstruktur verwendet, die den jeweiligen historischen Renditen mehr oder weniger Gewicht einräumt. Es seien $r_1, r_2, ..., r_n$ die letzten n historischen Renditen am aktuellen Rand der Zeitperiode n. Zu diesen historischen Renditen werden die Gewichtungsfaktoren ϵ_i $(i = 1, ..., n)$ zugeordnet

$$\begin{array}{c} r_1 \; r_2 \; ... \; r_{n-1} \; r_n \\ \epsilon_1 \; \epsilon_2 \; ... \; \epsilon_{n-1} \; \epsilon_n \end{array}.$$

Die Gewichtungsfaktoren sollten dabei die Bedingung $\sum_{i=1}^{n} \epsilon_i = 1$ einhalten. Für das Grundkonzept der historischen Simulation gilt: $\epsilon_i = \frac{1}{n}$, das heißt es werden die n historischen Renditen gleichgewichtet berücksichtigt.

Zur Durchführung der 1-Schritt Prognose mit Beachtung der Gewichtungsfaktoren kann als Ausgangspunkt die Ordnungsstatistik der n historischen Renditen gebildet werden

$$r_{(1)}, ..., r_{(n)}.$$

Die dazugehörigen Gewichtungsfaktoren ϵ_i werden zur Ermittlung des α-Quantils aufsummiert bis der Wert α erreicht ist. Das α-Quantil wird durch Interpolation der zwei relevanten Werte $r_{(l)}$ und $r_{(l+1)}$ berechnet (vgl. das Vorgehen in Abschnitt 2.5.2). Das beschriebene Vorgehen kann veranschaulicht werden, indem die empirische Verteilungsfunktion $\Psi(x)$ unter Berücksichtigung der Gewichtungsfaktoren ϵ_i mit der Indikatorfunktion I aufgestellt wird

$$\Psi(x) = \sum_{i=1}^{n} I(r_i \leq x)\epsilon_i.$$

Diese Funktion stellt eine Treppenfunktion dar, die bei den Werten r_i Sprünge in Höhe des jeweiligen Gewichtungsfaktors ϵ_i aufweist. Aus dem diskreten Verlauf der Treppenfunktion wird deutlich, dass die bereits angesprochene Interpolation zwischen zwei Renditen notwendig ist.

Da in der vorliegenden Arbeit die 10-Schritt Value-at-Risk Prognose für alle dargestellten Ansätze berechnet werden soll, wird statt der Summation der Gewichtungsfaktoren ein alternatives Vorgehen gewählt. Zur Berechnung des relevanten 1-Schritt und 10-Schritt Quantils wird auf Simulationsverfahren zurückgegriffen. Die Renditeverteilung wird durch Ziehen mit Zurücklegen unter Berücksichtigung der Gewichtungsfaktoren ϵ_i als Wahrscheinlichkeitsverteilung für die historische Renditezeitreihe simuliert. In der empirischen Anwendung wird die Funktion „sample" des Software-Pakets „R" genutzt. Die N gezogenen historischen Renditen seien mit $\tilde{r}_{j,n+1}$ $(j = 1, ..., N)$ bezeichnet. Zur Berechnung des interessierenden α-Quantils der simulierten Renditeverteilung $\tilde{r}_{j,n+1}$ wird die in Abschnitt 2.5.2 vorgestellte Schätzung des empiririschen Quantils $\hat{q}(\alpha)$ aus Gleichung 2.16 verwendet. Die 1-Schritt Prognose des Quantils ist damit

$$\hat{q}(\alpha)_{1|n} = \hat{q}(\alpha, \tilde{r}_{j,n+1}).$$

Zur Ermittlung der 10-Schritt Prognose kann in Analogie zu den Ausführungen des Abschnitts 2.5.2 vorgegangen werden. Der Unterschied liegt in der Berücksichtigung der Gewichtungsstruktur ϵ_i bei der Ziehung der historischen Renditen. Es werden N kumulierte 10-Schritt Renditen $\tilde{r}_{j,n+\mathbf{10}}$ gebildet. Dafür sind $10N$ Ziehungen aus der historischen Renditezeitreihe notwendig. Die kumulierten 10-Schritt Renditen resultieren aus der Summierung der gezogenen τ-Schritt Renditen (vgl. Gleichung 2.17)

$$\tilde{r}_{j,n+\mathbf{10}} = \sum_{\tau=1}^{10} \tilde{r}_{j,n+\tau}.$$

Aus diesen simulierten kumulierten 10-Schritt Renditen kann das empirische Quantil $\hat{q}(\alpha, \tilde{r}_{j,n+\mathbf{10}})$ berechnet werden (vgl. Gleichung 2.16), welches dann als 10-Schritt Prognose des Quantils $\hat{q}(\alpha)_{\mathbf{10}|n}$ der kumulierten Renditeverteilung verwendet wird.

Die Ermittlung des Value-at-Risk aus dem geschätzten Quantil erfolgt in gewohnter Weise (vgl. Gleichung 2.11)

$$\widehat{VaR}(\alpha)_{1|n} = p_n(1 - \exp(\hat{q}(\alpha)_{1|n}))$$

beziehungsweise

$$\widehat{VaR}(\alpha)_{\mathbf{10}|n} = p_n(1 - \exp(\hat{q}(\alpha)_{\mathbf{10}|n})).$$

Zur Wahl der Gewichtungsfaktoren ϵ_i kann auf die heuristische Vorgehensweise zurückgegriffen werden. Die Festlegung basiert dabei nicht auf Charakteristika der Renditezeitreihe, sondern es wird darauf abgezielt, die Renditen am aktuellen Rand stärker zu gewichten als die in der Historie weit zurückliegenden Renditen. In Analogie zur exponentiellen Glättung der Volatilität (vgl. Abschnitt 2.5.3) kann eine exponentielle Gewichtung der historischen Renditen vorgenommen werden. Eine Möglichkeit zur Ausgestaltung der Gewichtungsstruktur wurde von Boudoukh, Richardson und Whitelaw [21] vorgeschlagen

$$\epsilon_{n-l+1} = \frac{1-\lambda}{1-\lambda^n}\lambda^{l-1}, \qquad l = 1, ..., n.$$

Damit kann folgende Zuordnung zu den historischen Renditen vorgenommen werden

$$\begin{array}{ccccc} r_1 & r_2 & \dots & r_{n-1} & r_n \\ \frac{1-\lambda}{1-\lambda^n}\lambda^{n-1} & \frac{1-\lambda}{1-\lambda^n}\lambda^{n-2} & \dots & \frac{1-\lambda}{1-\lambda^n}\lambda & \frac{1-\lambda}{1-\lambda^n} \end{array}.$$

Der Glättungsparameter λ steuert den Verlauf der Gewichtungsstruktur. Boudoukh, Richardson und Whitelaw [21] setzten in ihrer Studie $\lambda = 0,97$ und $\lambda = 0,99$ als Parameter ein.

Für die Erweiterungen der historischen Simulation ist die Länge n der verwendeten historischen Renditezeitreihe entscheidend. Die Basel II-Richtlinien fordern eine Historie von mindestens einem Jahr (d.h. ca. 250 Handelstage). Bei der Verwendung von exponentiellen Gewichtungsstrukturen werden die weit zurückliegenden Renditen aufgrund des geringen Gewichts kaum noch berücksichtigt. Die Auslegung dieser Anforderung wird von den jeweiligen nationalen Aufsichtsbehörden vorgenommen und kann daher an dieser Stelle nicht weiter diskutiert werden.

Im Gegensatz zu heuristischen Gewichtungsstrukturen können auch Gewichtungsfaktoren gewählt werden, die sich direkt aus der historischen Renditezeitreihe ableiten lassen. Ein Kritikpunkt am Grundkonzept der historischen Simulation ist die fehlende explizite Modellierung der Volatilität. Daher ist ein denkbarer Ansatzpunkt, die Volatilität zu modellieren und diese Information in die Gewichtungsstrukturen einfließen zu lassen. Um dieses zu realisieren, können GARCH-Modelle angewendet werden.

Hierzu wird der Vorschlag von Hull und White [61] dargestellt. Die Autoren ermitteln keine Gewichtungsstruktur, sondern transformieren die ursprüngliche Renditezeitreihe. Es sei die Information Ω_n bis zum Zeitpunkt n gegeben. Durch Verwendung des GARCH-Modells wird die bedingte Varianz der Renditezeitreihe ermittelt (vgl. Abschnitt 3.1), wobei die Prognose für den Zeitpunkt $n+1$ mit der Information Ω_n berechnet werden kann. Daraus folgt die aktuellste 1-Schritt Prognose der bedingten Varianz $\hat{h}_{1|n}$. Für die n letzten Renditen wird eine Transformation genutzt, um die Modellierung der bedingten Varianz in die Value-at-Risk Berechnung zu integrieren. Es sei die modifizierte Renditezeitreihe mit r_i^* bezeichnet

$$r_i^* = \frac{\sqrt{\hat{h}_{1|n}}}{\sqrt{\hat{h}_i}} r_i, \qquad \text{für } i = 1, \ldots, n.$$

Die ursprüngliche Renditezeitreihe r_i wird durch Multiplikation mit einem Faktor transformiert. Dieser Faktor setzt die aktuelle 1-Schritt Prognose der bedingten Varianz ins Verhältnis zur geschätzten bedingten Varianz im Schätzzeitraum ($i = 1, \ldots, n$). Daraus resultiert die transformierte Renditezeitreihe r_i^* mit neuer Skalierung. Diese weist im Vergleich absolut größere Werte auf, wenn die geschätzte bedingte Varianz geringer ist als die letzte aktuelle Prognose der bedingten Varianz und umgekehrt. Diese transformierte Renditezeitreihe kann im

Rahmen der historischen Simulation berücksichtigt werden.

Es besteht auch die Möglichkeit, die geschätzte bedingte Varianz $\hat{h}_i$ $(i = 1, ..., n)$ als Gewichtungsstruktur zu verwenden: $\epsilon_i = \hat{h}_i$. Hierdurch wird erreicht, dass Phasen höherer Schwankungsbreite stärker bei der Berechnung der Value-at-Risk Prognosen berücksichtigt werden. Es ist zu erwarten, dass aus diesem Ansatz tendenziell höhere, das heißt konservativere 1-Schritt und 10-Schritt Prognosen resultieren.

Neben den in den Abschnitten 2.3.1 und 2.5.2 dargestellten inhaltlichen Kritikpunkten hinsichtlich der historischen Simulation ist anzumerken, dass die beiden dargestellten Vorgehen einen weiteren Schwachpunkt aufweisen. Die Grundlage der historischen Simulation beziehungsweise der Bootstrap-Verfahren ist die Annahme, dass die Renditen unabhängig und identisch verteilt (i.i.d.) sind. Die Modellierung der bedingten Varianz der Renditezeitreihe steht hierzu im Widerspruch. Die Vorgehensweise der Kombination der GARCH-Modelle mit Bootstrap-Verfahren weist große Ähnlichkeit mit dem in Abschnitt 4.3.2 dargestellten semi-parametrischen Ansatz auf. Da der semi-parametrische Ansatz die erwähnte Problematik der Anforderung der Unabhängigkeit besser löst, wird das hier vorgestellte Vorgehen der Transformation beziehungsweise Gewichtung mit der bedingten Varianz in der empirischen Vergleichsstudie nicht verwendet.

4.2 Parametrische Ansätze

Die parametrischen Ansätze zeichnen sich durch die explizite Modellierung der Volatilität kombiniert mit einer Verteilungsannahme für die Innovationen beziehungsweise Renditen aus. Das Vorgehen zur Ermittlung des interessierenden Quantils der Renditeverteilung erfolgt oftmals in zwei Schritten. Zunächst wird die Modellierung der Volatilität festgelegt. In Abschnitt 2.5.1 wurde die Schätzung der Volatilität als Standardabweichung der Renditezeitreihe im historischen Zeitfenster der Länge n vorgestellt. Das EWMA-Modell (Abschnitt 2.5.3) führte zur zeitveränderlichen Modellierung der Volatilität durch exponentielle Glättung der quadrierten Renditezeitreihe. Die Verallgemeinerung dieser Modellierung stellen die GARCH-Modelle dar (vgl. Kapitel 3). GARCH-Modelle sind in der Lage, die zeitveränderliche Dynamik der Volatilität zu beschreiben und dabei die diskutierten Schwächen des EWMA-Modells zu überwinden. In diesem Abschnitt sollen die GARCH-Modelle in das Konzept der Berechnung des Value-at-Risk integriert werden, um alternative Ansätze zur Implementierung in der Praxis anbieten zu können.

Der Kernpunkt der Integration der GARCH-Modelle zur Berechnung des Value-at-Risk sind geeignete Verteilungsannahmen. Zur Schätzung des GARCH-Modells wird die Normalverteilungsannahme verwendet, da diese Vorgehensweise zu konsistenten und asymptotisch normalverteilten Parameterschätzungen führt. Bei Abweichungen der Finanzmarktzeitreihe von der Normalverteilung sind die Schätzer allerdings nicht mehr asymptotisch effizient (vgl. Abschnitt 3.1.2).

Die Analyse der geschätzten standardisierten Residuen $\hat{v}_i$ kann ergeben, dass die Annahme der Normalverteilung in Frage zu stellen ist. Um gegebenenfalls eine geringere oder höhere Kurtosis in die Value-at-Risk Berechnung einzubeziehen, kann eine alternative symmetrische Verteilung für die geschätzten standardisierten Residuen $\hat{v}_i$ angenommen werden. Eine flexible Alternative zur Normalverteilung ist die Generalized Error Distribution (GED), welche die Normalverteilung als Spezialfall enthält.

Allerdings kann auch die GED-Verteilung aufgrund von Asymmetrien in Frage gestellt werden. Möglicherweise kann eine asymmetrische Verteilung geeigneter sein. Der Versuch die empirische Verteilung auf das Genaueste zu beschreiben, kann in einen infiniten Regress führen. Eine exakte Modellierung ist nicht möglich. Zur Lösung dieser Problematik kann auf das verteilungsfreie Bootstrap-Verfahren zurückgegriffen werden, indem die empirische Verteilung der geschätzten Residuen $\hat{v}_i$ direkt zur Berechnung des Value-at-Risk genutzt wird.

Im Folgenden wird die Berechnung des Value-at-Risk auf Basis der Normalverteilung und der GED-Verteilung dargestellt. Das Bootstrap-Verfahren wird oftmals wegen der fehlenden expliziten Verteilungsannahme den semi-parametrischen Ansätzen zugerechnet und daher im Abschnitt 4.3.2 behandelt. Im fünften Kapitel werden die drei alternativen Vorgehensweisen in der empirischen Studie verglichen.

Die Berechnung der 1-Schritt Value-at-Risk Prognosen ist aufgrund der Annahme der Normalverteilung oder der GED-Verteilung leicht zu ermitteln, da die analytische Herleitung der 1-Schritt Renditeverteilung $\mathcal{D}$ durch das GARCH-Modell gegeben ist: $u_{n+1}|\Omega_n \sim \mathcal{D}(0, h_{n+1})$. Die detaillierte Darstellung der Ermittlung der 1-Schritt Value-at-Risk Prognosen folgt in den Abschnitten 4.2.1 und 4.2.2.

Die Herleitung der kumulierten 10-Schritt Renditeverteilung gestaltet sich komplexer, da im GARCH-Modell nur die Verteilung der nächsten Zeitperiode $n + 1$ basierend auf der aktuellen Zeitperiode n angegeben werden kann.

Die Verteilung der benötigten kumulierten 10-Schritt Renditezeitreihe kann durch restriktive Annahmen (z.B. Normalverteilung) oder Simulationen ermittelt werden. In der vorliegenden Arbeit werden die Alternativen gegenübergestellt, das heißt Durchführung der 10-Schritt Value-at-Risk Prognosen sowohl auf Grundlage restriktiver Annahmen als auch auf Grundlage simulierter τ-Schritt Renditeverteilungen.

Es werden im Folgenden die Alternativen zur Berechnung des 10-Schritt Value-at-Risk diskutiert. Die einfachste aber auch restriktivste Vorgehensweise zur Ermittlung des τ-Schritt Value-at-Risk ist die EWMA-Modellierung (vgl. Abschnitt 2.5.3). Durch die Struktur des EWMA-Modells und der Normalverteilungsannahme ergibt sich die folgende Darstellung

$$\frac{r_{n+\tau}}{\sqrt{\tau}\sqrt{\hat{h}_{1|n}}} \sim \mathcal{N}(0,1).$$

Zur Ermittlung des Quantils und des zugehörigen Value-at-Risk reicht demnach die Berechnung der 1-Schritt Prognose der bedingten Varianz $\hat{h}_{1|n}$. Bei Anwendung der GARCH-Modelle zur Prognose der bedingten Varianz kann auch auf die Normalverteilungsannahme zurückgegriffen

$$\frac{(r_{n+\tau} - \hat{\mu}_{\tau|n})}{\sqrt{\hat{h}_{\tau|n}}} \sim \mathcal{N}(0,1)$$

oder auch eine beliebige Verteilung $\mathcal{D}$ verwendet werden

$$\frac{(r_{n+\tau} - \hat{\mu}_{\tau|n})}{\sqrt{\hat{h}_{\tau|n}}} \sim \mathcal{D}(0,1,...).$$

Bei diesen Alternativen ist zu beachten, dass die Annahmen über die kumulierte τ-Schritt Renditeverteilung auch auf die multivariate Betrachtungsweise eines Portfolios angewendet werden können. Hierbei ergeben sich der prognostizierte kumulierte τ-Schritt Erwartungswert $\hat{\mu}_{\tau|n}$ und die prognostizierte kumulierte bedingte Varianz $\hat{h}_{\tau|n}$ aus der Multiplikation des geschätzten Vektors der Erwartungswerte $\hat{\boldsymbol{\mu}}_{\tau|n}$ beziehungsweise der geschätzten Varianz-Kovarianz-Matrix $\hat{\mathbf{H}}_{\tau|n}$ mit den Gewichtungsfaktoren $\boldsymbol{\omega}$

$$\hat{\mu}_{\tau|n} = \boldsymbol{\omega}'\hat{\boldsymbol{\mu}}_{\tau|n} \text{ bzw. } \hat{h}_{\tau|n} = \boldsymbol{\omega}'\hat{\mathbf{H}}_{\tau|n}\boldsymbol{\omega}.$$

Generell muss berücksichtigt werden, dass die Annahme einer Verteilung für die kumulierte 10-Schritt Rendite zu erheblichen Fehleinschätzungen hinsichtlich des 10-Schritt Value-at-Risk führen kann. Beispielsweise ist damit zu rechnen, dass die kumulierte empirische 10-Schritt Renditeverteilung eine höhere Kurtosis (vgl. Gleichung 2.4) als die Normalverteilung aufweist. Bei der Berechnung des Value-at-Risk kann es daher zu einer Unterschätzung der tatsächlichen Risikosituation kommen.

Um dieses Problem zu vermeiden, bietet sich die weitaus realistischere Simulation der Renditeverteilung an. Die Grundidee zur Simulation der Verteilung mit GARCH-Modellen wurde von Barone-Adesi, Giannopoulos und Vosper [10] formuliert. Im Rahmen der parametrischen Ansätze wird zur Simulation eine Annahme bezüglich der Verteilung der standardisierten Residuen v_i erforderlich. Allgemein gehalten wird diese Verteilungsannahme durch $\mathcal{D}(0, 1, ...)$ spezifiziert. Es wird das GARCH(1,1)-Modell (vgl. Abschnitt 3.1) mit einer Konstanten in der Mittelwertgleichung zur Anwendung der Simulation unterstellt

$$r_{n+1} = \mu + \sqrt{h_{n+1}} v_{n+1}, \qquad v_{n+1} \sim \text{i.i.d. } \mathcal{D}(0, 1, ...),$$

$$h_{n+1} = \alpha_0 + \alpha_1 u_n^2 + \beta_1 h_n.$$

Die Verteilung der v_i kann beispielsweise als Normalverteilung oder als GED-Verteilung angenommen werden. Die bedingte Varianz h_{n+1} ist im Informationsstand Ω_n enthalten. Als Ausgangspunkt für die Simulation werden demnach die geschätzten Parameter $\hat{\mu}$, $\hat{\alpha_0}$, $\hat{\alpha_1}$, $\hat{\beta_1}$ und die geschätzte 1-Schritt Prognose der bedingten Varianz $\hat{h}_{1|n}$ verwendet. Die weitere Simulation der 10-Schritt Renditeverteilung folgt einem rekursiven Aufbau. Es wird in jedem Schritt der Informationsstand der nächsten Zeitperiode $\Omega_{n+\tau}$ ($\tau = 1, 2, ..., 10$) simuliert. Daher werden die simulierten bedingten Varianzen und die resultierenden Renditen durchgängig mit dem Index $n + \tau$ dargestellt. Der Kernpunkt dieses Vorgehens ist die Simulation der standardisierten Residuen $v_{n+\tau}$ durch das Erzeugen von Zufallszahlen der gewählten Verteilung $\mathcal{D}(0, 1, ...)$ durch ein Software-Paket, beispielsweise R, S-Plus oder EViews

$$\tilde{v}_{j,n+1}, \qquad j = 1, 2, ..., N,$$

wobei N die Anzahl der Simulationsläufe (z.B. $N = 10000$) angibt. Die Simulation der 1-Schritt Rendite $\tilde{r}_{j,n+1}$ folgt mit der Prognose der bedingten Varianz $\hat{h}_{1|n}$ und der gezogenen Zufallszahl $\tilde{v}_{j,n+1}$

$$\tilde{r}_{j,n+1} = \hat{\mu} + \sqrt{\hat{h}_{1|n}} \tilde{v}_{j,n+1}.$$

Gleichzeitig kann mit $\tilde{v}_{j,n+1}$ die bedingte Varianz in $n + 2$ simuliert werden

$$\tilde{h}_{j,n+2} = \hat{\alpha_0} + \hat{\alpha_1} \left(\sqrt{\hat{h}_{1|n}} \tilde{v}_{j,n+1} \right)^2 + \hat{\beta_1} \hat{h}_{1|n}.$$

Daraufhin folgt das Ziehen der nächsten Zufallszahlen für die Zeitperiode $n+2$

$$\tilde{v}_{j,n+2}, \qquad j = 1, 2, ..., N.$$

Mit diesen Zufallszahlen kann die 2-Schritt Rendite

$$\tilde{r}_{j,n+2} = \hat{\mu} + \sqrt{\tilde{h}_{j,n+2}}\tilde{v}_{j,n+2}$$

und die bedingte Varianz in $n+3$

$$\tilde{h}_{j,n+3} = \hat{\alpha_0} + \hat{\alpha_1}\left(\sqrt{\tilde{h}_{j,n+2}}\tilde{v}_{j,n+2}\right)^2 + \hat{\beta}_1\tilde{h}_{j,n+2}$$

simuliert werden. Dieses Vorgehen wird solange fortgesetzt, bis die Rendite $\tilde{r}_{j,n+10}$ erreicht ist. Die interessierende Verteilung der kumulierten 10-Schritt Rendite kann über Summation erreicht werden (vgl. Gleichung 2.9)

$$\tilde{r}_{j,\mathbf{n+10}} = \sum_{\tau=1}^{10} \tilde{r}_{j,n+\tau}, \qquad j = 1, 2, ..., N.$$

Die Berechnung des Quantils der kumulierten 10-Schritt Rendite resultiert dann mit Hilfe des geschätzten empirischen Quantils $\hat{q}(\alpha)$ der N simulierten Renditen $\tilde{r}_{j,\mathbf{n+10}}$ (vgl. Gleichung 2.16)

$$\hat{q}(\alpha)_{\mathbf{10}|n} = \hat{q}(\alpha, \tilde{r}_{j,\mathbf{n+10}}).$$

Der Value-at-Risk des Portfolios für die 10-Schritt Zeitperiode folgt mit (vgl. Gleichung 2.11)

$$\widehat{VaR}(\alpha)_{\mathbf{10}|n} = p_n(1 - \exp(\hat{q}(\alpha)_{\mathbf{10}|n})).$$

In den nächsten beiden Abschnitten wird die Bedeutung der Verteilungsannahmen für die standardisierten Residuen v_i und die kumulierte 10-Schritt Renditeverteilung detaillierter aufgearbeitet. Hierbei wird zunächst die Normalverteilungsannahme dargestellt. Im Anschluss wird die Generalized Error Distribution vorgestellt, die eine Verallgemeinerung der Normalverteilung ist. Die höhere Flexibilität dieser Verteilung wird durch einen zusätzlichen Parameter erreicht, der die Gestalt der Verteilung steuert. Hierdurch können beispielsweise Verteilungen mit unterschiedlicher Kurtosis modelliert werden. Die Normalverteilung ist für einen definierten Wert des zusätzlichen Parameters als Spezialfall enthalten.

4.2.1 GARCH-Modellierung mit Normalverteilungsannahme

Die Normalverteilungsannahme wird auch bei Value-at-Risk Prognosen häufig getroffen (vgl. Brooks/Persand [23]). Dabei muss im Zusammenhang mit GARCH-Modellen genau unterschieden werden, welche Verteilung mit der Normalverteilung modelliert wird. Bei der Verwendung der GARCH-Modelle zur Modellierung der zeitveränderlichen Volatilität wird in der Regel die Normalverteilungsannahme für die standardisierten Residuen v_i getroffen. Unter dieser Annahme werden die Parameter der gewählten Modellierung geschätzt, wobei die Konsistenz und asymptotische Normalverteilung der geschätzten Parameter gesichert ist. Allerdings ist die asymptotische Effizienz des Schätzers bei Abweichungen von der Normalverteilung nicht gewährleistet.

Auf Grundlage der Normalverteilungsannahme ist die Ermittlung des 1-Schritt Value-at-Risk problemlos. Das GARCH-Modell mit einer Konstanten zur Beschreibung des Mittelwerts der Renditezeitreihe und der Normalverteilungsannahme für die standardisierten Residuen weist folgende Struktur auf

$$r_{n+1} = \mu + \sqrt{h_{n+1}} v_{n+1}, \qquad v_{n+1} \sim \text{i.i.d. } \mathcal{N}(0,1).$$

Die bedingte 1-Schritt Verteilung der Renditen ist mit

$$r_{n+1} | \Omega_n \sim \mathcal{N}(\mu, h_{n+1})$$

gegeben. Damit ist die 1-Schritt Value-at-Risk Prognose

$$\widehat{VaR}(\alpha)_{1|n} = p_n \left(1 - \exp\left(\hat{\mu}_{1|n} + z_\alpha \sqrt{\hat{h}_{1|n}}\right)\right),$$

wobei z_α das α-Quantil der Standardnormalverteilung ist.

Die bisherigen Ausführungen bezogen sich auf die Verteilungsannahme hinsichtlich der standardisierten Residuen. Davon zu unterscheiden ist die Verteilungsannahme für die kumulierte 10-Schritt Renditeverteilung. Diese Verteilung ist im Rahmen der GARCH-Modelle nicht gegeben, da wie schon dargestellt, die GARCH-Modelle nur die bedingte Verteilung der 1-Schritt Prognose vorgeben. Obwohl bekannt ist, dass auf Grundlage der GARCH-Modellierung der bedingten Varianz eine τ-Schritt Renditeverteilung resultiert, die unter Umständen von der Normalverteilung abweichen kann und in der Regel eine höhere Kurtosis aufweist, wird in empirischen Studien dennoch auf die Annahme der Normalverteilung für die kumulierte 10-Schritt Renditeverteilung zurückgegriffen (vgl. Brooks/Persand [23]). Um diesen Sachverhalt zu berücksichtigen, wird auch in der vorliegenden Arbeit die Normalverteilungsannahme der kumulierten 10-Schritt Renditeverteilung verwendet

$$\frac{(r_{n+\tau} - \hat{\mu}_{\tau|n})}{\sqrt{\hat{h}_{\tau|n}}} \sim \mathcal{N}(0,1),$$

um in der empirischen Vergleichsstudie im fünften Kapitel diese Vorgehensweise mit den anderen Alternativen zu vergleichen. Diese Annahme kann aus Sicht der Finanzinstitute zur Berechnung der Eigenkapitalanforderung (vgl. Abschnitt 2.4.3) durchaus Sinn machen, da zwar die Gefahr besteht, Risiken zu unterschätzen, jedoch gleichzeitig eine geringe Eigenkapitalanforderung resultiert. Diese Abwägung wird im fünften Kapitel genauer erörtert. Der 10-Schritt Value-at-Risk wird in diesem Ansatz wie folgt berechnet

$$\widehat{VaR}(\alpha)_{\tau|n} = p_n \left(1 - \exp\left(\hat{\mu}_{\tau|n} + z_\alpha \sqrt{\hat{h}_{\tau|n}}\right)\right).$$

Zur Spezifikation der Prognose der bedingten Varianz $\hat{h}_{\tau|n}$ kann auf die Ausführungen in Abschnitt 3.1.3 zurückgegriffen werden. In der Regel wird in der empirischen Vergleichsstudie im fünften Kapitel das GARCH(1,1)-Modell mit einer Konstanten zur Beschreibung des Mittelwerts der Renditezeitreihe verwendet. In einem Ansatz soll jedoch das AR(1)-GARCH(1,1)-Modell in Kombination mit der Normalverteilungsannahme für die kumulierte 10-Schritt Renditeverteilung verwendet werden. Hierbei verkompliziert sich die Darstellung der Prognose der kumulierten bedingten Varianz der Renditezeitreihe (vgl. Abschnitt 3.1.3), sodass für diesen Ansatz in der empirischen Vergleichsstudie die korrekte Prognose

$$\hat{V}(r_{n+\tau}|\Omega_n) = \sum_{j=1}^{\tau} \left(\sum_{k=1}^{\tau-j+1} \hat{\phi}^{k-1} \right)^2 \hat{h}_{j|n}$$

statt $\hat{h}_{\tau|n}$ verwendet wird.

Als Alternative kann die kumulierte 10-Schritt Renditeverteilung simuliert werden. Bei der Simulation der Renditeverteilung ist die Verteilungsannahme der standardisierten Residuen von entscheidender Bedeutung. Dabei kann die Normalverteilung verwendet werden: $v_i \sim$ i.i.d. $\mathcal{N}(0,1)$. Die Simulation wird mit dieser Annahme nach dem im vorangegangenen Abschnitt 4.2 vorgestellten Schema durchgeführt. Dabei weicht die resultierende kumulierte 10-Schritt Renditeverteilung in der Regel von der Normalverteilung ab. Die Annahmen der Simulation sind dabei weniger restriktiv, da die Wirkung der zeitveränderlichen bedingten Varianz auf die resultierenden τ-Schritt Renditeverteilungen in der Simulation beachtet wird. Auf Grundlage dieser Vorgehensweise sollten realistischere 10-Schritt Value-at-Risk Prognosen resultieren.

Die vorgestellten Ansätze lassen sich auch auf die multivariate Betrachtungsweise übertragen. Durch diese Möglichkeit können die in Abschnitt 3.2 vorgestellten multivariaten GARCH-Modelle zur Beschreibung der Volatilität und Interdependenz der Portfoliobestandteile genutzt werden. Damit kann überprüft werden, ob die zusätzliche Information der multivariaten Betrachtung Vorteile bei der Berechnung des Value-at-Risk im Vergleich zur Reduzierung des Problems auf die univariate Betrachtung der Portfoliorendite erbringt. Zur Berücksichtigung dieser Fragestellung kann die Annahme der univariaten Normalverteilung auf die Annahme der multivariaten Normalverteilung des Vektors der standardisierten Residuen erweitert werden

$$\mathbf{v}_i \sim \text{i.i.d. } \mathcal{N}_m(\mathbf{0}, \mathbf{I}),$$

wobei m die Anzahl der Portfoliobestandteile darstellt. Bei Modellierung der Renditezeitreihen durch eine Konstante

$$\mathbf{r}_{n+1} = \boldsymbol{\mu} + \mathbf{u}_{n+1}$$

und der Annahme eines multivariaten GARCH-Modells

$$\mathbf{u}_{n+1}|\Omega_n \sim \mathcal{N}_m(\mathbf{0}, \mathbf{H}_{n+1})$$

resultiert die bedingte multivariate Normalverteilung des 1-Schritt Renditevektors

$$\mathbf{r}_{n+1}|\Omega_n \sim \mathcal{N}_m(\boldsymbol{\mu}, \mathbf{H}_{n+1}).$$

Dabei kann die bedingte Varianz-Kovarianz-Matrix $\mathbf{H}_i$ durch unterschiedliche multivariate GARCH-Modelle dargestellt werden. Es wird sowohl beim Faktor-GARCH oder OGARCH als auch beim CCC-Modell oder dem DCC-Modell auf die univariaten GARCH-Modelle zurückgegriffen, sodass die Komplexität der Modellierung begrenzt bleibt (vgl. Abschnitt 3.2). Durch die Integration der genannten multivariaten GARCH-Modelle zur Value-at-Risk Prognose ergeben sich neue Varianten, die in die empirische Vergleichsstudie einbezogen werden, um die Vor- und Nachteile der neueren Ansätze in der empirischen Anwendung herauszuarbeiten.

Bei der Annahme der multivariaten Normalverteilung ergibt sich für die univariate Portfoliorendite unter Berücksichtigung der Gewichtungsfaktoren $\boldsymbol{\omega}$ die univariate Normalverteilung

$$r_{n+1}|\Omega_n \sim \mathcal{N}(\boldsymbol{\omega}'\boldsymbol{\mu}, \boldsymbol{\omega}'\mathbf{H}_{n+1}\boldsymbol{\omega})$$

beziehungsweise

$$r_{n+1}|\Omega_n \sim \mathcal{N}(\mu, h_{n+1}).$$

Für die 1-Schritt Value-at-Risk Prognose folgt in Analogie zur univariaten Betrachtung

$$\widehat{VaR}(\alpha)_{1|n} = p_n \left(1 - \exp\left(\hat{\mu}_{1|n} + z_\alpha \sqrt{\hat{h}_{1|n}}\right)\right),$$

wobei der bedingte Erwartungswert und die bedingte Varianz des Portfolios aus der multivariaten Modellierung errechnet werden

$$\hat{\mu}_{1|n} = \boldsymbol{\omega}' \hat{\boldsymbol{\mu}}_{1|n} \text{ bzw. } \hat{h}_{1|n} = \boldsymbol{\omega}' \hat{\mathbf{H}}_{1|n} \boldsymbol{\omega}.$$

Die Ausführungen zur univariaten Vorgehensweise lassen sich auf die Berechnung des 10-Schritt Value-at-Risk aus der multivariaten Betrachtungsweise übertragen. Es ergeben sich wiederum zwei Möglichkeiten zur Ermittlung des 10-Schritt Value-at-Risk. Entweder kann die restriktive Annahme der multivariaten Normalverteilung der kumulierten 10-Schritt Renditeverteilung getroffen werden oder die resultierende Renditeverteilung wird auf Grundlage der multivariaten Normalverteilung der standardisierten Residuen $\mathbf{v}_i \sim$ i.i.d. $\mathcal{N}_m(\mathbf{0}, \mathbf{I})$ simuliert.

Zunächst soll die Annahme der multivariaten Normalverteilung der kumulierten 10-Schritt Renditeverteilung dargestellt werden. Diese Annahme kann wie folgt formalisiert werden

$$\hat{\mathbf{H}}_{\mathbf{10}|n}^{-\frac{1}{2}} \left(\mathbf{r}_{n+10} - \hat{\boldsymbol{\mu}}_{\mathbf{10}|n}\right) \sim \mathcal{N}_m(\mathbf{0}, \mathbf{I}).$$

Die Spezifikation der bedingten Varianz-Kovarianz-Matrix $\hat{\mathbf{H}}_{\mathbf{10}|n}$ erfolgt dabei anhand der Herleitungen in Abschnitt 3.2. Beispielsweise können das OGARCH- oder das Faktor-GARCH-Modell zur Beschreibung der Interdependenz einbezogen werden.

Dabei ist unbedingt zu beachten, dass die kumulierte bedingte Varianz-Kovarianz-Matrix verwendet wird, die sich aus der Summation der τ-Schritt Prognosen der bedingten Varianz-Kovarianz-Matrix ergibt

$$\hat{\mathbf{H}}_{\mathbf{10}|n} = \sum_{\tau=1}^{10} \hat{\mathbf{H}}_{\tau|n}.$$

Diese Summation ist unter der Bedingung gerechtfertigt, dass die Modellierung des Renditeprozesses $\mathbf{r}_i$ keine autoregressiven Terme aufweist. Die Prognose des kumulierten 10-Schritt Vektors der Erwartungswerte kann durch Multiplikation des 1-Schritt Vektors der Erwartungswerte erzielt werden

$$\hat{\boldsymbol{\mu}}_{\mathbf{10}|n} = 10\hat{\boldsymbol{\mu}}_{\mathbf{1}|n}.$$

Die multivariate Verteilungsannahme lässt sich aufgrund der multivariaten Normalverteilung auf die univariate Darstellung mit Hilfe der Gewichtungsfaktoren $\boldsymbol{\omega}$ reduzieren

$$\frac{(r_{n+\mathbf{10}} - \hat{\mu}_{\mathbf{10}|n})}{\sqrt{\hat{h}_{\mathbf{10}|n}}} \sim \mathcal{N}(0,1)$$

mit

$$\hat{\mu}_{\mathbf{10}|n} = \boldsymbol{\omega}'\hat{\boldsymbol{\mu}}_{\mathbf{10}|n} \text{ bzw. } \hat{h}_{\mathbf{10}|n} = \boldsymbol{\omega}'\hat{\mathbf{H}}_{\mathbf{10}|n}\boldsymbol{\omega}.$$

Durch die multivariate Betrachtungsweise erhöht sich die Komplexität der Berechnung des Value-at-Risk, jedoch wird die zur Verfügung stehende Information bezüglich der Portfoliobestandteile berücksichtigt. Damit kann die Interdependenz der Renditezeitreihen in die Prognose einbezogen werden. In der empirischen Vergleichsstudie soll die univariate Portfoliobetrachtung mit der multivariaten Herangehensweise verglichen werden.

Die Simulation der τ-Schritt Renditeverteilung in der multivariaten Problemstellung beruht auf der multivariaten Normalverteilung der standardisierten Residuen. Für die multivariate Renditezeitreihe wird wiederum ein Vektor mit Konstanten $\boldsymbol{\mu}$ als Vektor der Erwartungswerte unterstellt

$$\mathbf{r}_i = \boldsymbol{\mu} + \mathbf{u}_i.$$

Die Innovationen lassen sich multivariat wie folgt spezifizieren

$$\mathbf{u}_i = \mathbf{H}_i^{\frac{1}{2}}\mathbf{v}_i \qquad \text{mit } \mathbf{v}_i \sim \text{i.i.d. } \mathcal{N}_m(\mathbf{0}, \mathbf{I}),$$

wobei $\mathbf{H}_i^{\frac{1}{2}}$ die Quadratwurzelzerlegung der bedingten Varianz-Kovarianz-Matrix darstellt

$$\mathbf{H}_i^{\frac{1}{2}} = \boldsymbol{\Gamma}_i\boldsymbol{\Lambda}_i^{\frac{1}{2}}\boldsymbol{\Gamma}_i'$$

mit der Matrix der Eigenvektoren $\boldsymbol{\Gamma}_i$ und der Matrix der Eigenwerte $\boldsymbol{\Lambda}_i$. Alternativ kann die Cholesky-Zerlegung zur Ermittlung der Matrix $\mathbf{H}_i^{\frac{1}{2}}$ verwendet werden.

Aus der Spezifikation des Modells folgt die bedingte multivariate Normalverteilung des Vektors der Innovationen

$$\mathbf{u}_i|\Omega_{i-1} \sim \mathcal{N}_m(\mathbf{0}, \mathbf{H}_i),$$

aufgrund der Aussage

$$E(\mathbf{u}_i\mathbf{u}_i'|\Omega_{i-1}) = E\left(\mathbf{H}_i^{\frac{1}{2}}\mathbf{v}_i\mathbf{v}_i'\left[\mathbf{H}_i^{\frac{1}{2}}\right]'|\Omega_{i-1}\right) = \mathbf{H}_i,$$

wobei die Regel für symmetrische positiv-definite Matrizen $\mathbf{A} = \mathbf{A}^{\frac{1}{2}}\mathbf{A}^{\frac{1}{2}}$ genutzt wird.

Mit dem Zufallsvektor $\tilde{\mathbf{v}}_{j,n+1} \sim$ i.i.d. $\mathcal{N}_m(\mathbf{0}, \mathbf{I})$ der multivariaten Normalverteilung und N Simulationen ($j = 1, 2, ..., N$) kann der 1-Schritt Renditevektor ermittelt werden

$$\tilde{\mathbf{r}}_{j,n+1} = \hat{\boldsymbol{\mu}} + \hat{\mathbf{H}}_{1|n}^{\frac{1}{2}}\tilde{\mathbf{v}}_{j,n+1}.$$

Die bedingte Varianz-Kovarianz-Matrix $\hat{\mathbf{H}}_{1|n}$ ist je nach Wahl des multivariaten GARCH-Modells in Abhängigkeit der geschätzten Innovationen der Vorperiode $\hat{\mathbf{u}}_n$, der geschätzten bedingten Varianz-Kovarianz-Matrix der Vorperiode $\hat{\mathbf{H}}_n$ und dem geschätzten Parametervektor $\hat{\boldsymbol{\phi}}$ spezifiziert (vgl. Abschnitt 3.2.3)

$$\hat{\mathbf{H}}_{1|n} = f(\hat{\mathbf{u}}_n, \hat{\mathbf{H}}_n, \hat{\boldsymbol{\phi}}).$$

Durch den rekursiven Aufbau der GARCH-Modelle lässt sich die Prognose der bedingten Varianz-Kovarianz-Matrix jeweils aus dem Kenntnisstand der Vorperiode herleiten. Die 2-Schritt Prognose der bedingten Varianz-Kovarianz-Matrix folgt als Funktion der bereits simulierten Innovationen $\tilde{\mathbf{u}}_{j,n+1}$

$$\tilde{\mathbf{u}}_{j,n+1} = \hat{\mathbf{H}}_{1|n}^{\frac{1}{2}}\tilde{\mathbf{v}}_{j,n+1},$$

der 1-Schritt Prognose der bedingten Varianz-Kovarianz-Matrix $\hat{\mathbf{H}}_{1|n}$ und der geschätzten Parameter $\hat{\boldsymbol{\phi}}$

$$\tilde{\mathbf{H}}_{j,n+2} = f(\tilde{\mathbf{u}}_{j,n+1}, \hat{\mathbf{H}}_{1|n}, \hat{\boldsymbol{\phi}}).$$

Mit dem neuen Zufallsvektor $\tilde{\mathbf{v}}_{j,n+2}$ kann der 2-Schritt Renditevektor gebildet werden

$$\tilde{\mathbf{r}}_{j,n+2} = \hat{\boldsymbol{\mu}} + \tilde{\mathbf{H}}_{j,n+2}^{\frac{1}{2}}\tilde{\mathbf{v}}_{j,n+2}.$$

Dieser Vorgang wird solange fortgesetzt, bis die multivariate 10-Schritt Renditeverteilung simuliert ist. Die kumulierte Renditeverteilung ist

$$\tilde{\mathbf{r}}_{j,n+10} = \sum_{\tau=1}^{10} \tilde{\mathbf{r}}_{j,n+\tau}.$$

Diese multivariate Renditeverteilung wird anschließend durch die Multiplikation mit den Gewichtungsfaktoren ω zur simulierten Renditeverteilung des Portfolios aggregiert

$$\tilde{r}_{j,n+10} = \omega' \tilde{\mathbf{r}}_{j,n+10}.$$

Damit kann das Quantil der simulierten Renditeverteilung $\tilde{r}_{j,n+10}$ mit der Schätzung des empirischen Quantils $\hat{q}(\alpha)$ ermittelt werden (vgl. Gleichung 2.16)

$$\hat{q}(\alpha)_{10|n} = \hat{q}(\alpha, \tilde{r}_{j,n+10}).$$

Die 10-Schritt Value-at-Risk Prognose für das Portfolio ist

$$\widehat{VaR}(\alpha)_{10|n} = p_n(1 - \exp(\hat{q}(\alpha)_{10|n})).$$

4.2.2 GARCH-Modellierung mit GED-Verteilung

Die geschätzten standardisierten Residuen $\hat{v}_i$ können von der getroffenen Normalverteilungsannahme abweichen. Bei der Berechnung der Value-at-Risk Prognosen kann es aufgrund einer falschen Verteilungsannahme zu einer signifikanten Unter- oder Überschätzung des Risikos kommen. Insbesondere die Kurtosis (vgl. Gleichung 2.4) der standardisierten Residuen spielt eine entscheidende Rolle. Falls mit einer höheren Kurtosis im Vergleich zur Normalverteilung zu rechnen ist, sollte dieses berücksichtigt werden. Daher werden in der vorliegenden Arbeit Ansätze unter Einbeziehung der Generalized Error Distribution (GED) entwickelt. Die Generalized Error Distribution ist eine verallgemeinerte symmetrische Verteilung. Die GED-Verteilung erhält größere Flexibilität durch einen zusätzlichen Parameter, der die Kurtosis der Verteilung beeinflusst. Damit lassen sich Abweichungen von der Normalverteilung abbilden. Bei Anpassung der GED-Verteilung an die geschätzten standardisierten Residuen kann sowohl eine hohe Kurtosis als auch eine geringe Kurtosis modelliert werden. Damit reagiert die Verteilung flexibel auf die Charakteristika der Renditezeitreihe. Die Integration dieser Flexibilität in die Value-at-Risk Berechnung sollte somit zu realistischeren Abschätzungen des Marktrisikos führen.

Die Generalized Error Distribution wurde im Zusammenhang mit GARCH-Modellen von Nelson [87] vorgeschlagen. Die folgende Darstellung gibt die allgemeine Form der Dichte der GED(a, b^2, ν)-Verteilung an (vgl. Johnson et al. [63], S. 195)

$$f(x) = \left[2^{\frac{1}{\nu}+1}\Gamma(\frac{1}{\nu}+1)\right]^{-1} \zeta^{-1} \exp\left[-\frac{1}{2}\left|\frac{x-a}{\zeta}\right|^{\nu}\right]. \tag{4.1}$$

Der Erwartungswert der Variablen X ist $E(X) = a$ und die Varianz b^2 lautet

$$b^2 = \frac{2^{\frac{2}{\nu}}\Gamma(\frac{3}{\nu})}{\Gamma(\frac{1}{\nu})}\zeta^2,$$

wobei gilt: $\nu, \zeta > 0$. Für $\nu = 1$ resultiert die Laplace-Verteilung als Spezialfall, für $\nu = 2$ die Normalverteilung und für $\nu \to \infty$ die Rechteck-Verteilung. Die theoretische Kurtosis K der GED-Verteilung (vgl. Gleichung 2.4) ist

$$K = \frac{\Gamma(\frac{5}{\nu})\Gamma(\frac{1}{\nu})}{\left[\Gamma(\frac{3}{\nu})\right]^2}. \tag{4.2}$$

Daraus folgt zusammenfassend, dass für $\nu < 2$ eine höhere Kurtosis verglichen mit der Normalverteilung beziehungsweise für $\nu > 2$ eine geringere Kurtosis gilt (vgl. Hamilton [55], S. 669).

Da die standardisierten Residuen v_i der GARCH-Modellierung folgend einen Erwartungswert von Null und eine Varianz von Eins aufweisen, wird zunächst eine normierte Version der GED-Verteilung hergeleitet. Die normierte Dichte kann durch die Festlegung der Parameter $a = 0$ und $b^2 = 1$ ermittelt werden. Damit folgt die normierte Darstellung der GED-Verteilung

$$f(x) = \frac{\nu \exp\left[-\frac{1}{2}\left|\frac{x}{\zeta}\right|^{\nu}\right]}{\zeta 2^{(1+\nu)/\nu}\Gamma(\frac{1}{\nu})} \tag{4.3}$$

mit

$$\zeta = \left[\frac{2^{-2/\nu}\Gamma(\frac{1}{\nu})}{\Gamma(\frac{3}{\nu})}\right]^{\frac{1}{2}}.$$

Zur Integration der GED-Verteilung gibt es zwei Möglichkeiten. Zum einen kann der zusätzliche Parameter ν durch die Maximum-Likelihood Methode geschätzt werden. Dafür wird für die standardisierten Residuen v_i die Annahme der GED-Verteilung getroffen

$$v_i \sim \text{i.i.d. GED}(0, 1, \nu).$$

Daraus folgt bei der Aufstellung des GARCH-Modells die bedingte Verteilung der Renditezeitreihe

$$r_i|\Omega_{i-1} \sim \text{GED}(\mu_i, h_i, \nu).$$

Die Optimierung der Log-Likelihood Funktion erfolgt in Analogie zu den Darstellungen in Abschnitt 3.1.2 mit dem Unterschied, dass die Dichte der GED-Verteilung aus Gleichung 4.1 die Normalverteilung ersetzt

$$\ln L(\phi) = \sum_{i=1}^{n} \ln f(r_i|\Omega_{i-1}; \phi).$$

Aus der Optimierung dieser Log-Likelihood Funktion resultiert unter anderem der geschätzte Parameter $\hat{\nu}$, der dann zur Berechnung des Value-at-Risk genutzt werden kann.

Dieser Schätzung des Parameters soll in der vorliegenden Arbeit nicht gefolgt werden, da durch die Annahme der GED-Verteilung für die standardisierten Residuen eine weitere Annahme über die richtige Spezifikation des Modells gesetzt wird. Das Resultat dieses Vorgehens kann ein infiniter Regress sein. Die Annahme der komplexeren Verteilung der standardisierten Residuen kann zu einer Fehlspezifikation des Modells und damit zu einer vermeintlich genaueren Schätzung führen.

Die Integration der GED-Verteilung wird stattdessen über die Nutzung der Momentenmethode (vgl. Johnston/DiNardo [65], S. 328 f.) vorgenommen. Dabei wird das GARCH-Modell mit der Normalverteilungsannahme der standardisierten Residuen v_i geschätzt. Die Einbeziehung der GED-Verteilung folgt im zweiten Schritt nach der Schätzung. Dabei werden die geschätzten standardisierten Residuen $\hat{v}_i$ analysiert. Die empirische Kurtosis kann durch die GED-Verteilung modelliert werden. Die Verteilungsannahme für die geschätzten standardisierten Residuen

$$\hat{v}_i \sim \text{i.i.d. GED}(0, 1, \nu) \tag{4.4}$$

beeinflusst bei diesem Vorgehen nicht die Schätzung des Modells, sondern sie wird erst auf Grundlage der Ergebnisse der Schätzung verwendet.

Zur Schätzung des Parameters ν mit der Momentenmethode wird die theoretische Kurtosis mit der empirischen Entsprechung gleichgesetzt (vgl. Gleichung 2.5 und Gleichung 4.2)

$$\frac{1}{n}\sum_{i=1}^{n}\frac{\left(\hat{v}_i - \overline{\hat{v}}\right)^4}{s_{\hat{v}}^4} = \frac{\Gamma(\frac{5}{\hat{\nu}})\Gamma(\frac{1}{\hat{\nu}})}{\left[\Gamma(\frac{3}{\hat{\nu}})\right]^2} \tag{4.5}$$

mit

$$s_{\hat{v}}^2 = \frac{1}{n-1}\sum_{i=1}^{n}\left(\hat{v}_i - \overline{\hat{v}}\right)^2 \text{ und } \overline{\hat{v}} = \frac{1}{n}\sum_{i=1}^{n}\hat{v}_i.$$

Der geschätzte Wert des Parameters $\hat{\nu}$ erfüllt Gleichung 4.5, welche problemlos durch Nutzung von Software gelöst werden kann.

Es folgt der geschätzte 1-Schritt Value-at-Risk (mit der Verteilungsannahme aus Gleichung 4.4)

$$\widehat{VaR}(\alpha)_{1|n} = p_n\left(1 - \exp\left(\hat{\mu}_{1|n} + \theta_{\alpha,\hat{\nu}}\sqrt{\hat{h}_{1|n}}\right)\right),$$

wobei $\theta_{\alpha,\hat{\nu}}$ das α-Quantil der GED-Verteilung mit dem geschätzten Parameter $\hat{\nu}$ ist.

Zur Ermittlung des 10-Schritt Value-at-Risk wird dieser Ansatz durch Nutzung des in Abschnitt 4.2 dargestellten Simulationsverfahrens vervollständigt. Hierbei soll zur Modellierung der Renditezeitreihe weiterhin das GARCH(1,1)-Modell mit einer Konstanten zur Beschreibung des Mittelwerts genutzt werden

$$r_{n+1} = \mu + \sqrt{h_{n+1}} v_{n+1},$$

$$h_{n+1} = \alpha_0 + \alpha_1 u_n^2 + \beta_1 h_n.$$

Zur Simulation der $v_{n+\tau}$ werden Zufallszahlen der geschätzten GED-Verteilung gezogen

$$\tilde{v}_{j,n+\tau} \sim \text{i.i.d. GED}(0, 1, \hat{\nu}), \qquad j = 1, 2, ..., N.$$

Im Weiteren kann auf die Ausführungen zum Simulationsverfahren in Abschnitt 4.2 zurückgegriffen werden. Die simulierte kumulierte 10-Schritt Renditeverteilung wird durch die Annahme der GED-Verteilung für die geschätzten standardisierten Residuen beeinflusst. Dabei ist denkbar, dass bei einer höheren Kurtosis der geschätzten standardisierten Residuen im Vergleich zur Simulation mit der Normalverteilungsannahme eine kumulierte 10-Schritt Renditeverteilung mit höherer Kurtosis entsteht. Das geschätzte empirische Quantil $\hat{q}(\alpha)$ (vgl. Gleichung 2.16) der simulierten Renditeverteilung $\tilde{r}_{j,n+10}$ wird anschließend zur Berechnung des 10-Schritt Value-at-Risk genutzt

$$\widehat{VaR}(\alpha)_{10|n} = p_n(1 - \exp(\hat{q}(\alpha)_{10|n})).$$

In der empirischen Vergleichsstudie sollen die vorgestellten Ansätze vor allem hinsichtlich der Auswirkungen auf die Anzahl der Überschreitungen der Value-at-Risk Prognosen und die resultierende Eigenkapitalanforderung miteinander verglichen werden.

4.3 Semi-parametrische Ansätze

Die semi-parametrischen Ansätze kombinieren zur Berechnung des Value-at-Risk die Grundideen der parametrischen und nicht-parametrischen Ansätze. Bei semi-parametrischen Ansätzen wird eine Modellierung in Abhängigkeit von Parametern gewählt, jedoch sind die Annahmen bezüglich des Modells weit weniger restriktiv als die eines parametrischen Ansatzes. Insbesondere die Verteilungsannahmen werden nicht restriktiv festgelegt. Dadurch wird versucht, die Vorteile des Verzichts auf Verteilungsannahmen der nicht-parametrischen Ansätze (beispielsweise historische Simulation) mit den Vorteilen einer sparsamen Parametrisierung des Quantils beziehungsweise der Volatilität zu verbinden.

In der vorliegenden Arbeit werden drei semi-parametrische Ansätze vorgestellt und angewendet. Die direkte Modellierung des interessierenden Quantils beruht auf einem Beitrag von Engle und Manganelli [39]. Dabei wird das Quantil der Renditeverteilung durch eine zeitveränderliche autoregressive Modellierung dargestellt, wobei keine weiteren Annahmen über die Renditeverteilung notwendig sind. Die Parameter dieses Ansatzes werden mit Hilfe der Quantilsregression geschätzt (vgl. Abschnitt 4.3.1).

Als zweiter Ansatz wird die GARCH-Modellierung in Kombination mit der Anwendung des Bootstrap-Verfahrens dargestellt. Die Berechnung des Value-at-Risk unter Einbeziehung der GARCH-Modellierung der Volatilität und der Interdependenz der Renditezeitreihen wird dabei in Analogie zu den Ansätzen des Abschnitts 4.2 vorgenommen. Der wesentliche Unterschied besteht in der Annahme über die Verteilung der standardisierten Residuen. Während bei den parametrischen Ansätzen eine bestimmte Verteilung (beispielsweise Normalverteilung oder GED-Verteilung) angenommen wird, kann bei der Anwendung des Bootstrap-Verfahrens darauf verzichtet werden. Zur Ermittlung des Value-at-Risk wird die geschätzte empirische Verteilung der standardisierten Residuen herangezogen. Das Bootstrap-Verfahren generiert durch das Ziehen ohne Zurücklegen Zufallszahlen aus den geschätzten standardisierten Residuen, um aus diesen die interessierende Renditeverteilung zu ermitteln (vgl. Abschnitt 4.3.2).

Als Abwandlung dieses Vorgehens wird die GARCH-Modellierung mit Anwendung der Extremwerttheorie vorgestellt. Bei diesem Ansatz wird auch auf das Bootstrap-Verfahren zurückgegriffen. Allerdings wird dieses nicht für die gesamte Verteilung der standardisierten Residuen angewendet. Der interessierende Rand der Verteilung der standardisierten Residuen wird durch eine Extremwertverteilung (Generalisierte Pareto Verteilung) modelliert. Durch diesen Ansatz wird der für die Value-at-Risk Berechnungen wichtige Aspekt der Häufung extrem negativer Renditen explizit berücksichtigt (vgl. Abschnitt 4.3.3).

4.3.1 Direkte Modellierung durch Quantilsregression

Die direkte Modellierung des interessierenden Quantils der Renditeverteilung wurde 2004 von Engle und Manganelli [39] vorgeschlagen. Die Entwicklung des Quantils wird dabei zeitveränderlich durch einen autoregressiven Prozess spezifiziert. Daraus resultiert der Name „CAViaR“ (Conditional Autoregressive Value-at-Risk) dieses Ansatzes. Durch diese direkte Parametrisierung des Quantils wird vermieden, die gesamte Verteilung der Renditezeitreihe zu bestimmen. Motiviert ist dieser Ansatz durch die Erkenntnisse zur zeitveränderlichen Volatilität, die zur Modellierung des zeitveränderlichen Quantils übertragen werden.

In der allgemeinen Form des CAViaR-Modells wird das bedingte α-Quantil des Zeitpunkts $i+1$ als Funktion des Vektors möglicher beschreibender Variablen $\mathbf{x}_i$ mit dem Informationsstand Ω_i und dem Parametervektor $\boldsymbol{\beta}$ dargestellt

$$q(\alpha)_{1|i} = f(\mathbf{x}_i, \boldsymbol{\beta}), \qquad i = 1, ..., n.$$

Diese allgemeine Form wird durch die ermittelten bedingten Quantile vorangegangener Zeitperioden und weiterer Variablen, wie beispielsweise der Renditezeitreihe, konkretisiert. Dabei ist anzumerken, dass das Quantil einer Zeitperiode i nicht beobachtbar ist. Daher beruht der Ansatz auf einem Startzeitpunkt, um die zeitveränderliche Entwicklung des Quantils einzuleiten. Der Wert des Quantils zum Startzeitpunkt kann durch die Schätzung des empirischen Quantils $\hat{q}(\alpha)$ (vgl. Gleichung 2.16) bestimmt werden. Daraus folgt, dass der Verlauf des bedingten Quantils vom Parametervektor $\boldsymbol{\beta}$ abhängt

$$q(\alpha)_{1|i} = -\beta_0 + \sum_{j=1}^{p} \beta_j q(\alpha)_{i-j+1} - \sum_{k=1}^{q} \beta_{p+k} f(\mathbf{x}_{i-k+1})$$

mit f als Funktion der Variablen $\mathbf{x}_i$.

Die allgemeine Modellierung kann zum Modell erster Ordnung unter Berücksichtigung der Rendite der Zeitperiode i reduziert werden

$$q(\alpha)_{1|i} = -\beta_0 + \beta_1 q(\alpha)_i - \beta_2 f(r_i).$$

Der autoregressive Term $\beta_1 q(\alpha)_i$ sorgt für die Glättung im Zeitverlauf. Der Term $\beta_2 f(r_i)$ ist hingegen für die Aktualisierung des bedingten Quantils hinsichtlich der neuen Information der Renditezeitreihe r im Zeitpunkt i zuständig. Die Spezifikation sollte dazu führen, dass $q(\alpha)_{1|i}$ absinkt, wenn r_i einen extrem negativen Wert aufweist. Auch die Wirkung extrem positiver Werte kann auf diese Weise modelliert werden, sodass es zu einem Absinken des bedingten Quantils kommt. Dieses lässt sich durch den vermuteten Anstieg der Volatilität (in Analogie zu den GARCH-Modellen) begründen. Um die Stationarität der gewählten Modellierung zu erreichen, gilt die Bedingung für autoregressive Modelle (vgl.

Pindyck/Rubinfeld [91], S. 535)

$$\sum_{j=1}^{p} \beta_j < 1.$$

Eine einfache Ausgestaltung der funktionalen Form f kann wie folgt gewählt werden

$$q(\alpha)_{1|i} = -\beta_0 + \beta_1 q(\alpha)_i - \beta_2 |r_i|.$$

Diese Ausgestaltung wird als „Symmetric absolute value" (SAV) bezeichnet, da keine Unterscheidung hinsichtlich der Wirkung auf das bedingte Quantil der aktuellen Zeitperiode zwischen positiver und negativer Rendite der Vorperiode getroffen wird. Diese Variante kann auch mit asymmetrischer Wirkung der Rendite der Vorperiode spezifiziert werden („Asymmetric Absolute Value", AAV)

$$q(\alpha)_{1|i} = -\beta_0 + \beta_1 q(\alpha)_i - \beta_2 |r_i - \beta_3|.$$

Eine weitere Möglichkeit der Ausgestaltung ist die adaptive Gestaltung des bedingten Quantils. Dabei kann diese Ausgestaltung mit einer geglätteten Treppenfunktion verglichen werden. Das bedingte Quantil wird bei Unterschreitungen des bedingten Quantils der Vorperiode (d.h. kleinerer Wert der Rendite) deutlich gesenkt, jedoch bei Überschreitung des Quantils leicht erhöht

$$q(\alpha)_{1|i} = q(\alpha)_i - \beta \left((1 + \exp\left(G\left[r_i - q(\alpha)_i\right]\right))^{-1} - \alpha \right)$$

mit $G \in \mathbb{R}^+$. Für $G \to \infty$ folgt (vgl. Engle/Manganelli [39], S. 369)

$$q(\alpha)_{1|i} = q(\alpha)_i - \beta\left[I(r_i \leq q(\alpha)_i) - \alpha\right]$$

mit der Indikator-Funktion I. Eine weitere Möglichkeit der adaptiven Ausgestaltung wird mit „Proportional Symmetric Adaptive" (PSA) bezeichnet

$$q(\alpha)_{1|i} = q(\alpha)_i - \beta_1 \max\left(0, |r_i| + q(\alpha)_i\right) - \beta_2 \min\left(0, |r_i| + q(\alpha)_i\right).$$

Hierbei wird wiederum, wie in einem Lernprozess, auf die Über- beziehungsweise Unterschreitungen der letzten Zeitperiode reagiert.

Die Ausgestaltung „Asymmetric slope" (AS) fügt in Analogie zum TGARCH- beziehungsweise GJR-GARCH-Modell (vgl. Abschnitt 3.1.1) die asymmetrische Wirkung der Rendite der Vorperiode hinzu. Hierdurch kann eine negative Rendite der Vorperiode eine andere Wirkung als eine positive Rendite der Vorperiode entfalten

$$q(\alpha)_{1|i} = -\beta_0 + \beta_1 q(\alpha)_i + \beta_2 \max(0, r_i) + \beta_3 \min(0, r_i).$$

Die vorgestellten Ansätze können über die Nutzung der Quantilsregression geschätzt werden. Die Quantilsregression wurde von Koenker/Bassett [68] entwickelt und kann als Erweiterung der klassischen Kleinst-Quadrate Regression angesehen werden. Statt nur den bedingten Mittelwert zu schätzen, ist es möglich, zusätzlich bedingte Quantile zu schätzen. Der Spezialfall der Quantilsregression ist die Schätzung des Medians, welche durch Minimierung der Summe der absoluten Abweichungen der Renditezeitreihe durchgeführt wird. Die Schätzung der bedingten Quantile erfolgt in Analogie durch die Minimierung der Summe der asymmetrisch gewichteten absoluten Abweichungen der Renditezeitreihe.

Die Schätzung der gesuchten Parameter $\boldsymbol{\beta}$ erfolgt über die Optimierung der folgenden Zielfunktion (vgl. Engle/Manganelli [39], S. 369)

$$\min_{\boldsymbol{\beta}} QR(\boldsymbol{\beta}) = \min_{\boldsymbol{\beta}} \left(-\frac{1}{n} \sum_{i=1}^{n} \left(I[r_i < q(\alpha, \boldsymbol{\beta})_{1|i-1}] - \alpha \right) \left(r_i - q(\alpha, \boldsymbol{\beta})_{1|i-1} \right) \right),$$

wobei die Indikatorfunktion I die Werte Eins bzw. Null bei Erfüllung bzw. Nichterfüllung der dargestellten Bedingung annimmt. Die Zielfunktion führt zu einer asymmetrischen Gewichtung der Abweichungen der Renditezeitreihe von dem bedingten Quantil. Eine Unterschreitung des Quantils durch eine sehr kleine Rendite führt zu dem Wert 1 der Indikatorfunktion. Dadurch nimmt der erste Term $I[r_i < q(\alpha, \boldsymbol{\beta})_{1|i-1}] - \alpha$ der Zielfunktion bei $\alpha = 0,01$ den Wert $0,99$ an. Dieser Wert wird mit einem negativen Wert des zweiten Terms $r_i - q(\alpha, \boldsymbol{\beta})_{1|i-1}$ multipliziert. Unter Berücksichtigung des negativen Vorzeichens der Zielfunktion ergibt sich insgesamt ein positiver Wert. Hingegen führt die Überschreitung des Quantils zu einem Wert von $-0,01$ des ersten Terms und einem positiven Wert des zweiten Terms, woraus insgesamt letztendlich ein positiver Wert resultiert. Durch die asymmetrische Gewichtungsstruktur, hervorgerufen durch den ersten Term, führt folglich die Minimierung der Zielfunktion zu dem gesuchten optimalen Parametervektor $\hat{\boldsymbol{\beta}}$

$$\hat{\boldsymbol{\beta}} = \min_{\boldsymbol{\beta}} QR(\boldsymbol{\beta}).$$

Problematisch bei dieser Vorgehensweise ist, dass die Zielfunktion nicht differenzierbar ist. Daher können zur Optimierung die traditionellen Optimierungsalgorithmen unter Berücksichtigung der ersten oder auch zweiten Ableitungen nicht angewendet werden. Eine Lösungsalternative bietet beispielsweise der Nelder-Mead Algorithmus [86], der nur Funktionswerte zur Optimierung verwendet, dadurch jedoch relativ langsam ist. In der vorliegenden Arbeit wird der Algorithmus der Funktion „optim“ des Software-Pakets „R“ genutzt. Die geschätzten Parameter $\hat{\boldsymbol{\beta}}$ sind konsistent und asymptotisch normalverteilt (vgl. Engle/Manganelli [39], S. 369).

Die Ermittlung der 1-Schritt Prognose des gesuchten bedingten Quantils kann mit den geschätzten Parametern basierend auf dem Informationsstand zum Zeitpunkt n wie folgt vorgenommen werden

$$\hat{q}(\alpha)_{1|n} = f(\mathbf{x}_n, \hat{\boldsymbol{\beta}}).$$

Für das SAV-Modell resultiert die 1-Schritt Prognose des α-Quantils

$$\hat{q}(\alpha)_{1|n} = -\hat{\beta}_0 + \hat{\beta}_1\hat{q}(\alpha)_n - \hat{\beta}_2|r_n|.$$

Die 1-Schritt Value-at-Risk Prognose folgt mit

$$\widehat{VaR}(\alpha)_{1|n} = p_n(1 - \exp(\hat{q}(\alpha)_{1|n})).$$

Zur Beurteilung des CAViaR-Modells lässt sich sagen, dass die zu treffenden Annahmen schwächer als die eines GARCH-Modells sind. Beispielsweise wird nicht wie im GARCH-Modell angenommen, dass die standardisierten Residuen v_i identisch und unabhängig verteilt (i.i.d.) sind. Allerdings stellen sich konzeptionelle Schwierigkeiten hinsichtlich der Ermittlung des Quantils der kumulierten 10-Schritt Renditeverteilung ein. Die kumulierte 10-Schritt Renditeverteilung ergibt sich aus der Summation der 10 aufeinanderfolgenden Renditen (vgl. Gleichung 2.9). Der CAViaR-Ansatz ermöglicht in der bisherigen Form nur die Ermittlung des 1-Schritt Quantils. Als Lösungsmöglichkeit kann die Zeitreihe der kumulierten 10-Schritt Renditen gebildet (vgl. Abschnitt 2.5.2) und dann anschließend das vorgestellte Konzept auf die transformierte Renditezeitreihe angewendet werden. Jedoch verringert sich die Anzahl der Beobachtungen dadurch auf 10% der vorherigen Länge der Renditezeitreihe.

Zur Anwendung in der empirischen Vergleichsstudie wird in der vorliegenden Arbeit eine andere Lösungsmöglichkeit dieses konzeptionellen Problems genutzt, indem die durch die Basel II-Richtlinien erlaubte Skalierung

$$q(\alpha)_{\mathbf{10}|n} = \sqrt{10}q(\alpha)_{1|n}$$

verwendet wird. Diese Vorgehensweise beruht zwar auf restriktiven Annahmen hinsichtlich der Renditezeitreihe (vgl. Abschnitt 2.4.2), jedoch wird dadurch die Ermittlung der 10-Schritt Value-at-Risk Prognosen ermöglicht. Damit wird ein erster umfassender Vergleich der CAViaR-Ansätze mit den vorgestellten alternativen Value-at-Risk Ansätzen gewährleistet.

Die Ermittlung des 10-Schritt Value-at-Risk erfolgt durch das übliche Berechnungsschema

$$\widehat{VaR}(\alpha)_{\mathbf{10}|n} = p_n(1 - \exp(\hat{q}(\alpha)_{\mathbf{10}|n})).$$

4.3.2 GARCH-Modellierung mit Bootstrap-Verfahren

Die Berechnung des Value-at-Risk unter Einbeziehung der GARCH-Modelle zur Modellierung der Volatilität kann ohne konkrete Festlegung der Verteilung der geschätzten standardisierten Residuen erfolgen. Dieser Ansatz wird in der Regel den semi-parametrischen Ansätzen zugeordnet. Zur Ausgestaltung der Berechnung wird das Bootstrap-Verfahren verwendet (vgl. Davison/Hinkley [29], S. 22), das heißt es werden zufällig Beobachtungen mit Zurücklegen aus der Historie gezogen, um die gesuchte Value-at-Risk Prognose aus der simulierten Renditeverteilung zu ermitteln. Dabei wird dieses Vorgehen im Rahmen der GARCH-Modelle angewendet. An die Renditezeitreihe wird zunächst ein GARCH-Modell angepasst. Die resultierenden geschätzten standardisierten Residuen werden anschließend als Basis für das Bootstrap-Verfahren genutzt. Es wird dabei angenommen, dass die geschätzten standardisierten Residuen unabhängig und identisch verteilt (i.i.d.) sind, da unter dieser Bedingung die Voraussetzungen zur Anwendung des Bootstrap-Verfahrens erfüllt sind. Die Grundidee dieses Ansatzes geht auf Barone-Adesi, Giannopoulos und Vosper [10] zurück, die ihr Vorgehen als „Filtered Historical Simulation" bezeichneten, um die Verbindung der GARCH-Modelle mit der historischen Simulation zu betonen.

Zur Ausgestaltung dieses Ansatzes wird das GARCH(1,1)-Modell mit einer Konstanten in der Mittelwertgleichung verwendet

$$r_{n+1} = \mu + \sqrt{h_{n+1}} v_{n+1},$$

$$h_{n+1} = \alpha_0 + \alpha_1 u_n^2 + \beta_1 h_n.$$

Die Parameter des Modells werden, wie in Abschnitt 3.1.2 dargestellt, durch die 2-Schritt Vorgehensweise geschätzt. Mit diesem geschätzten Modell werden die geschätzten standardisierten Residuen gebildet

$$\hat{v}_i = \frac{r_i - \hat{\mu}}{\sqrt{\hat{h}_i}}, \qquad i = 1, 2, ..., n$$

mit der Anzahl n der zur Schätzung genutzten Beobachtungen. Zur Berechnung des 1-Schritt Value-at-Risk wird auf die explizite Annahme einer Verteilung verzichtet. Stattdessen wird die empirische Verteilung der geschätzten standardisierten Residuen verwendet. Dieses Vorgehen vermeidet Fehlspezifikationen des Value-at-Risk aufgrund einer falschen Verteilungsannahme.

Es sei $\hat{\kappa}_\alpha$ das geschätzte empirische Quantil der geschätzten standardisierten Residuen. Die Berechnug von $\hat{\kappa}_\alpha$ kann durch die in Abschnitt 2.5.2 dargestellte

Schätzung des Quantils $\hat{q}(\alpha)$ aus empirischen Beobachtungen vorgenommen werden

$$\hat{\kappa}_\alpha = \hat{q}(\alpha, \hat{v}_i).$$

Daraus resultiert die 1-Schritt Value-at-Risk Prognose mit

$$\widehat{VaR}(\alpha)_{1|n} = p_n \left(1 - \exp\left(\hat{\mu}_{1|n} + \hat{\kappa}_\alpha \sqrt{\hat{h}_{1|n}}\right)\right).$$

Alternativ hierzu kann für die 1-Schritt Prognose das Bootstrap-Verfahren genutzt werden. Dabei wird das Simulationsverfahren (vgl. Abschnitt 4.2) zur Ermittlung der Verteilung der 1-Schritt Rendite genutzt. Es werden die simulierten standardisierten Residuen

$$\tilde{v}_{j,n+1}, \qquad j = 1, 2, ..., N$$

nicht aus einer Verteilung, sondern aus den historischen Beobachtungen der geschätzten standardisierten Residuen $\hat{v}_i$ gezogen. Mit N Ziehungen (mit Zurücklegen) wird jeweils die simulierte Rendite

$$\tilde{r}_{j,n+1} = \hat{\mu} + \sqrt{\hat{h}_{1|n}}\tilde{v}_{j,n+1}$$

gebildet. Aus dieser simulierten 1-Schritt Renditeverteilung kann dann direkt das gesuchte Quantil $\hat{q}(\alpha)_{1|n}$ geschätzt werden

$$\hat{q}(\alpha)_{1|n} = \hat{q}(\alpha, \tilde{r}_{j,n+1}).$$

Für die 1-Schritt Value-at-Risk Prognose gilt

$$\widehat{VaR}(\alpha)_{1|n} = p_n(1 - \exp(\hat{q}(\alpha)_{1|n})).$$

Beide Vorgehensweisen basieren auf der empirischen Verteilung der geschätzten standardisierten Residuen, sodass mit sehr ähnlichen Value-at-Risk Prognosen zu rechnen ist.

Die Berechnung des 10-Schritt Value-at-Risk kann durch das vorgestellte Simulationsverfahren (vgl. Abschnitt 4.2) vorgenommen werden. Hierzu werden die benötigten standardisierten Residuen $v_{n+\tau}$ wiederum unter Anwendung des Bootstrap-Verfahrens aus den geschätzten standardisierten Residuen $\hat{v}_i$ gezogen

$$\tilde{v}_{j,n+\tau}, \qquad j = 1, 2, ..., N.$$

Die kumulierte 10-Schritt Renditeverteilung wird anhand des Vorgehens in Abschnitt 4.2 simuliert, woraus mit dem geschätzten Quantil $\hat{q}(\alpha)_{\mathbf{10}|n}$ =

$\hat{q}(\alpha, \tilde{r}_{j,n+10})$ der simulierten kumulierten Renditeverteilung $\tilde{r}_{j,n+10}$ der 10-Schritt Value-at-Risk ermittelt wird

$$\widehat{VaR}(\alpha)_{10|n} = p_n(1 - \exp(\hat{q}(\alpha)_{10|n})).$$

Auch bei der GARCH-Modellierung mit Bootstrap-Verfahren soll die univariate Betrachtungsweise auf die multivariate Darstellung ausgeweitet werden. Mit der Modellierung der multivariaten Renditezeitreihe (vgl. Abschnitt 4.2.1)

$$\mathbf{r}_i = \boldsymbol{\mu} + \mathbf{u}_i$$

und der GARCH-Spezifikation des Vektors der Innovationen

$$\mathbf{u}_i = \mathbf{H}_i^{\frac{1}{2}} \mathbf{v}_i$$

kann generell das multivariate Simulationsverfahren genutzt werden. Für den simulierten τ-Schritt Renditevektor gilt

$$\tilde{\mathbf{r}}_{j,n+\tau} = \hat{\boldsymbol{\mu}} + \tilde{\mathbf{H}}_{j,n+\tau}^{\frac{1}{2}} \tilde{\mathbf{v}}_{j,n+\tau},$$

wobei sich die simulierte bedingte Varianz-Kovarianz-Matrix $\tilde{\mathbf{H}}_{j,n+\tau}$ durch Rekursion aus dem Kenntnisstand der Vorperiode ermitteln lässt:

$$\tilde{\mathbf{H}}_{j,n+\tau} = f(\tilde{\mathbf{u}}_{j,n+\tau-1}, \tilde{\mathbf{H}}_{j,n+\tau-1}, \hat{\boldsymbol{\phi}}).$$

Im Unterschied zur Simulation unter Annahme der multivariaten Normalverteilung in Abschnitt 4.2.1 wird der Vektor der simulierten standardisierten Residuen $\tilde{\mathbf{v}}_{j,n+\tau}$ aus den historischen Beobachtungen der geschätzten standardisierten Residuen $\hat{\mathbf{v}}_i$ gezogen. Dabei wird ein Zeitfenster der Länge n verwendet. Zur Anwendung des Bootstrap-Verfahrens wird zufällig eine Zahl s aus der Historie $1, ..., n$ gezogen. Der entsprechende Vektor der geschätzten standardisierten Residuen $\hat{\mathbf{v}}_s$ stellt dann den Zufallsvektor $\tilde{\mathbf{v}}_{j,n+\tau}$ zur Durchführung der Simulation dar.

Dieses Vorgehen soll in der vorliegenden Arbeit unter Verwendung des CCC-Modells (vgl. Abschnitt 3.2.1) detailliert werden. Die bedingte Varianz-Kovarianz-Matrix ist im CCC-Modell wie folgt spezifiziert

$$\mathbf{H}_i = \mathbf{D}_i \mathbf{R} \mathbf{D}_i$$

mit $\mathbf{D}_i^2 = \text{diag}(E(u_{k,i}^2|\Omega_{i-1}))$ und der bedingten Korrelationsmatrix $\mathbf{R}$. Für die standardisierten Residuen $\mathbf{v}_i$ gilt (vgl. Abschnitt 3.2.1)

$$E(\mathbf{v}_i \mathbf{v}_i'|\Omega_{i-1}) = \mathbf{R}.$$

Hieraus lässt sich eine wesentliche Vereinfachung des dargestellten Simulationsverfahrens ableiten. Denn für die Innovationen $\mathbf{u}_i$ gilt die Darstellung

$$\mathbf{u}_i = \mathbf{D}_i \mathbf{v}_i.$$

Die bedingte Varianz-Kovarianz-Matrix ist

$$E(\mathbf{u}_i \mathbf{u}_i' | \Omega_{i-1}) = E(\mathbf{D}_i \mathbf{v}_i \mathbf{v}_i' \mathbf{D}_i | \Omega_{i-1}) = \mathbf{D}_i \mathbf{R} \mathbf{D}_i.$$

Aus dieser Darstellung folgt für den simulierten τ-Schritt Renditevektor unter Zugrundelegung des CCC-Modells

$$\tilde{\mathbf{r}}_{j,n+\tau} = \hat{\boldsymbol{\mu}} + \tilde{\mathbf{D}}_{j,n+\tau} \tilde{\mathbf{v}}_{j,n+\tau}.$$

In der Matrix $\tilde{\mathbf{D}}_{j,n+\tau}$ sind auf der Diagonalen die Quadratwurzeln der simulierten bedingten Varianzen der m Renditezeitreihen zusammengefasst. Daraus folgt, dass die standardisierten Residuen $\tilde{\mathbf{v}}_{j,n+\tau}$ aus der multivariaten empirischen Verteilung der geschätzten standardisierten Residuen zu ziehen sind, ansonsten aber wie bei der Simulation m einzelner Renditezeitreihen vorgegangen werden kann. Die Korrelationsstruktur der geschätzten standardisierten Residuen schlägt sich bei diesem Vorgehen in der simulierten bedingten Varianz-Kovarianz-Matrix der Renditezeitreihen nieder. Die Komplexität dieses Ansatzes ist dabei weitaus geringer als bei der Anwendung des generellen multivariaten Simulationsverfahrens.

Aus der aggregierten simulierten kumulierten 10-Schritt Renditeverteilung $\tilde{r}_{j,n+\mathbf{10}} = \boldsymbol{\omega}' \left(\sum_{\tau=1}^{10} \tilde{\mathbf{r}}_{j,n+\tau} \right)$ kann das empirische Quantil $\hat{q}(\alpha)$ geschätzt werden (vgl. Gleichung 2.16)

$$\hat{q}(\alpha)_{\mathbf{10}|n} = \hat{\hat{q}}(\alpha, \tilde{r}_{j,n+\mathbf{10}}).$$

Der 10-Schritt Value-at-Risk des Portfolios ist

$$\widehat{VaR}(\alpha)_{\mathbf{10}|n} = p_n(1 - \exp(\hat{q}(\alpha)_{\mathbf{10}|n})).$$

Dieser Ansatz zur Berechnung des Value-at-Risk soll in der empirischen Vergleichsstudie mit den anderen alternativen Berechnungsmöglichkeiten verglichen werden. Dabei kombiniert insbesondere der Ansatz unter Einbeziehung des CCC-Modells die Flexibilität der zeitveränderlichen Varianz-Kovarianz-Matrix mit Simulationsverfahren, die weniger anfällig für Fehlspezifikationen sind.

4.3.3 GARCH-Modellierung mit Extremwerttheorie

Die Extremwerttheorie (EVT) beschäftigt sich mit der Analyse und Modellierung extremer Ereignisse. Besonders im Finanzdienstleistungssektor gibt es Problemstellungen, die mit der Extremwerttheorie bearbeitet werden können. Ein Beispiel dafür sind selten auftretende Schadensfälle mit extremen Konsequenzen (beispielsweise Umweltkatastrophen) im Versicherungswesen. Das Ziel der Extremwerttheorie ist es, die Ränder einer Wahrscheinlichkeitsverteilung durch ein parametrisches Modell zu beschreiben. Insbesondere für die Value-at-Risk Berechnung ist diese Betrachtungsweise relevant. Als Standardreferenz zur Extremwerttheorie sei auf das Buch der Autoren Embrechts, Klüppelberg und Mikosch ([33], im weiteren abgekürzt durch EKM) verwiesen.

Die zugrundeliegende Theorie geht von der Modellierung unabhängiger und identisch verteilter (i.i.d.) Zufallsvariablen aus. Die direkte Anwendung der Erkenntnisse der Extremwerttheorie auf die Renditezeitreihen ist mit Skepsis zu betrachten. Die nachgewiesenen Abhängigkeiten hinsichtlich der zeitveränderlichen Volatilität der Renditezeitreihen widersprechen der i.i.d. Annahme der Extremwerttheorie. Insbesondere die erfolgreiche Beschreibung der Renditezeitreihen mit GARCH-Modellen weist auf eine modellierbare Struktur der Renditezeitreihe hin. Daher wird die Extremwerttheorie in diesem Abschnitt auf die standardisierten Residuen der GARCH-Modellierung angewendet (vgl. McNeil/Frey [79]). Für die Zeitreihe der standardisierten Residuen ist die Annahme unabhängiger und identisch verteilter Zufallsvariablen nicht restriktiv.

Zunächst werden die Grundlagen der Extremwerttheorie vorgestellt, um anschließend die Integration in den GARCH-Rahmen vorzunehmen. Das Ergebnis dieser Ausführungen ist ein Ansatz zur Berechnung des Value-at-Risk, der in der empirischen Vergleichsstudie im fünften Kapitel angewendet wird.

Ein Hauptbestandteil der EVT ist die Beschreibung des Verhaltens von Maxima aus Stichproben. Fisher und Tippett (vgl. hierzu EKM [33], S. 113 ff.) lieferten durch die Spezifikation der Grenzverteilung normalisierter Maxima ein wesentliches Resultat. Es sei $M_n = \max\{X_1, ..., X_n\}$, wobei $\{X_i\}_{i=1}^n$ eine Sequenz von i.i.d. Zufallsvariablen mit der Verteilungsfunktion F ist. Falls normierende Konstanten $c_n > 0$, $d_n \in \mathbb{R}$ existieren, lässt sich die Verteilungsfunktion H ermitteln, für die folgender Zusammenhang gilt (zur detaillierten Darstellung vgl. EKM [33], S. 114 ff.)

$$c_n^{-1}(M_n - d_n) \xrightarrow{\text{i.V.}} H, \qquad \text{für } n \to \infty.$$

Die Funktion H ist wie folgt spezifiziert (vgl. EKM [33], S. 152)

$$H \equiv H_\xi(x) = \begin{cases} \exp\left(-(1+\xi x)^{\frac{-1}{\xi}}\right) & \text{für } \xi \neq 0 \\ \exp(-\exp(-x)) & \text{für } \xi = 0 \end{cases}$$

mit der Bedingung $1+\xi x > 0$. H_ξ wird als Generalisierte Extremwert Verteilung (GEV) bezeichnet. Der Parameter ξ definiert die Form der GEV-Verteilung. Verteilungen mit $\xi > 0$ weisen dickere Ränder als die Normalverteilung auf und werden als Fréchet-Verteilungen bezeichnet. Für $\xi = 0$ resultiert die Gumbel-Verteilung. Die Weibull-Verteilung resultiert für Parameterwerte $\xi < 0$.

Zur Berechnung des Value-at-Risk ist nicht das Maximum, sondern das Quantil der interessierenden Verteilung relevant. Hierzu liefert die EVT die Möglichkeit der Modellierung des betreffenden Randes der Verteilung. Die weiteren Ausführungen beziehen sich auf den rechten Rand der Verteilung, da sich dieses in der Literatur zur EVT als Konvention durchgesetzt hat. Daraus folgt, dass bei der späteren Integration in den GARCH-Rahmen die negativen standardisierten Residuen betrachtet werden, da für die Value-at-Risk Prognose der linke Rand der Verteilung der standardisierten Residuen beziehungsweise der Renditeverteilung relevant ist. Zur Beschreibung des Randes der Verteilung muss zunächst definiert werden, was überhaupt unter dem Rand verstanden wird. Um dieses zu konkretisieren, wird eine Schwelle η festgelegt. Der Teil der Verteilung, der diese Schwelle überschreitet, bildet den rechten Rand. Dieser rechte Rand wird im Folgenden mit Hilfe der Extremwerttheorie modelliert.

Es sei F die Verteilungsfunktion der i.i.d. Zufallsvariablen X und F_η die Verteilungsfunktion der Zufallsvariablen der Überschreitungen $Y = X - \eta$ mit gegebener Schwelle η. Dann gilt der folgende Zusammenhang (vgl. EKM [33], S. 353)

$$F_\eta(y) = P(X - \eta \leq y | X > \eta) = \frac{F(\eta + y) - F(\eta)}{1 - F(\eta)} \tag{4.6}$$

mit $y \geq 0$. Zur Modellierung dieses rechten Randes der Zufallsvariablen X wird die EVT genutzt. Die Rechtfertigung dieses Vorgehens basiert auf der folgenden Feststellung von Pickands [90]

$$\lim_{\eta \uparrow x_F} \sup_{0<y<x_F-\eta} |F_\eta(y) - G_{\xi,\beta}(y)| = 0,$$

wobei $x_F = \sup(x \in \mathbb{R} : F(x) < 1)$ der rechte Endpunkt der Verteilung F ist (vgl. EKM [33], S. 114/115). Daraus folgt, dass bei der Wahl der Schwelle η nahe dem Endpunkt der Verteilung x_F die Verteilung $G_{\xi,\beta}$ eine gute Approximation der Verteilung F_η darstellt.

Die Verteilung $G_{\xi,\beta}$ wird als Generalisierte Pareto Verteilung (GPD) bezeichnet (vgl. EKM [33], S. 162/163)

$$G_{\xi,\beta}(y) = \begin{cases} 1 - \left(1 + \frac{\xi}{\beta} y\right)^{\frac{-1}{\xi}} & \text{für } \xi \neq 0 \\ 1 - \exp(-\frac{y}{\beta}) & \text{für } \xi = 0 \end{cases}.$$

Dabei gilt zum einen $\beta > 0$ und zum anderen ist die Festlegung des Trägers der Zufallsvariablen Y in Abhängigkeit vom Parameter ξ zu beachten: $y \geq 0$ für $\xi \geq 0$ beziehungsweise $0 \leq y \leq \frac{-\beta}{\xi}$ für $\xi < 0$.

Die Güte der Approximation der Verteilung F_η durch die Generalisierte Pareto Verteilung $G_{\xi,\beta}$ hängt maßgeblich von der Wahl der Schwelle η ab. In der empirischen Anwendung dieser Approximation wird durch die Wahl einer hohen Schwelle η der Bias der Schätzung gesenkt. Hingegen wird die Varianz des Schätzers gesteigert, da nur wenige Beobachtungen zur Schätzung der Parameter der GPD verwendet werden können. Die Handlungsvorschläge zur Auswahl der Schwelle η basieren auf der grafischen Analyse der Abhängigkeit der Schätzungen von der Variation der Schwelle η. Da in der empirischen Vergleichsstudie für jede Finanzmarktzeitreihe jeweils 1174 Schätzungen durchgeführt werden, wird zur besseren Anwendbarkeit des Vorgehens einem Vorschlag von McNeil/Frey [79] gefolgt. Die Schwelle η wird mit Hilfe des empirischen 95%-Quantils der negativen geschätzten standardisierten Residuen festgelegt. Dadurch wird erreicht, dass in den einzelnen Berechnungen jeweils 5% der Werte als relevanter Rand der Verteilung angesehen werden. Diese Anzahl der Beobachtungen $y_j = x_j - \eta$, welche die Schwelle η überschreiten, soll im Folgenden mit γ bezeichnet werden. Es gilt: $y_j \geq 0$.

Zur Anpassung der Generalisierten Pareto Verteilung an die Beobachtungen y_j kann die Maximum-Likelihood Methode verwendet werden. Die Dichte der GPD ist für $\xi \neq 0$

$$f_{\xi,\beta}(y) = \frac{1}{\beta}\left(1 + \frac{\xi}{\beta} y\right)^{-\frac{1}{\xi}-1}.$$

Daraus resultiert die folgende Log-Likelihood Funktion

$$\begin{aligned} \ln L(\xi, \beta | \mathbf{y}) &= \ln\left(\prod_{j=1}^{\gamma} f_{\xi,\beta}(y_j)\right) \\ &= \sum_{j=1}^{\gamma}\left(-\ln\beta - \left(1 + \frac{1}{\xi}\right)\ln\left(1 + \frac{\xi}{\beta} y_j\right)\right) \\ &= -\gamma\ln\beta - \left(1 + \frac{1}{\xi}\right)\sum_{j=1}^{\gamma}\ln\left(1 + \frac{\xi}{\beta} y_j\right) \end{aligned}$$

und damit das Optimierungsproblem

$$\max_{\xi,\beta} \ln L(\xi, \beta|\mathbf{y}).$$

Zur Optimierung dieser Zielfunktion kann auf Algorithmen des Pakets „evir“ des Programms „R“, insbesondere auf den Nelder-Mead Algorithmus der Funktion „optim“ zurückgegriffen werden. Die geschätzten Parameter sind konsistent und asymptotisch normalverteilt (vgl. EKM [33], S. 357).

Mit der angesprochenen Approximation $F_\eta(y) \approx G_{\xi,\beta}(y)$ und der Umformung von Gleichung 4.6

$$1 - F(\eta + y) = [1 - F(\eta)][1 - F_\eta(y)] \approx [1 - F(\eta)][1 - G_{\xi,\beta}(y)]$$

kann der Schätzer für den Rand der Verteilung $1 - F(\eta + y)$ entwickelt werden. Der Term $1 - F(\eta)$ kann durch die empirische Verteilung geschätzt werden

$$[\widehat{1 - F(\eta)}] = \frac{\gamma}{n},$$

wobei n die Länge des Schätzzeitraums angibt. Mit der Festlegung der Schwelle durch das empirische 95%-Quantil resultiert für die empirische Vergleichsstudie $\frac{\gamma}{n} = 0.05$. Durch Einsetzen der Maximum-Likelihood Schätzwerte für ξ und β in $G_{\xi,\beta}$ folgt

$$[1 - \widehat{F(\eta + y)}] = \frac{\gamma}{n} \left(1 + \frac{\hat{\xi}}{\hat{\beta}} y\right)^{-\frac{1}{\hat{\xi}}}.$$

Der Quantilsschätzer $\hat{\vartheta}_{1-\alpha}$ wird durch Bildung der Umkehrfunktion ermittelt. Durch Einsetzen des gewünschten Wertes α und des $(1-\alpha)$-Quantils $\hat{\vartheta}_{1-\alpha}$

$$\alpha = \frac{\gamma}{n} \left(1 + \frac{\hat{\xi}}{\hat{\beta}} \left(\hat{\vartheta}_{1-\alpha} - \eta\right)\right)^{-\frac{1}{\hat{\xi}}}$$

folgt nach Umformungen die gesuchte Schätzung des Quantils

$$\hat{\vartheta}_{1-\alpha} = \eta + \frac{\hat{\beta}}{\hat{\xi}} \left(\left(\alpha \frac{n}{\gamma}\right)^{-\hat{\xi}} - 1\right).$$

Dieser Schätzer ist ausschließlich für $1 - \alpha > 1 - \frac{\gamma}{n}$, das heißt für den definierten Rand der Verteilung gültig.

Die Kombination dieser Ausführungen mit dem GARCH-Modell beginnt mit der gewohnten Festlegung des Modells

$$r_{n+1} = \mu + \sqrt{h_{n+1}} v_{n+1},$$

$$h_{n+1} = \alpha_0 + \alpha_1 u_n^2 + \beta_1 h_n.$$

Die Bildung der geschätzten standardisierten Residuen erfolgt in Analogie zu den Darstellungen aus dem Abschnitt 4.3.2 zur GARCH-Modellierung mit Bootstrap-Verfahren, wobei in diesem Fall das Vorzeichen gewechselt wird, um den relevanten Rand mit der EVT zu modellieren

$$\hat{v}_i^- = -\frac{r_i - \hat{\mu}}{\sqrt{\hat{h}_i}}, \qquad i = 1, 2, ..., n,$$

wobei n die Anzahl der zur Schätzung genutzten Beobachtungen darstellt. Zur Festlegung der Schwelle η wird das empirische 95%-Quantil $\hat{q}(0.95)$ der berechneten $\hat{v}_i^-$ geschätzt (vgl. Gleichung 2.16)

$$\eta = \hat{q}(0.95, \hat{v}_i^-).$$

Zur Anpassung der GPD wird die Variable $\hat{w}_j = \hat{v}_i^- - \eta$ $(j = 1, ..., \gamma)$ der Überschreitungen der Schwelle η gebildet ($\hat{v}_i^- > \eta$). Darauf aufbauend kann die GPD durch die Maximum-Likelihood Methode an die γ Überschreitungen $\hat{w}_j$ angepasst werden

$$\max_{\xi,\beta} \left\{ -\gamma \ln \beta - \left(1 + \frac{1}{\xi}\right) \sum_{j=1}^{\gamma} \ln \left(1 + \frac{\xi}{\beta} \hat{w}_j\right) \right\}.$$

Mit den geschätzten Parametern $\hat{\beta}$ und $\hat{\xi}$ wird das gesuchte $(1-\alpha)$-Quantil $(1 - \alpha > 0.95)$ der $\hat{v}_i^-$ geschätzt

$$\hat{\vartheta}_{1-\alpha} = \eta + \frac{\hat{\beta}}{\hat{\xi}} \left(\left(\frac{\alpha}{0.05} \right)^{-\hat{\xi}} - 1 \right).$$

Die Berechnung der 1-Schritt Value-at-Risk Prognose mit diesem geschätzten Quantil wird wie folgt vorgenommen

$$\widehat{VaR}(\alpha)_{1|n} = p_n \left(1 - \exp \left(\hat{\mu}_{1|n} - \hat{\vartheta}_{1-\alpha} \sqrt{\hat{h}_{1|n}} \right) \right).$$

Es ergibt sich ein negatives Vorzeichen, da die Schätzung mit den negativen geschätzten standardisierten Renditen durchgeführt wurde.

Zur Berechnung des 10-Schritt Value-at-Risk bietet sich die Verwendung des Simulationsverfahrens (vgl. Abschnitt 4.2) an. Dabei wird der rechte Rand der negativen geschätzten standardisierten Residuen $\hat{v}_i^-$ durch die angepasste GPD modelliert, der Rest der Verteilung wird durch die empirischen Beobachtungen in Analogie zum Abschnitt 4.3.2 beschrieben. Dieses Vorgehen unterscheidet sich von McNeil/Frey [79], welche beide Ränder der Verteilung durch EVT modellieren.

Im ersten Schritt wird durch das Bootstrap-Verfahren eine zufällige Beobachtung $\breve{v}_j$ mit Zurücklegen aus den negativen geschätzten standardisierten Residuen $\hat{v}_i^-$ gezogen (mit der Anzahl der Simulationsläufe N)

$$\breve{v}_j, \qquad j = 1, 2, ..., N.$$

Falls die gezogene Beobachtung oberhalb der Schwelle η liegt ($\breve{v}_j > \eta$), wird eine Zufallszahl $\breve{\varrho}_j$ aus der geschätzten GPD mit den geschätzten Parametern $\hat{\beta}$ und $\hat{\xi}$ generiert. In das Simulationsverfahren wird das simulierte standardisierte Residuum $\tilde{v}_{j,n+\tau}$ eingesetzt

$$\tilde{v}_{j,n+\tau} = -(\eta + \breve{\varrho}_j).$$

Für den modellierten Rand der negativen standardisierten Residuen $\hat{v}_i^-$ wird die geschätzte Extremwertverteilung zur Generierung der benötigten Zufallszahl genutzt. Falls die gezogene Beobachtung $\breve{v}_j$ unterhalb der Schwelle η liegt ($\breve{v}_j < \eta$), wird die negative gezogene Beobachtung und damit das geschätzte standardisierte Residuum $\hat{v}_i$ in das Simulationsverfahren eingesetzt

$$\tilde{v}_{j,n+\tau} = -\breve{v}_j.$$

Die Simulation der 10-Schritt Renditeverteilung kann dann in Analogie zu den Ausführungen in Abschnitt 4.2 vorgenommen werden, woraus letztendlich der 10-Schritt Value-at-Risk resultiert

$$\widehat{VaR}(\alpha)_{10|n} = p_n(1 - \exp(\hat{q}(\alpha)_{10|n})).$$

Der Ansatz der GARCH-Modellierung mit Extremwerttheorie unterscheidet sich vom Ansatz mit ausschließlicher Verwendung des Bootstrap-Verfahrens aus Abschnitt 4.3.2 durch die parametrische Modellierung des interessierenden Randes der standardisierten Residuen. Der Rest der Verteilung wird genau wie bei der GARCH-Modellierung mit Bootstrap-Verfahren durch die geschätzte empirische Verteilung der standardisierten Residuen abgebildet. Die Motivation dieses Vorgehens ist, dass die Extremwerttheorie den Rand der Verteilung besser beschreibt als die historischen empirischen Beobachtungen. In der empirischen Vergleichsstudie wird dieses genauer untersucht. Generell kann davon ausgegangen werden, dass sich die Ergebnisse der Value-at-Risk Prognosen der beiden semi-parametrischen GARCH-Modellierungen nicht stark voneinander unterscheiden, da die Ansätze ein ähnliches Vorgehen aufweisen.

Kapitel 5

Empirische Vergleichsstudie

Die empirische Vergleichsstudie stellt eine umfangreiche Analyse des Spektrums möglicher Ausgestaltungen der Value-at-Risk Berechnung dar. In der Vergleichsstudie werden alle vorgestellten Ansätze zur 1-Schritt und zur 10-Schritt Prognose des Value-at-Risk angewendet. Auf dieser Grundlage werden die Basel II-Anforderungen erfüllt. Die 1-Schritt Value-at-Risk Prognose kann zur Validierung des jeweiligen Ansatzes genutzt werden (vgl. Abschnitt 2.4.4). Darauf aufbauend wird die Anzahl der Backtesting-Ausnahmen der letzten zwölf Monate ausgewertet und zur Bestimmung des Multiplikators für das nächste Quartal herangezogen (vgl. Abschnitt 2.4.5). Der Multiplikator dient zusammen mit der 10-Schritt Value-at-Risk Prognose zur Berechnung der resultierenden Eigenkapitalanforderung (vgl. Abschnitt 2.4.3). Damit wird die Problemstellung des Finanzinstituts realistisch dargestellt. Besondere Aufmerksamkeit liegt auf dem Vergleich der Ansätze hinsichtlich der Anzahl der resultierenden Backtesting-Ausnahmen und der Höhe der Eigenkapitalanforderung. Das Ziel der Value-at-Risk Prognose ist eine möglichst genaue Abbildung der Risikosituation, um die Marktrisiken durch die vorhandene Reserve an Eigenkapital abzudecken. Dieses sollte jedoch nicht zu einer überhöhten Hinterlegung von Eigenkapital führen, da hierdurch zu hohe Kapitalkosten in Kauf genommen werden oder gegebenenfalls Ressourcen gebunden werden, die gewinnbringend investiert werden könnten. Die umfassende Betrachtung des erweiterten Spektrums an Value-at-Risk Ansätzen soll geeignete Ansätze herausfiltern, die eine angemessene Anzahl an Backtesting-Ausnahmen bei gleichzeitig möglichst geringer Eigenkapitalanforderung gewährleisten. Diese Erkenntnis kann von dem jeweiligen Finanzinstitut genutzt werden, um sowohl die Abschätzung von Marktrisiken als auch die Effizienz der Kapitalallokation zu verbessern.

Zur Einordnung der empirischen Vergleichsstudie wird kurz auf aktuelle Studien verwiesen, in denen Value-at-Risk Ansätze verglichen werden. Im Folgenden werden die Studien von Sarma et al. [94], Brooks/Persand [23] und Chong [25] zusammengefasst.

Sarma et al. [94] vergleichen 1-Schritt Value-at-Risk Prognosen mit $\alpha = 0,01$ und $\alpha = 0,05$. Einbezogen werden die historische Volatilität, das EWMA-Modell, AR(1)-GARCH(1,1) mit zugrundeliegender Normalverteilungsannahme und die historische Simulation. Insgesamt sind die Ansätze wenig erfolgreich, wobei dem EWMA-Ansatz und dem AR(1)-GARCH(1,1)-Ansatz noch die günstigsten Eigenschaften bescheinigt werden.

Der Artikel von Brooks/Persand [23] konzentriert sich auf die Evaluation von 1-, 5-, 10- und 20-Schritt Volatilitätsprognosen. Zur Bildung dieser Prognosen werden die historische Volatilität, das EWMA-Modell, univariate GARCH-Modelle und ein multivariates GARCH-Modell (VECH) verwendet. Die Value-at-Risk Prognosen werden durchgehend mit der Normalverteilungsannahme für die Renditezeitreihen gebildet. Die Autoren stellen dabei fest, dass keiner der Ansätze adäquate 99%-Value-at-Risk Prognosen liefert. Auch wurde keine signifikante Verbesserung der Prognosen durch das multivariate GARCH-Modell erreicht („the gain from using a multivariate GARCH model for forecasting volatility, which has not been previously investigated, is minimal“, [23], S. 20).

Chong [25] analysiert 1-Schritt Value-at-Risk Prognosen für Wechselkurse. Hier liegt der Fokus auf dem Vergleich der historischen Volatilität, dem EWMA-Modell, univariaten GARCH-Modellen und bivariaten GARCH-Modellen (VECH, BEKK) mit den Value-at-Risk Prognosen, abgeleitet aus der impliziten Volatilität von Optionen. Dabei werden Value-at-Risk Prognosen für Zusammensetzungen des Portfolios aus jeweils zwei Wechselkursen beispielsweise USD/DEM oder USD/JPY ermittelt. Zur Berechnung des Value-at-Risk wird die bivariate Normalverteilung der Renditezeitreihen angenommen. Dabei wird festgestellt, dass die analysierten Ansätze nicht in der Lage sind, adäquate 99%-Value-at-Risk Prognosen zu ermitteln. Die verwendeten multivariaten Modelle zeigen keine Vorteile auf.

Die empirische Vergleichsstudie dieser Arbeit weist im Vergleich zu den genannten bestehenden Studien einige Weiterentwicklungen auf. Die 10-Schritt Value-at-Risk Prognose wird konsequent für alle Ansätze angewendet. Beispielsweise wird die 10-Schritt Prognose mit CAViaR-Modellen unter Nutzung der Skalierung der 1-Schritt Prognosen betrachtet. Bei der Value-at-Risk Prognose wird nicht ausschließlich auf restriktive Verteilungsannahmen zurückgegriffen, sondern es werden durch die Verwendung von Simulationsverfahren Ansätze analysiert, die das Verhalten von Renditezeitreihen realistischer abbilden. Hervorzuheben sind hierbei die GARCH-Modellierung mit GED-Verteilung und die historische Simulation mit Gewichtungsfaktoren. Insbesondere die Analyse der alternativen multivariaten Ansätze zur Ermittlung von 10-Schritt Value-at-Risk Prognosen beziehungsweise Eigenkapitalanforderungen stellt eine wesentliche Erweiterung dar. Dabei werden die Value-at-Risk Prognosen der multivariaten Ansätze unter Einbeziehung der multivariaten GARCH-Modelle (Faktor-, OGARCH, CCC-, DCC-Modell) umfassend evaluiert. Die Bewertung der 1-Schritt Value-at-Risk Prognosen mit der Zielfunktion der Quantilsregression stellt eine Neuerung dar. Die realistische Nachstellung der Konsequenzen der Basel II-Anforderungen führt zu einem Bewertungsrahmen, der in dieser Ausgestaltung bisher noch nicht betrachtet wurde.

Im Abschnitt 5.1 wird die Datengrundlage der empirischen Vergleichsstudie vorgestellt. Darauf folgend werden im Abschnitt 5.2 die univariaten und multivariaten Ansätze zur Berechnung der Value-at-Risk Prognosen beziehungsweise der Eigenkapitalanforderungen verwendet. Die Bewertung der Ergebnisse aus der Sicht des Finanzinstituts erfolgt im Abschnitt 5.3.

5.1 Beschreibung der Datengrundlage

Zum Vergleich der Ansätze zur Berechnung des Value-at-Risk werden Daten des Indexanbieters Stoxx verwendet. Der Dow Jones Euro Stoxx TMI ist ein vielbeachteter Aktienindex. Das Ziel dieses Indizes ist es, die Entwicklung der Aktien in den Ländern Belgien, Dänemark, Deutschland, Finnland, Frankreich, Griechenland, Großbritannien, Irland, Italien, Luxemburg, Niederlande, Norwegen, Österreich, Portugal, Schweden, Schweiz und Spanien abzubilden. In diesen Ländern wird durch den Euro Stoxx Index etwa 95% der Marktkapitalisierung abgedeckt. Der Index kann daher zur Abbildung eines diversifizierten Portfolios mit Anlageschwerpunkt Europa herangezogen werden.

Der Euro Stoxx Index weist am 31. Dezember 1991 einen Basiswert von 100 aus. Die in der empirischen Studie betrachtete Zeitperiode reicht vom 31. Dezember 1991 bis zum 17. Mai 2004. Es handelt sich um Tagesschlusskurse. Dabei sind bei dem ausgewählten Euro Stoxx Index die Dividendenzahlungen in der Kursentwicklung berücksichtigt, das heißt, die Entwicklung des Index setzt sich aus den Kursveränderungen und den Dividendenzahlungen der enthaltenen Aktien zusammen. Die Notierung erfolgt in Euro. Der Kursverlauf des Euro Stoxx Index

Abbildung 5.1: Kursverlauf des Euro Stoxx Index

ist in der Abbildung 5.1 dargestellt.

Zusätzlich zum Euro Stoxx Index werden fünf Sektoren-Indizes zur Analyse der Value-at-Risk Ansätze genutzt. In diesen fünf Sektoren-Indizes sind alle Aktien des Euro Stoxx Index enthalten. Durch diese Aufteilung ist es möglich, unterschiedliche Entwicklungen in den jeweiligen Industriesektoren abzubilden. Folgende Sektoren-Indizes werden herangezogen: Basic Materials, Cyclical Goods, Financial Services, Industrial Goods und Non-Cyclical Goods. Bei der Betrachtung des Kursverlaufs der Sektoren-Indizes in Abbildung 5.2 wird eine unterschiedliche Entwicklung im Zeitverlauf deutlich.

Durch diese Ausweitung der Analyse können die univariaten Ansätze zur Berechnung des Value-at-Risk anhand von sechs realen Zeitreihen verglichen werden. Zusätzlich wird die Einbeziehung der multivariaten Ansätze ermöglicht, indem die fünf Sektoren-Indizes als Bestandteile eines Portfolios verwendet werden. Zum besseren Vergleich der univariaten und der multivariaten Betrachtungsweise wird aus den fünf Sektoren-Indizes eine Zeitreihe erzeugt, die den Kursverlauf des Portfolios bestehend aus den gleichgewichteten Sektoren-Indizes (jeweils 20%) abbildet. Diese univariate Zeitreihe wird im Folgenden als „gewichtetes Portfolio" bezeichnet. Der Vorteil dieser Zeitreihe liegt in der Konstanz der Gewichtungsstruktur ω im Zeitverlauf. Der Euro Stoxx Index setzt sich aus den fünf Sektoren-Indizes zusammen. Die Zusammensetzung variiert täglich anhand der Marktkapitalisierung der einzelnen Komponenten.

Abbildung 5.2: Kursverlauf der Sektoren-Indizes

Ein Vergleich der univariaten und multivariaten Ansätze bei konstanten Gewichtungsstrukturen ist daher sinnvoller.

Zur Berechnung des Value-at-Risk wird in der Regel die Renditezeitreihe des jeweiligen Aktienindex verwendet (vgl. Abschnitt 2.2.1). Die Charakteristika der empirischen Renditezeitreihen (vgl. Gleichung 2.7) lassen sich durch die deskriptiven Kennzahlen Mittelwert, Varianz, Schiefe und Kurtosis beschreiben (vgl. Abschnitt 2.2). Die geschätzten Kennzahlen für den gesamten Betrachtungszeitraum (31.12.1991-17.05.2004) können der Tabelle 5.1 entnommen werden.

Renditezeitreihen	Mittelwert $\hat{\mu}$	Varianz $\widehat{\sigma^2}$	Schiefe $\hat{S}$	Kurtosis $\hat{K}$
Euro Stoxx	0,000344	0,000115	-0,272	6,549
Basic Materials	0,000369	0,000123	-0,159	6,669
Cyclical Goods	0,000267	0,000142	-0,228	6,836
Financial Services	0,000390	0,000158	-0,239	8,402
Industrial Goods	0,000291	0,000116	-0,352	6,427
Non-cyclical Goods	0,000353	0,000090	-0,230	6,425
Gewichtetes Portfolio	0,000337	0,000108	-0,340	6,894

Tabelle 5.1: Deskriptive Statistik der Datengrundlage

Es ist erkennbar, dass alle Indizes eine negative Schiefe und eine höhere Kurtosis im Vergleich zur Normalverteilung aufweisen. Alle Indizes erzielten eine positive Rendite. Bei Annahme von 250 Handelstagen pro Jahr kann die in der Tabelle angegebene durchschnittliche Tagesrendite in die durchschnittliche Rendite pro Jahr durch grobe Abschätzung überführt werden. Für den Euro Stoxx Index resultieren 8,61% ($250\hat{\mu}$) durchschnittliche jährliche Rendite. Die durchschnittliche Standardabweichung beziehungsweise Volatilität pro Jahr des Euro Stoxx beträgt 16,96% ($\sqrt{250}\hat{\sigma}$).

Die Analyse der deskriptiven Kennzahlen kann um rollierende Analysen erweitert werden. Die betreffende Kennzahl wird für ein Zeitfenster einer bestimmten Länge berechnet, welches im Betrachtungszeitraum jeweils einen Tag weitergeschoben wird. Bei Verwendung von 250 Tagen als Zeitfenster wird zunächst die Kennzahl für die Tage 1 bis 250 berechnet. Daraufhin wird das Zeitfenster um eine Periode weitergeschoben und wiederum die Kennzahl für die Tage 2 bis 251 berechnet. Dieses Vorgehen wird fortgeführt bis das Ende des Betrachtungszeitraums erreicht ist.

Für den Euro Stoxx Index sind in der Abbildung 5.3 die Kennzahlen Mittelwert, Standardabweichung, Schiefe und Kurtosis mit einem Zeitfenster von 250 Tagen dargestellt, um die zeitveränderlichen Charakteristika der Renditezeitreihe zu betrachten.

Es sind eindeutig unterschiedliche Phasen der Renditeerzielung zu erkennen. Insbesondere das Jahr 2002 zeichnete sich durch einen klaren Abwärtstrend des Euro Stoxx Index aus. Auch die Veränderung der Standardabweichung der Renditezeitreihe des Euro Stoxx Index wird deutlich. Nach den turbulenten Jahren 1998 und 1999 kam es im Jahr 2002 nochmals zu einer deutlichen Zunahme der Schwankungsbreite des Euro Stoxx Index. Angefangen im zweiten Halbjahr 2003 ist eine Abnahme der Standardabweichung bis zum Ende des Betrachtungszeitraums eingetreten.

Die Kurtosis der Renditezeitreihe, das heißt die Kennzahl zur Beschreibung der Häufungen von Werten in den Rändern der Verteilung, zeigt deutliche Strukturen im Zeitverlauf. Die Abbildung zeigt die Abhängigkeit dieser Kennzahl von extremen Beobachtungen der Renditezeitreihe. Das Eintreten einer extremen Beobachtung in das Zeitfenster oder das Verlassen des Zeitfensters hinterlässt deutliche Spuren. Darüber hinaus zeichnet sich in bestimmten Zeitperioden eine Zunahme beziehungsweise Abnahme der Kurtosis ab. Erkennbar sind die Abnahme im Jahr 1998 und die Zunahme im zweiten Halbjahr 2003.

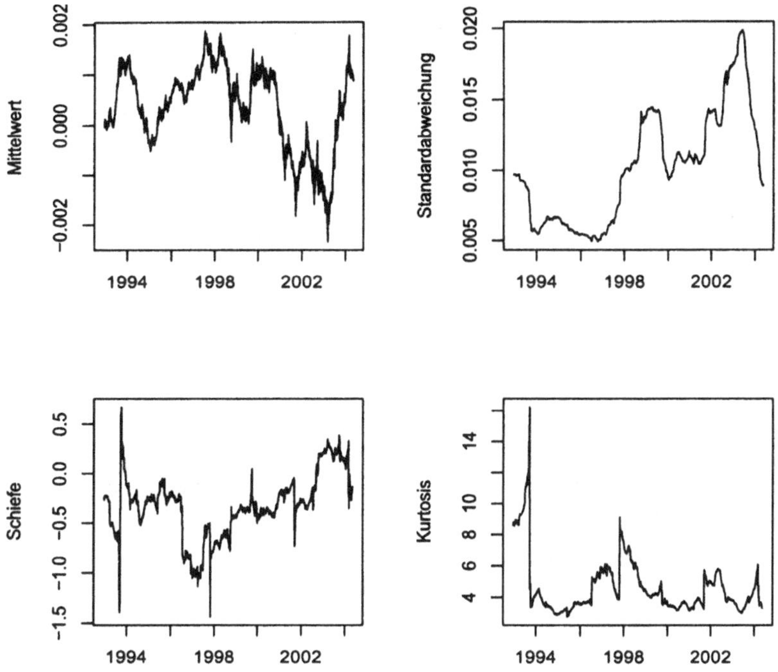

Abbildung 5.3: Kennzahlen des Euro Stoxx Index im Zeitverlauf

Die zeitveränderlichen Charakteristika der Renditezeitreihe des Euro Stoxx zeigen deutlich die Relevanz der Beachtung der zeitveränderlichen Verteilung der Renditezeitreihe zur Value-at-Risk Prognose.

5.2 Anwendung der alternativen Ansätze

In der empirischen Vergleichsstudie wird auf die vorgestellte rollierende Analyse zurückgegriffen. Dabei nutzen die unterschiedlichen Ansätze jeweils ein bestimmtes Zeitfenster der historischen Renditezeitreihe, um die Value-at-Risk Prognose für den nächsten Tag beziehungsweise die nächsten zehn Tage zu berechnen. Als längstmögliches Zeitfenster werden 2000 tägliche Beobachtungen der Renditezeitreihe verwendet. Durch die Differenzenbildung zur Berechnung der Renditezeitreihe werden damit die ersten 2001 Tage als maximale Historie des Startzeitpunkts definiert. Diese Zeitperiode reicht vom 31.12.1991 bis zum

23.09.1999. Als Variationen der Länge der Historie werden in der empirischen Vergleichsstudie 1000 Tage und 250 Tage in den Ansätzen berücksichtigt.

Die Berechnung des Value-at-Risk beginnt mit dem Informationsstand am 23.09.1999. Mit allen Informationen aus der Historie einschließlich des 23.09.1999 wird die Berechnung der Value-at-Risk Prognose für den nächsten Handelstag (24.09.1999) und für die nächsten zehn Handelstage (24.09.1999 bis 7.10.1999) mit den alternativen Ansätzen vorgenommen. Dann wird das Zeitfenster einen Handelstag weitergerollt. Damit dienen der nächsten Berechnung alle Informationen einschließlich des 24.09.1999. Auf dieser Grundlage wird dann wiederum der Value-at-Risk des nächsten Handelstages (27.09.1999) und der nächsten zehn Handelstage (27.09.1999 bis 8.10.1999) berechnet. Dieses Vorgehen wird bis zum Erreichen des Endes der betrachteten Zeitperiode fortgeführt.

Daraus resultieren 1174 1-Schritt Value-at-Risk Prognosen und 1174 10-Schritt Value-at-Risk Prognosen. Dieses bedeutet, dass die Parameter des jeweiligen Ansatzes in 1174 Schätzungen jeweils neu ermittelt werden. Dabei wird zur Schätzung der GARCH-Modelle auf das Programm „EViews“ zurückgegriffen. Alle weiteren Berechnungen zur Ermittlung der Value-at-Risk Prognosen werden mit dem Programm „R“ durchgeführt. Der Programm-Code der durchgeführten Analysen der alternativen Ansätze ist auf der Homepage des Fachgebiets Statistik/Empirische Wirtschaftsforschung der Universität Osnabrück hinterlegt: http://nts4.oec.uni-osnabrueck.de/stat1/stat1.htm.

Um die Ermittlung der Eigenkapitalanforderung durchzuführen, werden bei der Berechnung die Basel-II Kriterien eingehalten, das heißt es wird $\alpha = 0,01$ gesetzt und eine Mindestlänge des historischen Zeitfensters von 250 Handelstagen beachtet (vgl. Abschnitt 2.4.2). Für die Berechnung der 1-Schritt und der 10-Schritt Value-at-Risk Prognosen wird eine konsistente Methodik verwendet.

Zur Evaluation der Ansätze werden die Value-at-Risk Prognosen mit den tatsächlich eingetretenen Kursbewegungen verglichen. Die Anzahl der Backtesting-Ausnahmen in den jeweils letzten vier Quartalen wird ausgewertet und zur Festlegung des Multiplikators im nächsten Quartal verwendet (vgl. die Abschnitte 2.4.4 und 2.4.5). Aus der Ermittlung des Multiplikators und der 10-Schritt Value-at-Risk Prognose lassen sich realistisch abgebildete Eigenkapitalanforderungen berechnen (vgl. Abschnitt 2.4.3). Diese umfassende Darstellung der Qualität der konkurrierenden Ansätze zur Ermittlung der Marktrisiken kombiniert mit der Betrachtung der Konsequenzen der Modellierung für das Finanzinstitut liefert eine sinnvolle Entscheidungshilfe zur Auswahl des zur Value-at-Risk Prognose geeigneten Ansatzes.

5.2.1 Anwendung der univariaten Ansätze

Die Anwendung der univariaten Ansätze erstreckt sich auf den Euro Stoxx Index, die fünf Sektoren-Indizes und das aus den fünf Sektoren-Indizes gebildete gewichtete Portfolio. Die Auswertung der Ansätze hinsichtlich des gewichteten Portfolios liefert die Grundlage zum Vergleich der geeigneten univariaten Ansätze mit den multivariaten Ansätzen, der im Abschnitt 5.2.2 folgt. Insgesamt werden 14 univariate Ansätze zur Value-at-Risk Prognose verwendet. Darunter befinden sich die historische Simulation (mit und ohne Gewichtungsfaktoren), die historische Volatilität, die exponentielle Glättung der Volatilität, sechs Ansätze mit Integration der GARCH-Modelle zur Volatilitätsprognose und vier CAViaR-Ansätze mit unterschiedlicher Ausgestaltung der funktionalen Form zur Beschreibung des bedingten Quantils.

Die 14 Ansätze werden mit unterschiedlicher Länge der Historie angewendet. Dabei werden 250, 1000 und 2000 Handelstage als Historie betrachtet. Es werden nicht für jeden Ansatz alle drei Möglichkeiten verwendet, da einige Kombinationen nicht sinnvoll sind. Beispielsweise ist eine Historie von 250 Tagen zu gering, um ein GARCH-Modell mit zuverlässiger Parameterschätzung anzupassen. Durch die Variation der Historie werden letztendlich 30 Ausgestaltungen der 14 Ansätze untersucht. Mit dieser Vorgehensweise wird der empirischen Vergleichsstudie eine weitere Dimension hinzugefügt. Zusätzlich zu der umfassenden Bewertung der alternativen Ansätze können Aussagen über die Auswirkung der unterschiedlichen Länge der Historie getroffen werden.

Um die Verbindung zu den vorangegangenen Kapiteln herzustellen und die Ansätze besser vergleichen und einordnen zu können, werden die alternativen Ansätze kurz zusammengefasst. Als erste Gruppe der alternativen Value-at-Risk Ansätze werden die in der Praxis verwendeten Ansätze herangezogen:

1. Historische Simulation mit gleichgewichteter Historie (250, 1000 und 2000 Handelstage). In dem Vergleich werden die 10-Schritt Value-at-Risk Prognosen, ermittelt durch die Simulation aus den empirischen 1-Schritt Renditen, betrachtet, da die Simulation aus den kumulierten 10-Schritt Renditen zu wesentlich höheren Eigenkapitalanforderungen führt (vgl. Abschnitt 2.5.2).

2. Historische Volatilität mit Normalverteilungsannahme und einer Historie von 250, 1000 und 2000 Handelstagen (vgl. Abschnitt 2.5.1).

3. Exponentielle Glättung der Volatilität (EWMA-Modell) mit $\lambda = 0,94$ (vgl.

Abschnitt 2.5.3), wobei eine Historie von 250 Tagen verwendet wird, da eine längere Historie aufgrund der Modellstruktur zu keinen anderen Ergebnissen führt.

Die neueren Ansätze werden wiederum in die Ausgestaltungsmöglichkeiten nicht-parametrische, parametrische und semi-parametrische Ansätze unterteilt. Bei den nicht-parametrischen Ansätzen wird die historische Simulation mit Gewichtungsfaktoren angewendet (vgl. Abschnitt 4.1):

4. Historische Simulation mit heuristischen Gewichtungsfaktoren $\epsilon_{n-l+1} = \frac{1-\lambda}{1-\lambda^n}\lambda^{l-1}$, $l = 1, ..., n$ mit 250, 1000 und 2000 Tagen als Historie. Der Parameter dieser exponentiellen Gewichtung ist $\lambda = 0,99$. Durch die Wahl dieses Parameters resultiert eine Gewichtung der Historie, die nicht zu stark vom aktuellen Rand der empirischen Beobachtungen abhängt.

Die parametrischen Ansätze werden durch vier Ausgestaltungen mit GARCH-Modellen repräsentiert, wobei zwei dieser Ansätze die Normalverteilung für die kumulierte Renditezeitreihe unterstellen und die anderen beiden Ansätze auf Simulationsverfahren zurückgreifen:

5. GARCH(1,1)-Modell mit einer Konstanten in der Mittelwertgleichung $r_{n+1} = \mu + \sqrt{h_{n+1}}v_{n+1}$ mit $h_{n+1} = \alpha_0 + \alpha_1 u_n^2 + \beta_1 h_n$ und Annahme der Normalverteilung für die kumulierte Renditezeitreihe $\hat{h}_{\tau|n}^{-\frac{1}{2}}(r_{n+\tau} - \hat{\mu}_{\tau|n}) \sim \mathcal{N}(0,1)$ (vgl. Abschnitt 4.2.1).

6. GARCH(1,1)-Modell mit einer Konstanten und einem AR(1)-Term in der Mittelwertgleichung $r_{n+1} = \theta + \phi r_n + \sqrt{h_{n+1}}v_{n+1}$ und Annahme der Normalverteilung für die kumulierte Renditezeitreihe (siehe Ansatz 5).

7. GARCH(1,1)-Modell mit einer Konstanten in der Mittelwertgleichung und simulierter kumulierter Renditeverteilung auf Grundlage normalverteilter standardisierter Residuen $\tilde{v}_{j,n+\tau} \sim$ i.i.d. $\mathcal{N}(0,1)$ (vgl. Abschnitt 4.2.1).

8. GARCH(1,1)-Modell mit einer Konstanten in der Mittelwertgleichung und simulierter kumulierter Renditeverteilung auf Grundlage GED-verteilter standardisierter Residuen $\tilde{v}_{j,n+\tau} \sim$ i.i.d. GED$(0,1,\hat{\nu})$ mit geschätztem Parameter $\hat{\nu}$ (vgl. Abschnitt 4.2.2).

Zu den GARCH-Modellen kann generell angemerkt werden, dass die Parameter in zwei Schritten geschätzt werden (vgl. Abschnitt 3.1.2). Im ersten Schritt werden die Parameter der Mittelwertgleichung mit der Kleinst-Quadrate Methode geschätzt. Die daraus resultierenden geschätzten standardisierten Residuen $\hat{u}_i$ werden im Anschluss in die Gleichung 3.3 eingesetzt. Die folgende Optimierung der Maximum-Likelihood Funktion liefert die geschätzten Parameter der Varianzgleichung. Die Schätzung der GARCH-Modelle wird mit dem Software-Programm „EViews" unter Verwendung des Marquardt-Algorithmus vorgenommen. Dabei werden die Parameter für die 1174 Prognosen jeweils neu geschätzt. Die Ermittlung der Value-at-Risk Prognosen, gegebenenfalls unter Berücksichtigung von Simulationsverfahren, wird mit dem Programm „R" vorgenommen.

Als semi-parametrische Ansätze werden vier CAViaR-Ansätze betrachtet (vgl. Abschnitt 4.3.1). Dabei werden unterschiedliche Ausgestaltungen verwendet, um dieses neue Modell zu analysieren. Darüber hinaus werden zwei GARCH-Ansätze betrachtet, die nicht auf restriktive Verteilungsannahmen, sondern auf die geschätzten standardisierten Residuen zurückgreifen. Einer dieser beiden Ansätze bezieht die Extremwerttheorie ein:

9. CAViaR-Modell mit Ausgestaltung des Quantils beruhend auf dem symmetrischen Absolutwert (SAV) der Rendite $q(\alpha)_{1|n} = -\beta_0 + \beta_1 q(\alpha)_n - \beta_2|r_n|$.

10. CAViaR-Modell mit zeitlicher Entwicklung des Quantils aufgrund adaptiver Anpassung $q(\alpha)_{1|n} = q(\alpha)_n - \beta\left((1 + \exp\left(G\left[r_n - q(\alpha)_n\right]\right))^{-1} - \alpha\right)$ mit $G = 10$. Die Wahl dieses Parameters G wird von Engle/Manganelli [39] vorgeschlagen.

11. CAViaR-Modell mit Ausgestaltung des Quantils durch asymmetrische Wirkung des Absolutwerts (AAV) der Rendite der Vorperiode $q(\alpha)_{1|n} = -\beta_0 + \beta_1 q(\alpha)_n - \beta_2|r_n - \beta_3|$.

12. CAViaR-Modell mit asymmetrischer Anpassung (AS) $q(\alpha)_{1|n} = -\beta_0 + \beta_1 q(\alpha)_n + \beta_2 \max(0, r_n) + \beta_3 \min(0, r_n)$.

13. GARCH(1,1)-Modell mit einer Konstanten in der Mittelwertgleichung und simulierter kumulierter Renditeverteilung auf Grundlage der Anwendung des Bootstrap-Verfahrens auf die geschätzten standardisierten Residuen (vgl. Abschnitt 4.3.2).

14. GARCH(1,1)-Modell mit einer Konstanten in der Mittelwertgleichung und simulierter kumulierter Renditeverteilung auf Grundlage der Anwendung

des Bootstrap-Verfahrens auf die geschätzten standardisierten Residuen und zusätzlicher Modellierung des linken Randes durch Extremwerttheorie (vgl. Abschnitt 4.3.3).

Die folgende umfassende Untersuchung der vorgestellten Ansätze wird Stärken und Schwächen herausarbeiten, um dem jeweiligen Anwender die Auswahl eines geeigneten Ansatzes zu erleichtern. Dabei werden die in der Praxis verwendeten Ansätze kritisch überprüft, um einen möglicherweise für die Finanzinstitute vorhandenen Handlungsbedarf offenzulegen.

Um diese Evaluation vorzunehmen, werden insbesondere die Qualität der Ansätze aufgrund der Anzahl der Backtesting-Ausnahmen und die Konsequenzen resultierend aus der Beachtung der Basel II-Anforderungen (vgl. Abschnitt 2.4) betrachtet. Daneben werden grafische Vergleiche und die Zielfunktion der Quantilsregression (vgl. Abschnitt 4.3.1) herangezogen. Zur Evaluation der Ansätze wird der folgende Kriterienkatalog verwendet:

- Grafischer Vergleich der τ-Schritt Quantilsprognosen beziehungsweise der Value-at-Risk Prognosen
- Vergleich der Anzahl und des zeitlichen Auftretens der Backtesting-Ausnahmen, basierend auf den berechneten Quantilsprognosen
- Entwicklung und durchschnittlicher Wert des Basel II-Multiplikators
- Entwicklung und durchschnittlicher Wert der resultierenden Basel II-Eigenkapitalanforderung
- Anzahl der Quartale in gelber beziehungsweise roter Zone
- Zielfunktion der Quantilsregression für die 1-Schritt Quantilsprognose

$$\mathrm{QR} = -\sum_{i=2001}^{3174} \left(I(r_{i+1} < \hat{q}(0,01)_{1|i}) - \alpha\right)\left(r_{i+1} - \hat{q}(0,01)_{1|i}\right).$$

Die Auswahl der Kriterien sorgt für die Abbildung der wesentlichen Aspekte zur Beurteilung der Value-at-Risk Ansätze. Weitere Kriterien liefern kaum zusätzliche Informationen. Beispielsweise beurteilen die in Abschnitt 2.4.4 dargestellten Likelihood-Ratio Teststatistiken die Anzahl und das zeitliche Auftreten der Backtesting-Ausnahmen, welches durch die ausgewählten Kriterien, wie die Anzahl der Quartale mit erhöhtem Multiplikator aufgrund von gehäuft auftretenden Backtesting-Ausnahmen, bereits abgebildet wird.

Auch die Heranziehung des in Gleichung 2.12 vorgestellten Expected Shortfall liefert keine weiteren Einsichten zur Beurteilung der Ansätze. Ein denkbares Kriterium in Anlehnung an den Expected Shortfall ist die Betrachtung der durchschnittlichen Abweichung der Renditezeitreihe von der 1-Schritt Quantilsprognose, gegeben eine Backtesting-Ausnahme liegt vor, hier mit $S1$ bezeichnet

$$S1 = \frac{1}{BA} \sum_{i=2001}^{3174} I(r_{i+1} < \hat{q}(0,01)_{1|i})(r_{i+1} - \hat{q}(0,01)_{1|i}),$$

wobei BA die Anzahl der auftretenden Backtesting-Ausnahmen angibt. Als Alternative kann der durchschnittliche Wert der Renditezeitreihe bei Vorliegen einer Backtesting-Ausnahme ($S2$) analysiert werden

$$S2 = \frac{1}{BA} \sum_{i=2001}^{3174} I(r_{i+1} < \hat{q}(0,01)_{1|i}) r_{i+1}.$$

Beide Kriterien hängen maßgeblich von der Anzahl an Backtesting-Ausnahmen ab. Diese Anzahl wird durch die Zuverlässigkeit der Schätzung des Quantils $\hat{q}(0,01)_{1|i}$ bestimmt, welche sich bei den betrachteten Ansätzen deutlich unterscheiden kann.

Als Resultat kann aus dieser Konstellation folgen, dass ein unzuverlässiger Ansatz, mit deutlich höherer Anzahl an Backtesting-Ausnahmen, einen besseren Wert in einem der beiden Kriterien aufweist als ein zuverlässiger Ansatz mit zufriedenstellender Anzahl an Backtesting-Ausnahmen. Die Auswahl anhand dieser Kriterien scheint daher für die vorliegende empirische Vergleichsstudie nicht sinnvoll zu sein. Das Weglassen der Division durch die Anzahl an Backtesting-Ausnahmen in den beiden Kriterien liefert ebenfalls keine Information, die nicht bereits durch die erwähnten Kriterien abgebildet wird.

Im Folgenden werden die Quantilsprognosen beziehungsweise Value-at-Risk Prognosen und die resultierenden Konsequenzen durch Abbildungen veranschaulicht. Der Kernteil der Evaluation folgt im Anschluss durch den ausführlichen tabellarischen Vergleich der alternativen Value-at-Risk Ansätze. Der umfassende Vergleich der ausgewählten Kriterien ist notwendig, um eine angemessene Berücksichtigung der Komplexität der Evaluation sicherzustellen.

Es wird mit der Veranschaulichung der 1174 Prognosen des Quantils der 1-Schritt Renditen $\hat{q}(0,01)_{1|n}$ begonnen. Die 1-Schritt Quantilsprognosen, basierend auf der historischen Simulation (Ansatz 1) mit einem historischen Zeitfenster von 250 Tagen werden zusammen mit den tatsächlich eingetretenen Renditen des Euro

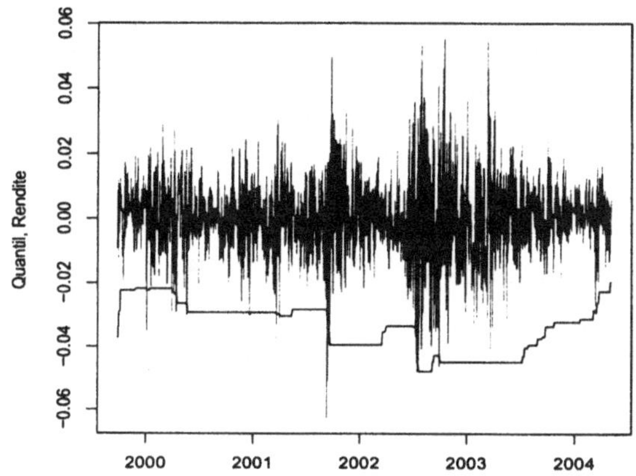

Abbildung 5.4: 1-Schritt Quantilsprognosen für den Euro Stoxx Index

Stoxx Index in Abbildung 5.4 dargestellt. Der prognostizierte Verlauf des 1-Schritt Quantils wird durch die schwarze Linie dargestellt. Deutlich erkennbar ist, dass die Quantilsprognose relativ langsam auf die Entwicklung der Renditezeitreihe reagiert. Die Anpassungen des prognostizierten Quantils hängen stark von der Länge des Zeitfensters ab. Es kommt zu Anpassungen, wenn extrem negative Renditen in das Zeitfenster eintreten oder es verlassen. Die Entwicklung des Quantils kann exemplarisch an der Zeitperiode ab dem 11. September 2001 verdeutlicht werden. Die extrem negative Rendite führt zu einer deutlichen Anpassung der Quantilsprognose. Die Anpassung geschieht nicht heftig genug, um die folgende extrem negative Rendite zu antizipieren.

Daraus kann geschlossen werden, dass die historische Simulation nicht zu ausreichenden Anpassungen der Value-at-Risk Prognose bei gehäuften extrem negativen Renditen führt. Auch auf Phasen von nachlassender Schwankungsbreite der Renditezeitreihe wird schwerfällig reagiert. Beispielsweise wird die Quantilsprognose nach dem 11. September 2001 oder in der zweiten Jahreshälfte 2003 nur langsam angepasst, obwohl die Schwankungsbreite der Renditezeitreihe deutlich abnimmt. In dieser Zeitperiode kann die Quantilsprognose als eher konservativ angesehen werden.

Um die Unterschiede der Quantilsprognosen zu verdeutlichen, werden in der Abbildung 5.5 die vier Ansätze historische Simulation (Ansatz 1), historische Volatilität (Ansatz 2), GARCH-Modell mit GED-Verteilung (Ansatz 8) und

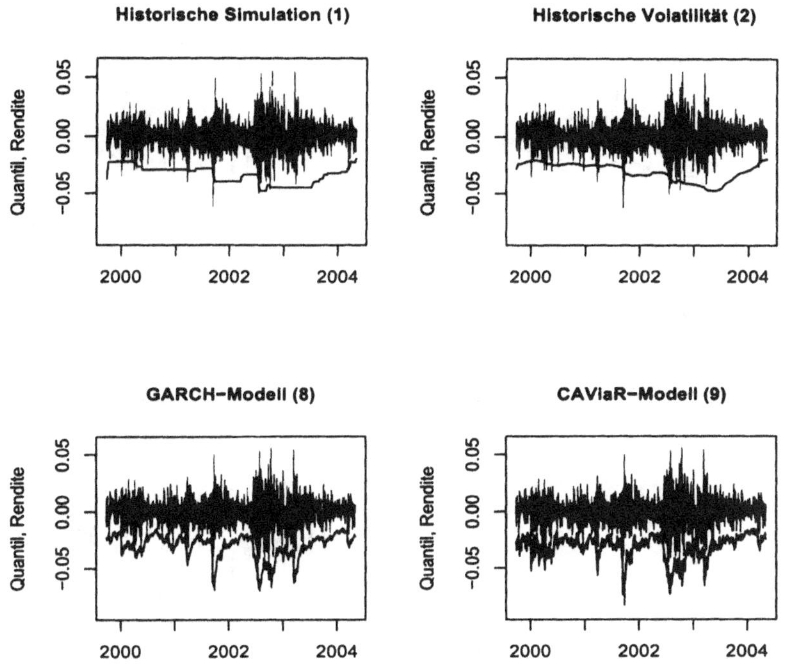

Abbildung 5.5: Vergleich der 1-Schritt Quantilsprognosen für den Euro Stoxx

CAViaR-Modell (Ansatz 9) gegenübergestellt. Die historische Volatilität mit Normalverteilungsannahme bezieht 250 Tage als Historie ein. Das GARCH-Modell und das CAViaR-Modell nutzen 1000 Tage als Historie.

Die 1-Schritt Quantilsprognose der historischen Volatilität reagiert im Gegensatz zur historischen Simulation mit täglichen Anpassungen der Quantilsprognose. Allerdings sind die Anpassungen nicht ausgeprägt genug, um die kräftigen Abwärtsbewegungen des Euro Stoxx Index abzubilden.

Das GARCH-Modell liefert im Gegensatz zur historischen Simulation und zur historischen Volatilität wesentlich reaktionsschnellere Quantilsprognosen. Dieses resultiert aus der expliziten Modellierung der Volatilität der Renditezeitreihe. Das GARCH-Modell reagiert sehr ausgeprägt auf die extrem negative Rendite am 11. September 2001. Ein weiterer Vorteil dieses Ansatzes liegt in der Reaktion auf Phasen geringerer Schwankungsbreite. Nach dem 11. September 2001 kommt es zeitnah zu einer Beruhigung der Renditezeitreihe, die vom GARCH-Modell nachvollzogen wird. Auch in der ruhigeren Phase ab dem 2. Halbjahr 2003 wird

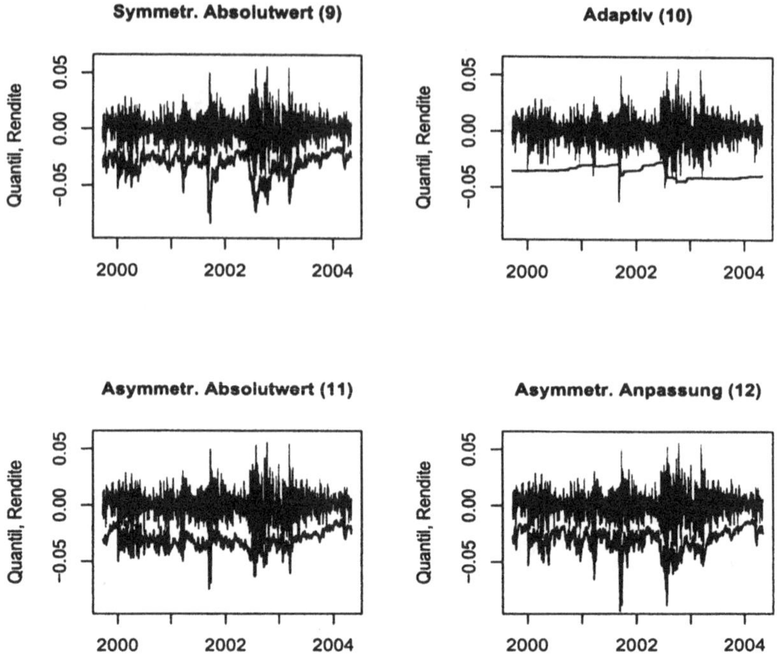

Abbildung 5.6: CAViaR 1-Schritt Quantilsprognosen für den Euro Stoxx Index

die Quantilsprognose des GARCH-Modells deutlicher als bei der historischen Simulation oder der historischen Volatilität angepasst. Zusätzlich zur expliziten Modellierung der Volatilität wirkt sich bei diesem Ansatz die Modellierung der geschätzten standardisierten Residuen mit der GED-Verteilung aus. Durch die Veränderung der Kurtosis der geschätzten standardisierten Residuen wird die Quantilsprognose angepasst. Das Zusammenwirken dieser beiden Komponenten führt zu günstigen Eigenschaften der Quantilsprognosen.

Als vierter Ansatz dieser Gegenüberstellung wird der CAViaR-Ansatz 9 dargestellt. Die vier im vorangegangenen Kapitel vorgestellten CAViaR-Ansätze weisen, wie in der Abbildung 5.6 erkennbar, unterschiedliche Quantilsprognosen auf. Der Ansatz 9 weist eine hohe Ähnlichkeit zum GARCH-Modell auf. Dieses lässt sich durch die Ausgestaltung des Quantils in Abhängigkeit des Absolutwerts der Rendite der Vorperiode erklären. Das CAViaR-Modell reagiert, ähnlich wie das GARCH-Modell, schnell auf die Veränderungen der Charakteristika der Renditezeitreihe. Dabei wird deutlich, dass die Quantilsprognosen des

CAViaR-Modells im Vergleich zum GARCH-Modell auf Veränderungen heftiger reagieren. Die CAViaR-Ansätze 11 und 12 zeigen ebenfalls reaktionsschnelle 1-Schritt Quantilsprognosen. Der Ansatz 10 zeigt ein ähnliches Verhalten wie die historische Simulation. Die Anpassungen werden nur sehr langsam vorgenommen. Dies folgt aus der adaptiven Ausgestaltung. Der Ansatz 11 unterscheidet sich durch die Einbeziehung des zusätzlichen Parameters zur Abbildung von Asymmetrien vom Ansatz 9. Die Quantilsprognosen des CAViaR-Ansatzes 12 weisen die heftigsten Ausschläge aus. Dies ist durch die separate Bestimmung eines Parameters für den Effekt negativer Renditen begründbar. Insgesamt kann zu den CAViaR-Ansätzen festgehalten werden, dass sich die unterschiedlichsten Formen der Quantilsprognose durch die Ausgestaltung der Funktion zur Beschreibung des Quantils bilden lassen.

Aus der Diskussion der Quantilsprognose folgt die Darstellung der Backtesting-Ausnahmen in Abbildung 5.7 (vgl. Abschnitt 2.4.4).

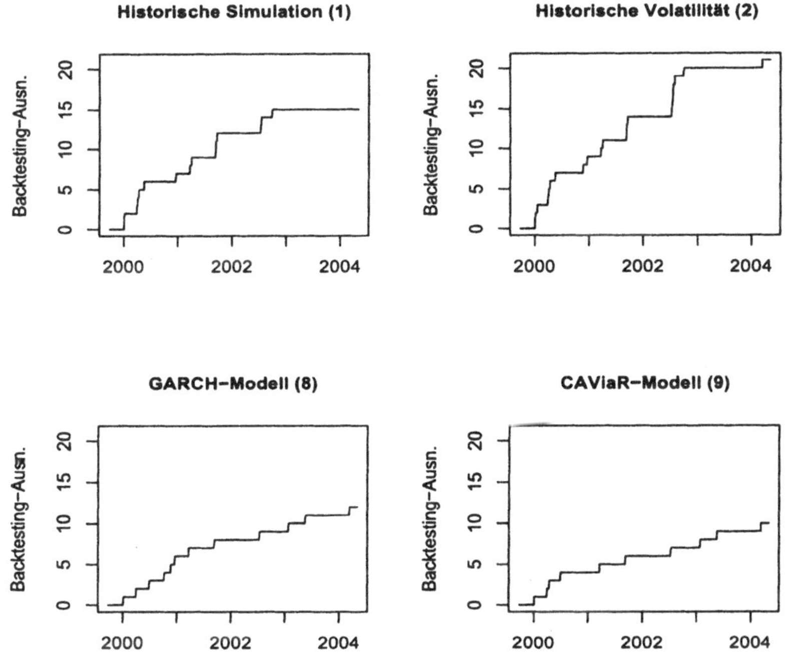

Abbildung 5.7: Vergleich der Backtesting-Ausnahmen für den Euro Stoxx Index

Der Abbildung ist die Summation der Backtesting-Ausnahmen im Zeitverlauf zu entnehmen. Es werden die vier Ansätze historische Simulation (Ansatz 1), historische Volatilität (Ansatz 2), GARCH-Modell (Ansatz 8) und CAViaR-Modell (Ansatz 9) gegenübergestellt.

Bei den Ansätzen der historischen Simulation und der historischen Volatilität sind stärkere Häufungen an Backtesting-Ausnahmen zu erkennen als beim GARCH-Modell oder CAViaR-Modell. Ein geeigneter Ansatz zur Value-at-Risk Berechnung sollte kaum Häufungen aufweisen, da verstärkte Häufungen ein Zeichen dafür sind, dass zusätzliche Informationen vorhanden sind, die in den betreffenden Ansatz integriert werden sollten. Bei dem GARCH-Modell und dem CAViaR-Modell sind bei diesem Kriterium Vorteile erkennbar. Die Backtesting-Ausnahmen sind gleichmäßiger über den Gesamtzeitraum verteilt.

Aus dieser zeitlichen Taktung der Backtesting-Ausnahmen leitet sich der Verlauf des Basel II-Multiplikators ab (vgl. Abschnitt 2.4.5). Die erste Value-at-Risk Prognose wird für den 24.09.1999 vorgenommen. Daher kann für die erste Evaluation eines kompletten Jahres der Zeitraum des 4. Quartals 1999 und der ersten drei Quartale des Jahres 2000 verwendet werden (1.10.1999-30.09.2000). Die Anzahl der Backtesting-Ausnahmen in diesem Zeitraum wird herangezogen, um anhand der Basel II-Kriterien den Multiplikator für das folgende Quartal festzulegen. Die erste Anpassung des Multiplikators erfolgt für das 4. Quartal 2000. Diese Auswertung und die gegebenenfalls erforderliche Veränderung des Multiplikators wird quartalsweise vorgenommen. In der Abbildung 5.8 ist der zeitliche Verlauf der Multiplikatoren resultierend aus historischer Simulation (Ansatz 1), historischer Volatilität (Ansatz 2), GARCH-Modell (Ansatz 8) und CAViaR-Modell (Ansatz 9) dargestellt.

Der Verlauf des Multiplikators basierend auf der historischen Simulation zeigt, dass durch die Häufungen der Backtesting-Ausnahmen einige Quartale mit einem erhöhten Multiplikator belegt werden. Mit Ausnahme des 3. Quartals 2001 kommt es bis zum 2. Quartal 2002 zu Anhebungen des Multiplikators. Nach der Definition der Basel II-Kriterien wird aufgrund dieser Ergebnisse die Ampellogik in den betreffenden Quartalen auf Gelb gesetzt. Beim Ansatz 2, basierend auf der historischen Volatilität, kommt es ebenfalls zu mehreren deutlichen Erhöhungen des Multiplikators. Das CAViaR-Modell schneidet in diesem Vergleich günstig ab, da keine Anhebung des Multiplikators resultiert.

In dem später folgenden tabellarischen Vergleich aller vorgestellten Ansätze ist es als Kriterium erstrebenswert, den Multiplikator im Zeitverlauf möglichst gering zu halten. Allerdings kann dieses Kriterium nur in gemeinsamer Betrachtung

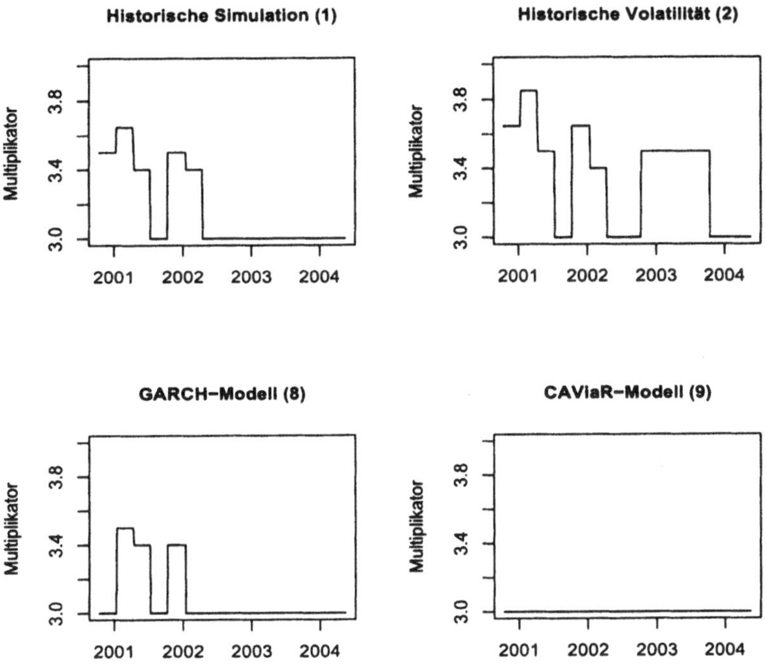

Abbildung 5.8: Vergleich der Multiplikatoren für den Euro Stoxx Index

mit der resultierenden Eigenkapitalanforderung herangezogen werden; denn es ist denkbar, einen Ansatz zu finden, der sehr konservative Quantilsprognosen vornimmt und damit wenige Backtesting-Ausnahmen hervorbringt. Aus Sicht des Finanzinstituts kann die alleinige Betrachtung des resultierenden Multiplikators nicht zielführend sein, da die konservativen Quantilsprognosen gegebenenfalls zu vergleichbar hohen Eigenkapitalanforderungen führen.

Die weitere Komponente zur Berechnung der Eigenkapitalanforderung ist der 10-Schritt Value-at-Risk, der auf den 10-Schritt Quantilsprognosen basiert. Diese prognostizierten Quantile sind für die vier Ansätze des Vergleichs der Abbildung 5.9 zu entnehmen. Der Verlauf der 10-Schritt Quantilsprognose der historischen Simulation entsteht durch die Nutzung des Bootstrap-Verfahrens zur Simulation der 10-Schritt Renditen. Bei der historischen Simulation und der historischen Volatilität mit Normalverteilungsannahme ist erkennbar, dass in Analogie zu den 1-Schritt Prognosen nicht schnell genug auf Veränderungen der Charakteristika der Renditezeitreihe reagiert wird.

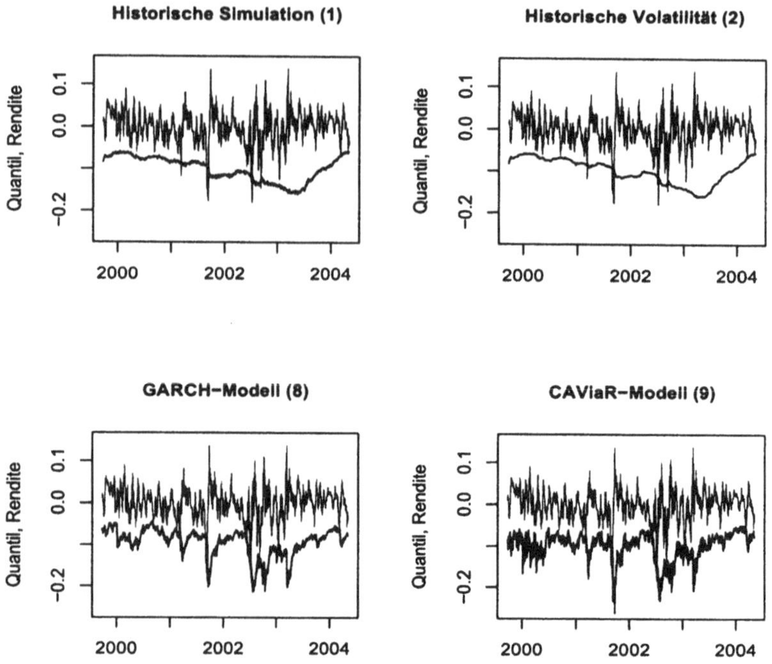

Abbildung 5.9: 10-Schritt Quantilsprognosen für den Euro Stoxx Index

Die 10-Schritt Quantilsprognosen des GARCH-Modells lassen schnellere und deutlichere Anpassungen erkennen. Als Beispiel kann die Anpassung auf den 11. September 2001 herangezogen werden. Hier ist die Anpassung auf die folgende Phase geringerer Schwankungsbreite erkennbar. Beim CAViaR-Modell resultieren die 10-Schritt Quantilsprognosen aus der Skalierung der 1-Schritt Quantilsprognosen, sodass die Struktur der 1-Schritt Prognosen erhalten bleibt.

Um den Bezug zu dem Kursverlauf des Euro Stoxx Index herzustellen, werden in der Abbildung 5.10 die 10-Schritt Value-at-Risk Prognosen der Ansätze historische Simulation (Ansatz 1), historische Volatilität (Ansatz 2), GARCH-Modell (Ansatz 8) und CAViaR-Modell (Ansatz 9) verglichen. Diese 10-Schritt Value-at-Risk Prognose resultiert aus der 10-Schritt Quantilsprognose und dem jeweiligen Kursniveau des Euro Stoxx Index. Dabei ist ein ähnlicher Verlauf der Ansätze historische Simulation und historische Volatilität erkennbar. Das GARCH-Modell und das CAViaR-Modell unterscheiden sich hingegen durch die höhere Variabilität deutlich von den beiden anderen Ansätzen.

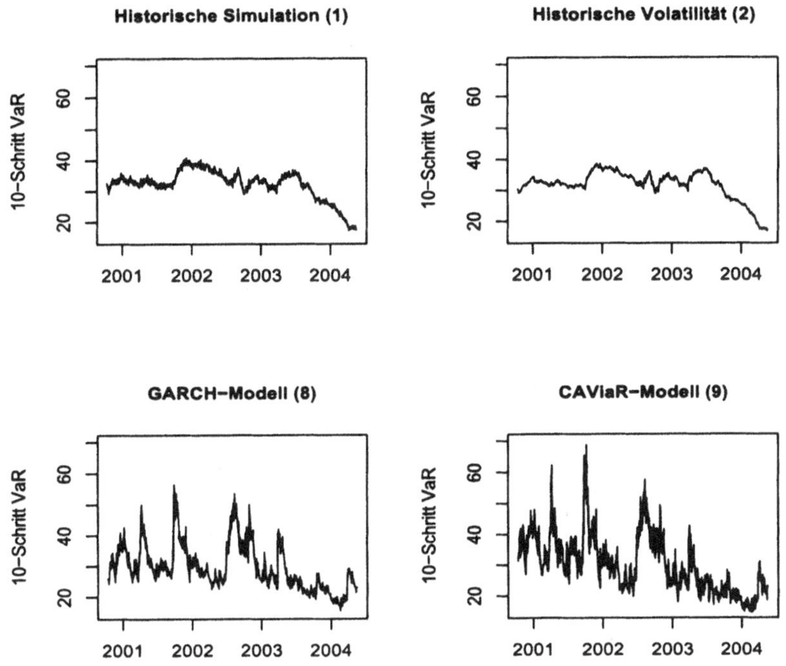

Abbildung 5.10: 10-Schritt Value-at-Risk für den Euro Stoxx Index

Gemäß der Basel II-Anforderungen lässt sich als letzter Schritt die Eigenkapitalanforderung der vier Ansätze im Zeitverlauf berechnen. Hierzu dient die Berechnungsvorschrift aus dem Abschnitt 2.4.3. Dabei wird das Maximum aus der letzten 10-Schritt Value-at-Risk Prognose und dem Mittelwert der letzten 60 Prognosen des 10-Schritt Value-at-Risk multipliziert mit dem Multiplikator als Eigenkapitalanforderung festgelegt. In der Regel entspricht das Maximum dem Mittelwert der Value-at-Risk Prognosen multipliziert mit dem Multiplikator, da die aktuelle Value-at-Risk Prognose nicht mehr als das Dreifache des Mittelwerts beträgt.

Daraus resultiert der geglättete Verlauf der Eigenkapitalanforderung in Abbildung 5.11. Die Eigenkapitalanforderungen der Ansätze weisen im 2. Halbjahr 2003 und zu Beginn des Jahres 2004 deutlich geringere Werte auf. Damit wird die verringerte Risikosituation des Euro Stoxx Index beachtet. Insgesamt weisen die Eigenkapitalanforderungen resultierend aus dem GARCH-Modell und dem CAViaR-Modell eine höhere Variabilität auf. Dabei gehen die

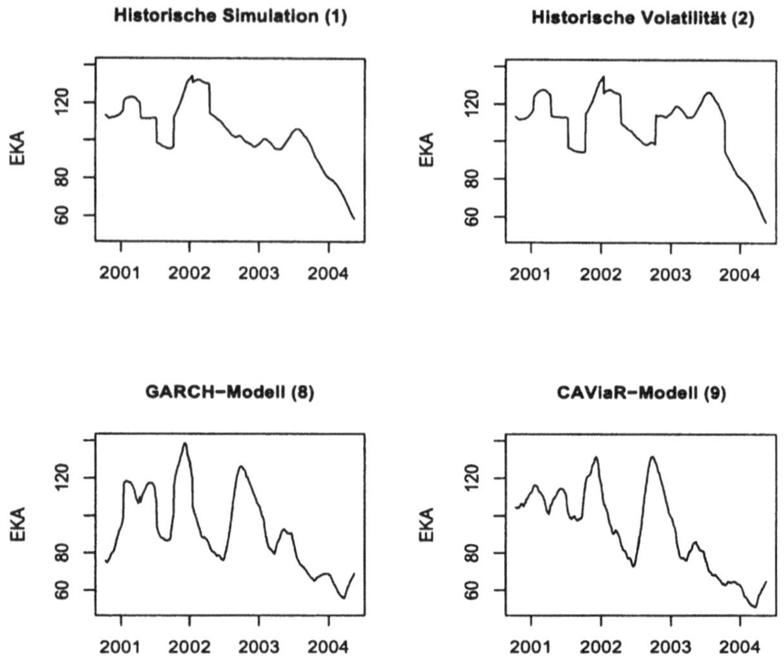

Abbildung 5.11: Eigenkapitalanforderungen für den Euro Stoxx Index

Eigenkapitalanforderungen in Phasen geringerer Risiken stärker zurück. Ein Beispiel hierfür ist die erste Hälfte des Jahres 2002.

Generell führt eine höhere Eigenkapitalanforderung zu höheren Kapitalkosten oder zur Beschränkung des Handlungsspielraums. Daher kommt insbesondere der Analyse der Backtesting-Ausnahmen als Indikator für die Qualität des Ansatzes und der Höhe der Eigenkapitalanforderungen im Zeitverlauf beziehungsweise der durchschnittlichen Eigenkapitalanforderung eine besondere Bedeutung zu.

Der Vergleich der alternativen Value-at-Risk Ansätze soll im Folgenden durch tabellarische Zusammenstellung der wesentlichen Kriterien fortgeführt werden. Dabei werden die Anzahl der Backtesting-Ausnahmen (Ausn.), der durchschnittliche Multiplikator (Mult.), die durchschnittliche Eigenkapitalanforderung (EKA), die Anzahl der Quartale in gelber Zone (GZ) beziehungsweise roter Zone (RZ) und der Funktionswert der Quantilsregression für die 1-Schritt Prognose (QR) verglichen.

Die Analyse beginnt mit der Auswertung der Ansätze hinsichtlich der Zeitreihe des Euro Stoxx Index. In der Tabelle 5.2 werden die Ergebnisse der 14 alternativen Value-at-Risk Ansätze dargestellt. Die Ansätze werden, wie schon angesprochen, mit einer unterschiedlichen Länge der Historie betrachtet.

Zum Vergleich der Ansätze soll zunächst die Qualität der Value-at-Risk Prognosen herangezogen werden. Dazu wird die Anzahl der 1-Schritt Backtesting-Ausnahmen genutzt, da sich die 1-Schritt Prognose im Vergleich zur Mehr-Schritt Prognose besser evaluieren lässt. Die Gründe hierfür sind die Konstanz der Gewichtungsfaktoren im Hinblick auf ein Portfolio, die über einen kurzen Zeitraum eher gegeben ist, sowie die Möglichkeit der Verwendung einer großen Anzahl überlappungsfreier Prognosen. Bei 1174 Prognosen und $\alpha = 0,01$ sollten rechnerisch circa 12 Backtesting-Ausnahmen resultieren. Auftretende Abweichungen von dieser Zielgröße offenbaren Schwächen des jeweiligen Ansatzes. Um einen geeigneten Filter zur ersten Beurteilung zu setzen, werden die Ansätze näher betrachtet, die 11 bis 13 Backtesting-Ausnahmen produzieren.

Für den Euro Stoxx Index erfüllen vier Ansätze diesen Anspruch. Die betreffenden Ansätze sind durch den Fettdruck der entsprechenden Anzahl an Backtesting-Ausnahmen hervorgehoben. Der durchschnittliche Multiplikator sollte möglichst gering sein. Allerdings steht diese Kennzahl in starker Abhängigkeit zu der Anzahl der Backtesting-Ausnahmen. Daher ist es sinnvoll, als nächstes Auswahlkriterium die durchschnittliche Eigenkapitalanforderung zu verwenden. Von den vier selektierten Ansätzen werden daher die drei Ansätze mit den geringsten durchschnittlichen Eigenkapitalanforderungen ausgewählt und in der Tabelle hervorgehoben. Bei diesen drei Ansätzen handelt es sich um das GARCH-Modell mit Simulation der Renditeverteilung und Modellierung der standardisierten Residuen mit der GED-Verteilung (Ansatz 8), mit der Länge der Historie 1000 beziehungsweise 2000, und um das CAViaR-Modell mit Berücksichtigung des symmetrischen Absolutwerts (Ansatz 9) mit einer Historie von 2000 Handelstagen.

Diese drei ausgewählten Ansätze führen sowohl zur erwarteten Anzahl an Backtesting-Ausnahmen als auch zu geringen durchschnittlichen Eigenkapitalanforderungen. Der Ansatz 8 weist drei beziehungsweise vier Quartale in der gelben Zone aus. Durch die quartalsweise Betrachtung führt ein Quartal mit mehr als vier Backtesting-Ausnahmen durch den Auswertungszeitraum eines Jahres gegebenenfalls zu bis zu vier Folgequartalen mit erhöhtem Multiplikator. Daraus folgt, dass beispielsweise durch die Turbulenzen des 11. September 2001 bis zu vier Quartale in der gelben Zone resultieren können.

Ansatz	Hist.	Ausn.	Mult.	EKA	GZ	RZ	QR
1. Hist. Sim.	250	15	3.17	103.66	5	0	0.52
	1000	14	3.22	94.12	4	0	0.53
	2000	*23*	3.41	82.11	4	*4*	0.56
2. Hist. Vola.	250	21	3.35	108.25	9	0	0.54
	1000	*27*	3.45	97.40	5	*4*	0.59
	2000	*56*	3.93	89.23	2	*12*	0.73
3. Exp. Glätt.	250	15	3.14	91.05	4	0	0.45
4. Hist. Sim.	250	18	3.25	104.59	7	0	0.51
(heur. Gew.)	1000	17	3.25	104.66	7	0	0.52
	2000	17	3.25	104.73	7	0	0.52
5. GARCH	1000	15	3.18	90.12	5	0	0.44
(Norm. Konst.)	2000	22	3.29	89.97	6	0	0.45
6. GARCH	1000	14	3.13	93.28	4	0	0.44
(Norm. AR(1))	2000	21	3.29	95.61	6	0	0.45
7. GARCH	1000	15	3.18	94.33	5	0	0.44
(Sim., Norm.)	2000	22	3.29	94.05	6	0	0.45
8. GARCH	1000	**12**	3.09	**92.28**	3	0	0.43
(Sim., GED)	2000	**12**	3.13	**90.70**	4	0	0.44
9. CAViaR	1000	10	3.00	92.10	0	0	0.44
(SAV)	2000	**11**	3.03	**91.93**	1	0	0.43
10. CAViaR	1000	14	3.28	113.67	6	0	0.54
(Adaptiv)	2000	15	3.22	111.49	6	0	0.53
11. CAViaR	1000	16	3.20	100.18	4	0	0.49
(AAV)	2000	*22*	3.33	99.94	5	*1*	0.50
12. CAViaR	1000	**13**	3.06	92.46	2	0	0.43
(AS)	2000	14	3.11	93.52	3	0	0.42
13. GARCH	1000	8	3.00	94.62	0	0	0.43
(Bootstrap)	2000	9	3.03	92.81	1	0	0.45
14. GARCH	1000	8	3.00	94.50	0	0	0.44
(Boot., EVT)	2000	9	3.03	92.86	1	0	0.45

Tabelle 5.2: Ergebnisse der univariaten Analyse Euro Stoxx

Ein weiteres wichtiges Kriterium ist die Anzahl der Quartale in der roten Zone (RZ). Ansätze die Quartale in der roten Zone aufweisen, können als unzuverlässig eingestuft werden. Die Konsequenz hieraus ist, dass die jeweilige nationale Aufsichtsbehörde eine Änderung des Modells vom betreffenden Finanzinstitut fordert (vgl. Abschnitt 2.4.5). Daraus folgt, dass die betreffenden Ansätze abgelehnt werden sollten. Dieses wird in der tabellarischen Auswertung durch den Kursivdruck der Anzahl der Quartale in roter Zone und der Anzahl der Backtesting-Ausnahmen der betreffenden Ansätze hervorgehoben. Für den Euro Stoxx Index fallen die historische Simulation (Ansatz 1) mit einer Historie von 2000 Handelstagen, die historische Volatilität (Ansatz 2) mit der Länge der

Historie 1000 beziehungsweise 2000 und das CAViaR-Modell mit Berücksichtigung des asymmetrischen Absolutwerts (Ansatz 11) mit einer Historie von 2000 Handelstagen auf. Diese Ansätze liefern Quantilsprognosen, die nicht akzeptabel sind.

Die Anhebung des Multiplikators aufgrund der Anzahl der Quartale in gelber oder roter Zone führt zu höheren Eigenkapitalanforderungen (vgl. Abschnitt 2.4.5). Allerdings ist ersichtlich, dass einige Ansätze trotz zahlreicher Quartale in gelber oder roter Zone geringere durchschnittliche Eigenkapitalanforderungen erreichen als Ansätze mit einer zufriedenstellenden Anzahl an Backtesting-Ausnahmen. Ein Beispiel hierfür ist die historische Volatilität (Ansatz 2) mit einer Länge der Historie von 2000 Handelstagen. Obwohl zwei Quartale in gelber Zone und zwölf Quartale in roter Zone vorliegen, resultiert eine geringe durchschnittliche Eigenkapitalanforderung. Die Anhebung des Multiplikators ist nicht deutlich genug, um die unzuverlässigen anti-konservativen Quantilsprognosen zu kompensieren. Letztlich greifen in diesem Fall die Basel II-Kriterien, da aufgrund der Anzahl der Quartale in roter Zone eine Änderung des Modells unausweichlich ist.

Die Kennzahl QR ist bei den drei ausgewählten Ansätzen mit zufriedenstellender Anzahl an Backtesting-Ausnahmen vergleichsweise gering. Dieses spricht für eine gute Qualität des Ansatzes, da dieses Kriterium durch die Summation der asymmetrisch gewichteten absoluten Abweichungen der Quantilsprognose von der Renditezeitreihe die Güte der getroffenen Quantilsprognosen bewertet. Die historische Simulation und die historische Volatilität weisen bei diesem Kriterium deutlich höhere Werte auf. Der Grund dafür liegt in der langsamen Reaktion der Ansätze auf Veränderungen der Charakteristika der Renditezeitreihe.

Die historische Simulation stellt den am häufigsten verwendeten Ansatz in der Praxis dar. Die in der Tabelle dargestellte Variante zeigt ein eher positives Bild hinsichtlich der Eigenkapitalanforderung. Die aufgeführten Werte resultieren aus der Simulation der kumulierten 10-Schritt Renditeverteilung aus der Summation der gezogenen 1-Schritt Renditen (vgl. Abschnitt 2.5.2). Hingegen folgen bei der Simulation der Renditeverteilung aus den vorab gebildeten empirischen 10-Schritt Renditen weitaus höhere Eigenkapitalanforderungen, wobei die anderen Kriterien gleich bleiben. Bei einer Historie von 250 Tagen resultiert statt 103,66 der Wert 111,36, mit der Historie von 1000 Tagen statt 94,12 der Wert 119,03 und bei 2000 Tagen der Wert 101,90 statt der angegebenen 82,11. Daraus folgt, dass bei der Wahl der in diesem Kriterium ungünstigsten Methode eine Eigenkapitalanforderung von 119,03 resultiert. Im Vergleich dazu folgt aus dem

Ansatz	Hist.	Ausn.	Mult.	EKA	GZ	RZ	QR
1. Hist. Sim.	250	17	3.24	101.76	7	0	0.50
	1000	*14*	3.22	95.04	3	*1*	0.52
	2000	*24*	3.43	87.36	5	*3*	0.54
2. Hist. Vola.	250	*24*	3.51	110.24	10	*1*	0.54
	1000	*30*	3.57	102.81	9	*3*	0.58
	2000	*45*	3.83	92.30	6	*8*	0.69
3. Exp. Glätt.	250	22	3.36	100.87	10	0	0.48
4. Hist. Sim.	250	16	3.15	96.88	4	0	0.50
(heur. Gew.)	1000	15	3.24	100.22	7	0	0.50
	2000	14	3.15	96.90	4	0	0.49
5. GARCH	1000	24	3.40	99.43	11	0	0.47
(Norm. Konst.)	2000	25	3.44	98.06	11	0	0.48
6. GARCH	1000	24	3.43	106.46	11	0	0.47
(Norm. AR(1))	2000	24	3.40	102.08	11	0	0.48
7. GARCH	1000	24	3.40	103.43	11	0	0.47
(Sim., Norm.)	2000	25	3.44	102.58	11	0	0.48
8. GARCH	1000	18	3.27	101.58	8	0	0.45
(Sim., GED)	2000	16	3.13	95.86	4	0	0.46
9. CAViaR	1000	10	3.03	102.26	1	0	0.44
(SAV)	2000	14	3.17	104.64	5	0	0.44
10. CAViaR	1000	**12**	3.23	115.17	7	0	0.54
(Adaptiv)	2000	**12**	3.17	108.69	4	0	0.52
11. CAViaR	1000	**12**	3.06	97.96	2	0	0.45
(AAV)	2000	15	3.16	97.27	5	0	0.45
12. CAViaR	1000	14	3.03	96.85	1	0	0.44
(AS)	2000	15	3.03	93.35	1	0	0.43
13. GARCH	1000	**12**	3.08	**96.63**	3	0	0.44
(Bootstrap)	2000	**13**	3.10	**97.54**	3	0	0.46
14. GARCH	1000	**13**	3.13	98.27	4	0	0.44
(Boot., EVT)	2000	**12**	3.08	**97.22**	3	0	0.46

Tabelle 5.3: Ergebnisse der univariaten Analyse Basic Materials

GARCH-Ansatz 8 ein Wert von 90,70. Dies entspricht einer Reduktion der durchschnittlichen Eigenkapitalanforderung um 24 %.

Die gleiche Vorgehensweise zur Evaluation der Ansätze wird mit der Zeitreihe des Indizes Basic Materials angewendet. Die Ergebnisse der Quantilsprognosen beziehungsweise Value-at-Risk Prognosen für den Index Basic Materials sind in der Tabelle 5.3 zusammengestellt. Die Selektion nach dem Kriterium Anzahl der Backtesting-Ausnahmen führt zu drei CAViaR-Ansätzen und vier GARCH-Ansätzen. Die Zeitreihe des Indizes Basic Materials scheint Charakteristika aufzuweisen, die schwer von den parametrischen GARCH-Ansätzen abgebildet werden können. Die semi-parametrischen Ansätze

13 und 14 führen unter Verwendung des Bootstrap-Verfahrens beziehungsweise zusätzlich der Extremwerttheorie zu besseren Resultaten. Anhand der durchschnittlichen Eigenkapitalanforderung ergeben die folgenden drei Ansätze die geringsten Werte: Ansatz 13 mit Bootstrap-Verfahren (Historie von 1000 und 2000 Handelstagen) und Ansatz 14 unter Berücksichtigung der Extremwerttheorie. Die ausgewählten Ansätze weisen zusätzlich geringe Werte bei dem durchschnittlichen Multiplikator und der Kennzahl QR aus. Bei der Betrachtung der Anzahl der Quartale in der roten Zone fallen wiederum die historische Simulation (Ansatz 1) und die historische Volatilität (Ansatz 2) durch negative Ergebnisse auf.

Die Ergebnisse der Analysen mit dem Index Cyclical Goods sind der Tabelle 5.4 zu entnehmen. Die drei Ansätze mit zufriedenstellender Anzahl an Backtesting-Ausnahmen und geringer Eigenkapitalanforderung sind der GARCH-Ansatz 8 mit Simulation und GED-Verteilung und der CAViaR-Ansatz 12 mit asymmetrischer Anpassung auf die Rendite der Vorperiode mit einer Historie von 1000 beziehungsweise 2000 Handelstagen. Bei diesem Sektoren-Index wird deutlich, dass die parametrischen GARCH-Ansätze eher dazu neigen, die angestrebte Anzahl an Backtesting-Ausnahmen zu übertreffen. Die semi-parametrischen GARCH-Ansätze führen hingegen tendenziell zu Unterschreitungen der angestrebten Anzahl. Daraus kann geschlossen werden, dass die semi-parametrischen Ansätze eher zu konservativen Quantilsprognosen führen. Dies folgt aus der Kombination der GARCH-Modellierung der Volatilität mit der Simulation aus den geschätzten standardisierten Residuen. Die semi-parametrischen GARCH-Ansätze führen zu einem optimalen durchschnittlichen Multiplikator, weisen aber im Vergleich höhere durchschnittliche Eigenkapitalanforderungen aus.

Bei der Analyse der Ergebnisse der parametrischen GARCH-Ansätze 5, 6 und 7 fallen auf, dass die Unterschiede dieser drei Ansätze im wesentlichen in der Höhe der durchschnittlichen Eigenkapitalanforderung liegen. Beim Ansatz 6 resultiert aus der Beachtung des autoregressiven Terms in der 10-Schritt Volatilitätsprognose eine höhere durchschnittliche Eigenkapitalanforderung im Vergleich zum Ansatz 5. Der Ansatz 7 führt ebenfalls zu höheren Werten in diesem Kriterium, welches durch die Simulation der kumulierten Renditeverteilung zu begründen ist.

Auch für den Index Cyclical Goods wird deutlich, dass die Höhe der Anhebungen des Multiplikators, ausgehend vom Ausgangswert 3, gegebenenfalls nicht ausreichend ist. Insbesondere die beiden Ansätze historische Simulation

Ansatz	Hist.	Ausn.	Mult.	EKA	GZ	RZ	QR
1. Hist. Sim.	250	17	3.23	93.77	7	0	0.55
	1000	17	3.25	84.29	6	0	0.55
	2000	*26*	3.45	72.64	5	*4*	0.59
2. Hist. Vola.	250	*21*	3.28	95.25	5	*1*	0.58
	1000	*34*	3.61	90.91	3	*7*	0.63
	2000	*56*	3.89	77.44	4	*10*	0.82
3. Exp. Glätt.	250	15	3.07	78.96	2	0	0.52
4. Hist. Sim.	250	14	3.09	87.46	3	0	0.58
(heur. Gew.)	1000	16	3.15	89.36	5	0	0.57
	2000	**13**	3.09	87.44	3	0	0.57
5. GARCH	1000	14	3.21	83.47	6	0	0.50
(Norm. Konst.)	2000	16	3.21	79.44	6	0	0.50
6. GARCH	1000	14	3.21	87.60	6	0	0.50
(Norm. AR(1))	2000	17	3.24	84.39	6	0	0.50
7. GARCH	1000	14	3.21	87.94	6	0	0.50
(Sim., Norm.)	2000	16	3.21	84.08	6	0	0.50
8. GARCH	1000	8	3.00	82.15	0	0	0.49
(Sim., GED)	2000	**11**	3.03	**80.18**	1	0	0.50
9. CAViaR	1000	8	3.00	81.11	0	0	0.51
(SAV)	2000	**11**	3.03	81.39	1	0	0.51
10. CAViaR	1000	14	3.22	92.54	5	0	0.57
(Adaptiv)	2000	17	3.25	92.02	6	0	0.56
11. CAViaR	1000	**12**	3.00	85.94	0	0	0.52
(AAV)	2000	*28*	3.46	86.98	7	*2*	0.58
12. CAViaR	1000	**13**	3.01	**79.35**	1	0	0.51
(AS)	2000	**13**	3.03	**79.37**	1	0	0.49
13. GARCH	1000	8	3.00	86.25	0	0	0.49
(Bootstrap)	2000	7	3.00	83.25	0	0	0.50
14. GARCH	1000	5	3.00	86.32	0	0	0.50
(Boot., EVT)	2000	7	3.00	83.34	0	0	0.50

Tabelle 5.4: Ergebnisse der univariaten Analyse Cyclical Goods

(Ansatz 1) und historische Volatilität (Ansatz 2), jeweils mit einer Historie von 2000 Handelstagen, weisen trotz unzuverlässiger Quantilsprognosen, erkennbar an der Anzahl der Quartale in roter Zone, geringe durchschnittliche Eigenkapitalanforderungen aus.

Für den Financial Services Index erreichen elf Ansätze eine zufriedenstellende Anzahl an Backtesting-Ausnahmen. Die betreffenden Ansätze sind in der Tabelle 5.5 hervorgehoben.

Die drei Ansätze mit der geringsten durchschnittlichen Eigenkapitalanforderung der elf Ansätze aus der Vorauswahl sind der GARCH-Ansatz 8 mit Simulation

Ansatz	Hist.	Ausn.	Mult.	EKA	GZ	RZ	QR
1. Hist. Sim.	250	15	3.20	139.48	6	0	0.64
	1000	**12**	3.18	**129.42**	4	0	0.66
	2000	18	3.34	111.83	8	0	0.68
2. Hist. Vola.	250	*26*	3.57	151.92	9	*2*	0.70
	1000	*27*	3.51	135.55	6	*4*	0.73
	2000	*48*	3.84	119.41	5	*9*	0.90
3. Exp. Glätt.	250	19	3.27	127.77	6	0	0.58
4. Hist. Sim.	250	**13**	3.03	129.50	1	0	0.64
(heur. Gew.)	1000	**12**	3.03	130.26	1	0	0.64
	2000	**13**	3.15	135.51	5	0	0.64
5. GARCH	1000	15	3.18	120.61	4	0	0.55
(Norm. Konst.)	2000	17	3.26	121.60	6	0	0.57
6. GARCH	1000	15	3.18	126.31	4	0	0.55
(Norm. AR(1))	2000	16	3.25	129.35	6	0	0.57
7. GARCH	1000	15	3.18	127.36	4	0	0.55
(Sim., Norm.)	2000	17	3.26	127.53	6	0	0.57
8. GARCH	1000	**11**	3.14	**128.71**	4	0	0.55
(Sim., GED)	2000	**11**	3.14	**125.39**	4	0	0.57
9. CAViaR	1000	**12**	3.03	130.64	1	0	0.53
(SAV)	2000	**12**	3.13	137.63	4	0	0.55
10. CAViaR	1000	**12**	3.24	160.40	6	0	0.69
(Adaptiv)	2000	**13**	3.21	163.71	4	0	0.66
11. CAViaR	1000	15	3.19	136.94	4	0	0.56
(AAV)	2000	15	3.14	126.89	4	0	0.56
12. CAViaR	1000	16	3.17	133.43	5	0	0.54
(AS)	2000	16	3.18	130.53	5	0	0.54
13. GARCH	1000	9	3.11	134.78	4	0	0.55
(Bootstrap)	2000	9	3.12	132.06	4	0	0.59
14. GARCH	1000	10	3.12	135.34	4	0	0.55
(Boot., EVT)	2000	**11**	3.14	133.45	4	0	0.58

Tabelle 5.5: Ergebnisse der univariaten Analyse Financial Services

und GED-Verteilung mit der Länge des historischen Zeitfensters von 1000 beziehungsweise 2000 Handelstagen und die historische Simulation mit einer Historie von 1000 Handelstagen.

Die CAViaR-Ansätze, insbesondere der Ansatz 10, führen zu relativ hohen Eigenkapitalanforderungen. Anhand dieses Beispiels ist das sinnvolle Zusammenspiel der ausgewählten Kennzahlen zur Bewertung der Ansätze zu erkennen. Der Ansatz 10 mit einer Länge der Historie von 1000 und 2000 Handelstagen erzielt eine zufriedenstellende Anzahl an Backtesting-Ausnahmen. Die hohe Eigenkapitalanforderung ist auf konservative Quantilsprognosen zurückzuführen. Die Kennzahl QR bestätigt diese Aussage. Die Werte 0,69 und

0,66 sind im Vergleich zu den alternativen Ansätzen relativ hoch. Dieses kann auf die langsame Reaktion der zudem konservativen Quantilsprognosen zurückgeführt werden. Die Beachtung der Kombination der ausgewählten Kriterien weist auf die ungünstigen Eigenschaften des Ansatzes hin.

Ein weiterer interessanter Sachverhalt wird insbesondere bei dem Sektoren-Index Financial Services deutlich. Die Variation der verwendeten Historie führt bei der historischen Simulation (Ansatz 1) zu einer deutlichen Wirkung auf die Höhe der Eigenkapitalanforderung. Durch die größere Länge des Zeitfensters kommt es zur Berücksichtigung der Beobachtungen der Renditezeitreihe, die in diesem Fall aus ruhigeren Phasen mit geringerem Risiko aus den ersten Jahren des Betrachtungszeitraums stammen. Dieses geringe Risiko früherer Jahre führt zu einer deutlich geringeren Eigenkapitalanforderung. Daraus folgt, dass bei der historischen Simulation die Länge der Historie als wesentlicher beeinflussender Faktor auftritt. Sowohl die Anzahl der Backtesting-Ausnahmen als auch die Höhe der Eigenkapitalanforderung hängen von der langfristigen Zu- oder Abnahme des Marktrisikos ab. Die Betrachtung der Historie von 250 Handelstagen führt bei allen betrachteten Indizes zu relativ hohen Eigenkapitalanforderungen. Diese hohe Abhängigkeit von der Länge der Historie ist bedenklich.

Die GARCH-Ansätze weisen dagegen in der Regel wesentlich geringere Unterschiede zwischen der Beachtung der Historie von 1000 oder 2000 Handelstagen aus. Damit sind die GARCH-Ansätze robuster gegenüber der Variation der Länge der Historie. Wenn dabei eine zufriedenstellende Anzahl an Backtesting-Ausnahmen und geringe Eigenkapitalanforderungen resultieren, ist diese Eigenschaft vorteilhaft.

In der Tabelle 5.6 sind die Ergebnisse der Analysen für den Sektoren-Index Industrial Goods zusammengestellt. Sechs Ansätze erreichen zufriedenstellende Ergebnisse bei der Anzahl an Backtesting-Ausnahmen. Bei der Berücksichtigung der Höhe der Eigenkapitalanforderungen setzen sich zwei GARCH-Ansätze und der Ansatz der historischen Simulation mit Gewichtungsfaktoren aufgrund geringer Eigenkapitalanforderungen durch. Bei dem GARCH-Ansatz handelt es sich um den Ansatz 8 mit Simulation und GED-Verteilung mit einer Historie von 1000 und 2000 Handelstagen. Die historische Simulation mit Gewichtungsfaktoren (1000 Tage Historie) führt zu deutlich höheren Eigenkapitalanforderungen, was auf konservative Quantilsprognosen schließen lässt. Beim Sektoren-Index Industrial Goods wird wiederum deutlich, dass die semi-parametrischen GARCH-Ansätze 13 und 14 tendenziell konservativere Quantilsprognosen abgeben als die parametrischen GARCH-Ansätze.

Ansatz	Hist.	Ausn.	Mult.	EKA	GZ	RZ	QR
1. Hist. Sim.	250	*15*	3.17	92.50	1	*2*	0.52
	1000	*13*	3.17	87.24	1	*2*	0.53
	2000	*17*	3.25	73.16	3	*2*	0.57
2. Hist. Vola.	250	*24*	3.25	93.03	3	*2*	0.56
	1000	*23*	3.26	85.53	2	*3*	0.60
	2000	*50*	3.79	77.84	4	*9*	0.72
3. Exp. Glätt.	250	16	3.17	75.53	5	0	0.49
4. Hist. Sim.	250	**12**	3.06	84.26	2	0	0.50
(heur. Gew.)	1000	**11**	3.00	**82.48**	0	0	0.50
	2000	10	3.00	82.50	0	0	0.50
5. GARCH	1000	14	3.11	75.70	3	0	0.49
(Norm. Konst.)	2000	19	3.24	74.88	6	0	0.50
6. GARCH	1000	14	3.11	77.87	3	0	0.49
(Norm. AR(1))	2000	18	3.18	76.31	5	0	0.50
7. GARCH	1000	14	3.11	79.13	3	0	0.49
(Sim., Norm.)	2000	19	3.24	78.73	6	0	0.50
8. GARCH	1000	**11**	3.00	**77.40**	0	0	0.49
(Sim., GED)	2000	**12**	3.06	**75.34**	2	0	0.50
9. CAViaR	1000	8	3.00	83.62	0	0	0.49
(SAV)	2000	7	3.00	82.07	0	0	0.49
10. CAViaR	1000	8	3.06	96.03	2	0	0.50
(Adaptiv)	2000	*13*	3.17	102.40	1	*2*	0.53
11. CAViaR	1000	10	3.10	99.89	2	0	0.53
(AAV)	2000	*23*	3.19	89.67	1	*2*	0.59
12. CAViaR	1000	7	3.00	81.83	0	0	0.49
(AS)	2000	10	3.00	79.54	0	0	0.48
13. GARCH	1000	9	3.00	83.61	0	0	0.49
(Bootstrap)	2000	9	3.00	79.56	0	0	0.50
14. GARCH	1000	8	3.00	83.57	0	0	0.50
(Boot., EVT)	2000	9	3.00	79.75	0	0	0.50

Tabelle 5.6: Ergebnisse der univariaten Analyse Industrial Goods

In dieser Auswertung ist wiederum der Nachteil der Ansätze ersichtlich, die eher langsam auf Veränderungen der Renditezeitreihe reagieren. Die historische Simulation (Ansatz 1) mit einer Historie von 1000 Handelstagen und der CAViaR-Ansatz 10 mit einer Historie von 2000 Handelstagen weisen eine zufriedenstellende Anzahl an Backtesting-Ausnahmen aus. Allerdings geben beide Ansätze eher konservative Quantilsprognosen ab, die langsam auf Veränderungen reagieren, was sich an den vergleichsweise hohen Eigenkapitalanforderungen und hohen Werten der Kennzahl QR zeigt. Trotz der konservativen Quantilsprognosen resultieren starke Häufungen der Backtesting-Ausnahmen, welches zu jeweils zwei Quartalen in der roten Zone bei den beiden Ansätzen führt.

Ansatz	Hist.	Ausn.	Mult.	EKA	GZ	RZ	QR
1. Hist. Sim.	250	16	3.09	72.14	3	0	0.44
	1000	7	3.03	71.89	1	0	0.44
	2000	**13**	3.08	**63.19**	3	0	0.45
2. Hist. Vola.	250	15	3.26	74.20	8	0	0.45
	1000	*19*	3.31	74.83	5	*2*	0.45
	2000	*28*	3.49	67.63	7	*3*	0.49
3. Exp. Glätt.	250	16	3.15	65.09	5	0	0.40
4. Hist. Sim.	250	16	3.03	68.43	1	0	0.46
(heur. Gew.)	1000	**11**	3.03	69.05	1	0	0.46
	2000	**12**	3.03	69.03	1	0	0.46
5. GARCH	1000	**13**	3.00	**63.46**	0	0	0.38
(Norm. Konst.)	2000	15	3.08	60.41	3	0	0.39
6. GARCH	1000	**12**	3.00	**62.40**	0	0	0.38
(Norm. AR(1))	2000	14	3.03	59.02	1	0	0.39
7. GARCH	1000	**13**	3.00	66.38	0	0	0.38
(Sim., Norm.)	2000	15	3.08	62.71	3	0	0.39
8. GARCH	1000	8	3.00	68.31	0	0	0.39
(Sim., GED)	2000	10	3.00	62.49	0	0	0.40
9. CAViaR	1000	10	3.00	72.18	0	0	0.39
(SAV)	2000	**12**	3.06	69.36	2	0	0.39
10. CAViaR	1000	10	3.06	85.12	2	0	0.48
(Adaptiv)	2000	8	3.03	87.27	1	0	0.45
11. CAViaR	1000	10	3.06	83.99	2	0	0.45
(AAV)	2000	9	3.00	74.34	0	0	0.42
12. CAViaR	1000	9	3.00	70.69	0	0	0.40
(AS)	2000	10	3.00	68.22	0	0	0.40
13. GARCH	1000	10	3.00	70.94	0	0	0.39
(Bootstrap)	2000	10	3.00	65.12	0	0	0.40
14. GARCH	1000	9	3.00	71.94	0	0	0.39
(Boot., EVT)	2000	10	3.00	66.01	0	0	0.40

Tabelle 5.7: Ergebnisse der univariaten Analyse Non-cyclical Goods

Die letzte Auswertung der univariaten Sektoren-Indizes betrifft den Index Non-cyclical Goods und ist in der Tabelle 5.7 dargestellt. Für diesen Index führen die GARCH-Ansätze mit der Annahme der Normalverteilung für die Renditezeitreihe (Ansätze 5 und 6) mit einer Historie von 1000 Handelstagen sowohl zu einer zufriedenstellenden Anzahl an Backtesting-Ausnahmen als auch zu einer geringen Eigenkapitalanforderung. Auch die historische Simulation (Ansatz 1) mit einer Historie von 2000 Handelstagen erzielt anhand dieser beiden Kriterien gute Ergebnisse. Die beiden GARCH-Ansätze überzeugen dabei zusätzlich durch einen durchschnittlichen Multiplikator in Höhe von 3 und geringen Werten bei der Kennzahl QR.

Ansatz	Hist.	Ausn.	Mult.	EKA	GZ	RZ	QR
1. Hist. Sim.	250	**11**	3.05	87.55	2	0	0.50
	1000	10	3.06	83.48	2	0	0.50
	2000	16	3.26	74.52	6	0	0.52
2. Hist. Vola.	250	19	3.30	92.66	9	0	0.51
	1000	*25*	3.35	86.21	2	*4*	0.54
	2000	*44*	3.82	81.06	8	*6*	0.64
3. Exp. Glätt.	250	*21*	3.35	85.64	5	*2*	0.45
4. Hist. Sim.	250	14	3.10	86.90	3	0	0.50
(heur. Gew.)	1000	**11**	3.00	**84.01**	0	0	0.50
	2000	**11**	3.03	84.96	1	0	0.51
5. GARCH	1000	16	3.16	79.95	4	0	0.42
(Norm. Konst.)	2000	*21*	3.33	80.37	6	*1*	0.43
6. GARCH	1000	17	3.19	81.19	4	0	0.42
(Norm. AR(1))	2000	*22*	3.33	81.93	6	*1*	0.43
7. GARCH	1000	16	3.16	84.36	4	0	0.42
(Sim., Norm.)	2000	*21*	3.33	84.87	6	*1*	0.43
8. GARCH	1000	9	3.00	81.03	0	0	0.42
(Sim., GED)	2000	**13**	3.13	**81.38**	4	0	0.43
9. CAViaR	1000	7	3.00	86.30	0	0	0.41
(SAV)	2000	9	3.03	86.32	1	0	0.42
10. CAViaR	1000	**12**	3.15	101.69	4	0	0.55
(Adaptiv)	2000	10	3.06	102.95	2	0	0.50
11. CAViaR	1000	15	3.20	96.21	6	0	0.47
(AAV)	2000	**12**	3.06	**83.95**	2	0	0.44
12. CAViaR	1000	**12**	3.06	85.88	2	0	0.42
(AS)	2000	10	3.00	83.77	0	0	0.43
13. GARCH	1000	9	3.00	87.26	0	0	0.43
(Bootstrap)	2000	9	3.00	83.97	0	0	0.44
14. GARCH	1000	6	3.00	87.20	0	0	0.43
(Boot., EVT)	2000	9	3.00	84.02	0	0	0.44

Tabelle 5.8: Ergebnisse der univariaten Analyse des Portfolios

Zusätzlich zu den fünf Sektoren-Indizes und dem Euro Stoxx Index wird das gewichtete Portfolio aus den fünf Sektoren-Indizes betrachtet. Das Portfolio wird dabei gleichgewichtet zusammengesetzt, das heißt jeder Sektoren-Index erhält ein Gewicht von 20%. Durch dieses Vorgehen wird eine im Zeitverlauf konstante Gewichtungsstruktur erzielt, die im nächsten Abschnitt 5.2.2 zum Vergleich der univariaten Ansätze mit den multivariaten Ansätzen verwendet wird. Die Ergebnisse der Analysen sind der Tabelle 5.8 zu entnehmen.

Insgesamt erreichen sieben Ansätze zur Analyse des gewichteten Portfolios eine zufriedenstellende Anzahl an Backtesting-Ausnahmen. Die drei Ansätze mit geringer Eigenkapitalanforderung sind: der Ansatz historische Simulation mit

Gewichtungsfaktoren und 1000 Handelstagen Historie, der GARCH-Ansatz 8 mit Simulation und GED-Verteilung mit einer Historie von 2000 Handelstagen und der CAViaR-Ansatz 11 mit asymmetrischer Berücksichtigung des Absolutwerts der Rendite mit einer Historie von 2000 Handelstagen.

Die exponentielle Glättung kommt bei dieser Zeitreihe zu einer relativ hohen Anzahl an Backtesting-Ausnahmen und zwei Quartalen in der roten Zone. Die semi-parametrischen GARCH-Ansätze gewährleisten wiederum eher konservative Quantilsprognosen, was an der relativ geringen Anzahl an Backtesting-Ausnahmen erkennbar ist. Die parametrischen GARCH-Ansätze mit Normalverteilungsannahme und einer Historie von 2000 Handelstagen fallen durch ein Quartal in der roten Zone auf.

Bei der Anwendung der historischen Simulation auf die vorab gebildeten 10-Schritt Renditen zur Simulation der Renditeverteilung (vgl. Abschnitt 2.5.2) resultieren im Gegensatz zu der in der Tabelle dargestellten Simulation aus den 1-Schritt Renditen wesentlich höhere Eigenkapitalanforderungen. Bei der Historie von 250 Tagen resultiert ein Wert von 107,75 statt 87,55. Statt des Wertes 83,48 wird der Wert 109,00 (1000 Tage Historie) und statt 74,52 der Wert 94,70 ermittelt. Die Anwendung dieser Variante der historischen Simulation führt folglich zu wesentlich höheren Eigenkapitalanforderungen.

Im nächsten Abschnitt werden die multivariaten Ansätze analysiert. Dabei werden die fünf Sektoren-Indizes multivariat modelliert. Das Ziel ist die Beantwortung der Frage, ob die multivariate Betrachtungsweise durch Einbeziehung einer größeren Informationsmenge zu besseren Value-at-Risk Prognosen führt. Zum Vergleich mit den univariaten Ansätzen werden die drei für das gewichtete Portfolio selektierten univariaten Ansätze herangezogen.

Zusammenfassend kann zur univariaten Analyse festgehalten werden, dass einige der vorgestellten Ansätze relativ langsam auf Veränderungen der Risikosituation reagieren. Dazu gehören die historische Simulation, die historische Volatilität und der CAViaR-Ansatz 10 mit adaptiver Anpassung. In einigen Fällen kommt es bei diesen Ansätzen zu einer zufriedenstellenden Anzahl an Backtesting-Ausnahmen, aber zu einer hohen durchschnittlichen Eigenkapitalanforderung und hohen Werten der Kennzahl QR. Insbesondere die historische Volatilität führt oftmals zu einigen Quartalen in der roten Zone, woraus folgt, dass dieser Ansatz nicht akzeptabel und eine Änderung des Modells unausweichlich ist. Die exponentielle Glättung weist im Vergleich zu anderen Ansätzen eine relativ hohe Anzahl an Backtesting-Ausnahmen auf.

Die parametrischen GARCH-Ansätze kommen tendenziell zu einer höheren Anzahl an Backtesting-Ausnahmen, die semi-parametrischen GARCH-Ansätze führen dagegen eher zu einer geringeren Anzahl. Damit werden durch die semi-parametrischen GARCH-Modelle konservative Quantilsprognosen getroffen. Der GARCH-Ansatz mit Simulation und GED-Verteilung (Ansatz 8) stellt einen guten Kompromiss dar. In fünf der sieben univariaten Auswertungen findet sich dieser Ansatz unter den drei ausgewählten Ansätzen wieder. In den beiden anderen Auswertungen kommt der GARCH-Ansatz mit Simulation und GED-Verteilung zu befriedigenden Resultaten.

Die CAViaR-Ansätze bieten je nach Ausgestaltung ein gemischtes Bild. Einige Ansätze liefern gute Ergebnisse und finden sich bei den ausgewählten Ansätzen wieder. Die generelle Vorgehensweise der Quantilsregression liefert eine flexible Möglichkeit der Ausgestaltung der Value-at-Risk Prognose. Dabei muss angemerkt werden, dass die Anwendung der CAViaR-Ansätze den größten Zeiteinsatz aufgrund der aufwendigen Optimierung der Zielfunktion verlangt. Bei der Analyse der sieben Auswertungen fällt kein CAViaR-Ansatz auf, der wiederholt zu den selektierten drei Ansätzen gehört.

Bei einigen Ansätzen resultieren trotz zahlreicher Quartale in gelber beziehungsweise roter Zone vergleichsweise geringe Eigenkapitalanforderungen. Die Höhe und die Anhebungen des Multiplikators reichen in diesen Fällen nicht aus, um die unzuverlässigen anti-konservativen Quantilsprognosen zu kompensieren. Erfolgreiche Ansätze mit alternativen Annahmen werden ebenso wie Ansätze die auf der Normalverteilung basieren mit dem Ausgangswert des Multiplikators zur Festlegung der Eigenkapitalanforderung belegt. Hierdurch besteht kein ausreichender Anreizmechanismus für Finanzinstitute, auf ein angemesseneres Verfahren zu wechseln. Auf Grundlage dieser empirischen Ergebnisse ist eine Überarbeitung des Multiplikators zu empfehlen.

Ein weiterer wichtiger Punkt ist die Abhängigkeit des jeweiligen Ansatzes von der Länge der verwendeten Historie. Die historische Simulation und die historische Volatilität reagieren tendenziell stark auf die Variation der Länge der Historie. Die GARCH-Ansätze reagieren dagegen vergleichbar wenig. Dieses ist ein Vorteil.

Die GARCH-Ansätze und die CAViaR-Ansätze stellen eine klare Bereicherung des Spektrums an Value-at-Risk Ansätzen dar. Durch ihren Einsatz lassen sich Schwächen der in der Praxis verwendeten Ansätze vermeiden. In den meisten Fällen resultieren in der empirischen Vergleichsstudie bessere Ergebnisse hinsichtlich der getroffenen Value-at-Risk Prognosen.

5.2.2 Anwendung der multivariaten Ansätze

Im vorangegangenen Abschnitt wurden neuere Ansätze zur univariaten Modellierung des gewichteten Portfolios analysiert, die gute Ergebnisse hinsichtlich der Value-at-Risk Prognosen erzielen. Es ist möglich, die Bestandteile eines Portfolios zu aggregieren, indem mit den aktuellen Gewichtungsfaktoren eine univariate Zeitreihe mit definierter Länge der Historie gebildet wird. Durch diese Aggregation der Portfoliobestandteile kann die Komplexität der Problemstellung reduziert werden. Die univariaten Ansätze erzielen für das gebildete Portfolio eine zufriedenstellende Anzahl an Backtesting-Ausnahmen.

Mit diesem Fazit soll die vorliegende Arbeit allerdings nicht abschließen. Hingegen wird in diesem Abschnitt die Fragestellung geklärt, ob sich die erzielten Ergebnisse noch verbessern lassen. Die Ausweitung der empirischen Vergleichsstudie auf die multivariaten Ansätze klärt die Frage, ob gegebenenfalls die zusätzliche Information, die durch die multivariate Betrachtungsweise verwendet wird, zu besseren Value-at-Risk Prognosen führt. Hierzu werden ausgewählte multivariate Ansätze angewendet.

Als Datengrundlage dienen die fünf Sektoren-Indizes. Diese Indizes können als Bestandteile einer Anlagestrategie bezogen auf europäische Aktien angesehen werden. Die aktuelle Gewichtung berücksichtigt die fünf Sektoren-Indizes mit jeweils 20%. Diese gleichgewichteten Renditezeitreihen werden multivariat modelliert, um letztlich Value-at-Risk Prognosen für das Portfolio abzugeben.

Um die Interdependenz zwischen den betreffenden Renditezeitreihen zu modellieren, bieten sich die in Abschnitt 3.2 vorgestellten multivariaten GARCH-Modelle an. Die für die Value-at-Risk Prognosen wesentliche Varianz des Portfolios setzt sich aus den Varianzen der Portfoliobestandteile und den Kovarianzen zwischen den Bestandteilen unter Berücksichtigung der Gewichtungsfaktoren $\boldsymbol{\omega}$ zusammen. Durch die explizite Modellierung der zeitveränderlichen Varianz-Kovarianz-Matrix $\mathbf{H}_t$ wird die Interdependenz der Renditezeitreihen beachtet. Dabei werden gegebenenfalls Entwicklungen prognostiziert, die bei univariater Modellierung nicht zu ermitteln wären.

Allein die Beachtung der separaten Volatilitätsprognosen könnte Vorteile im Vergleich zur ausschließlichen Volatilitätsprognose für die aggregierte Zeitreihe der Portfoliorenditen erbringen. Insbesondere die zeitveränderliche Korrelation zwischen den Portfoliobestandteilen, die in der Studie von Longin/Solnik [74] nachgewiesen wird, kann durch die Modellierung der zeitveränderlichen Varianz-Kovarianz-Matrix berücksichtigt werden.

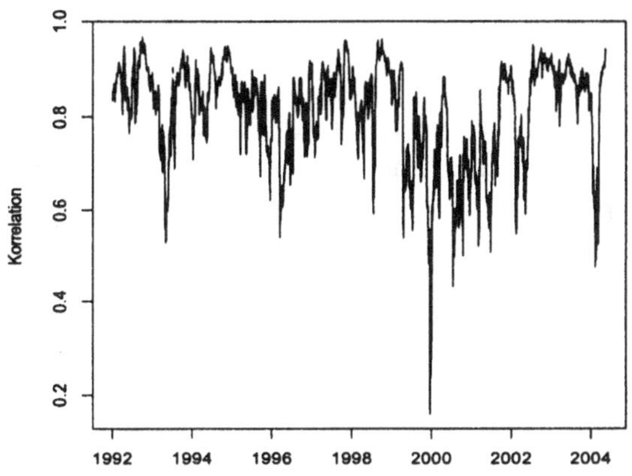

Abbildung 5.12: Korrelation zwischen Basic Materials und Financial Services

In der Abbildung 5.12 wird die zeitveränderliche Korrelation zwischen den Sektoren-Indizes Basic Materials und Financial Services dargestellt. Diese zeitveränderliche Korrelation resultiert aus exponentieller Glättung der Varianzen beziehungsweise der Kovarianz der beiden Renditezeitreihen. Es ist deutlich erkennbar, dass die Höhe der Korrelation im Zeitverlauf variiert. Es gibt einige Zeitperioden in denen die Korrelation Werte in Höhe von 0,6 aufweist. Diese geringere Korrelation liegt unter dem langfristigen Durchschnittswert. Hinsichtlich der Value-at-Risk Prognosen bedeutet eine geringere Korrelation der Portfoliobestandteile bei konstanten Gewichtungsfaktoren ein geringeres Risiko des Portfolios. Diese Information kann durch die multivariate Modellierung zusätzlich berücksichtigt werden.

Gegebenenfalls können somit Value-at-Risk Prognosen getroffen werden, die den formulierten Anspruch hinsichtlich der Anzahl an Backtesting-Ausnahmen einhalten und dabei zu geringeren Eigenkapitalanforderungen führen. Dabei muss berücksichtigt werden, dass Value-at-Risk Ansätze unter Einbeziehung multivariater GARCH-Modelle eine hohe Komplexität aufweisen. Es ist zu klären, ob im Sinne der sparsamen Parametrisierung der Modellierung eine einfache Variante der multivariaten GARCH-Modelle unter Umständen bessere Ergebnisse bei der Prognose erzielt als die komplexeren Ausgestaltungen.

Es werden im Folgenden zum einen die multivariaten Ansätze zur Value-at-Risk Prognose verglichen und zum anderen geklärt, ob die multivariaten Ansätze

Vorteile im Vergleich zu den univariaten Ansätzen erzielen. Um den Vergleich mit der univariaten Betrachtung der Zeitreihe des gewichteten Portfolios vollziehen zu können, werden die Ergebnisse der multivariaten Ansätze den erfolgreichen univariaten Ansätzen zur Value-at-Risk Prognose des gewichteten Portfolios aus dem letzten Abschnitt gegenübergestellt. Es werden in Analogie zum Abschnitt zu den univariaten Ansätzen zunächst die multivariaten Ansätze kurz zusammengefasst. Im Anschluss werden grafische Vergleiche der Ansätze durchgeführt, um letztendlich durch eine umfassende tabellarische Aufbereitung der relevanten Kriterien die wesentlichen Ergebnisse darzustellen.

Als multivariate Ansätze werden zum einen die multivariaten Ausgestaltungen der in der Praxis verwendeten Ansätze und zum anderen die Ansätze unter Einbeziehung der multivariaten GARCH-Modelle betrachtet. Der Ansatz der historischen Volatilität mit Normalverteilungsannahme (vgl. Abschnitt 2.5.1) wurde bei der univariaten Modellierung des gewichteten Portfolios verwendet. Aufgrund der Modellstruktur resultieren allerdings keine Veränderungen hinsichtlich der multivariaten Ergebnisse im Vergleich zur univariaten Analyse. Da die Resultate der historischen Volatilität die Anforderungskriterien nicht in ausreichendem Maße erfüllen, wird dieser Ansatz nicht in den Vergleich einbezogen. Bei der historischen Simulation können sich geringfügige Unterschiede aufgrund der Simulation der Portfoliobestandteile und erst anschließender Aggregation ergeben, daher wird dieser multivariate Ansatz mit in den tabellarischen Vergleich aufgenommen. Die beiden in der Praxis verwendeten Ansätze des Vergleichs sind die historische Simulation und das multivariate EWMA-Modell:

1. Historische Simulation mit gleichgewichteter Historie von 250, 1000 und 2000 Handelstagen. Die resultierende Renditeverteilung wird durch Anwendung des Bootstrap-Verfahrens auf die historische 1-Schritt Renditezeitreihe simuliert. Dabei werden zufällig Vektoren der Renditen eines Zeitpunkts mit Zurücklegen gezogen. Nach der Aggregation der multivariaten Renditeverteilung durch die Gewichtungsfaktoren wird das empirische Quantil der univariaten Verteilung bestimmt.

2. Exponentielle Glättung (EWMA) mit $\lambda = 0,94$ (vgl. Abschnitt 2.5.3). Es wird eine Historie von 250 Handelstagen verwendet.

Die neueren multivariaten Ansätze integrieren Varianten des multivariaten GARCH-Modells. Dadurch wird die Modellierung der Interdependenz der Renditezeitreihen erreicht. Es werden die vier Varianten CCC-Modell,

DCC-Modell, OGARCH und Faktor-GARCH betrachtet. Dabei wird das CCC-Modell mit der Normalverteilungsannahme und mit der Anwendung des Simulationsverfahrens genutzt (vgl. Abschnitte 4.2.1 und 4.3.2). Das DCC-Modell wird mit der exponentiellen Glättung der bedingten Korrelationsmatrix angewendet. Als Glättungsparameter λ werden die Werte $\lambda = 0,94$ und $\lambda = 0,97$ analysiert. Durch diese Vorgehensweise wird eine zusätzliche Schätzung der Parameter des Korrelationsteils vermieden.

Es werden die Ergebnisse des OGARCH-Modells mit Verwendung einer Hauptkomponente dargestellt. Die erste Hauptkomponente beschreibt in den 1174 Schätzungen zwischen 83% und 91% der Varianz der Renditezeitreihen. Die Hinzufügung der zweiten Hauptkomponente bringt nur 4% bis 8% zusätzliche Varianzerklärung und führt daher zu geringfügigen Veränderungen. Der Faktor-GARCH-Ansatz beschließt die Sammlung unterschiedlicher Ausgestaltungsmöglichkeiten. Die dargestellten Ansätze werden jeweils mit einer Historie von 1000 und 2000 Handelstagen analysiert:

3. GARCH-Ansatz mit konstanter bedingter Korrelation (CCC) $\mathbf{r}_i = \boldsymbol{\mu} + \mathbf{u}_i$, $\mathbf{H}_i = \mathbf{D}_i\mathbf{R}\mathbf{D}_i$ mit Normalverteilungsannahme für die kumulierte multivariate Renditeverteilung und die univariate Aggregation $\hat{h}_{\tau|n}^{-\frac{1}{2}}(r_{n+\tau} - \hat{\mu}_{\tau|n}) \sim \mathcal{N}(0,1)$.

4. GARCH-Ansatz mit konstanter bedingter Korrelation (CCC) mit Simulation der kumulierten Renditeverteilung $\tilde{\mathbf{r}}_{j,n+10} = \sum_{\tau=1}^{10} \tilde{\mathbf{r}}_{j,n+\tau}$.

5. GARCH-Ansatz mit dynamischer bedingter Korrelation (DCC) $\mathbf{H}_i = \mathbf{D}_i\mathbf{R}_i\mathbf{D}_i$ mit Normalverteilungsannahme für die kumulierte multivariate Renditeverteilung. Dabei wird zur Ermittlung der zeitveränderlichen Korrelationsmatrix die exponentielle Glättung mit $\lambda = 0,94$ verwendet.

6. GARCH-Ansatz mit dynamischer bedingter Korrelation (DCC) und $\lambda = 0,97$ (vgl. Ansatz 5).

7. GARCH-Ansatz mit Anwendung der Hauptkomponentenanalyse (OGARCH) $\mathbf{H}_i \approx \mathbf{\Xi}\mathbf{E}_i\mathbf{\Xi}'$, Berücksichtigung einer Hauptkomponente zur Berechnung der Varianz-Kovarianz-Matrix und Normalverteilungsannahme für die kumulierte multivariate Renditeverteilung.

8. GARCH-Ansatz mit Berücksichtigung eines gemeinsamen Faktors $\mathbf{r}_i = \boldsymbol{\mu} + \mathbf{b}F_i + \boldsymbol{\varepsilon}_i$, $F_i|\Omega_{i-1} \sim \mathcal{N}(c, h_i)$, GARCH(1,1)-Modellierung des Faktors und Normalverteilungsannahme für die kumulierte multivariate Renditeverteilung.

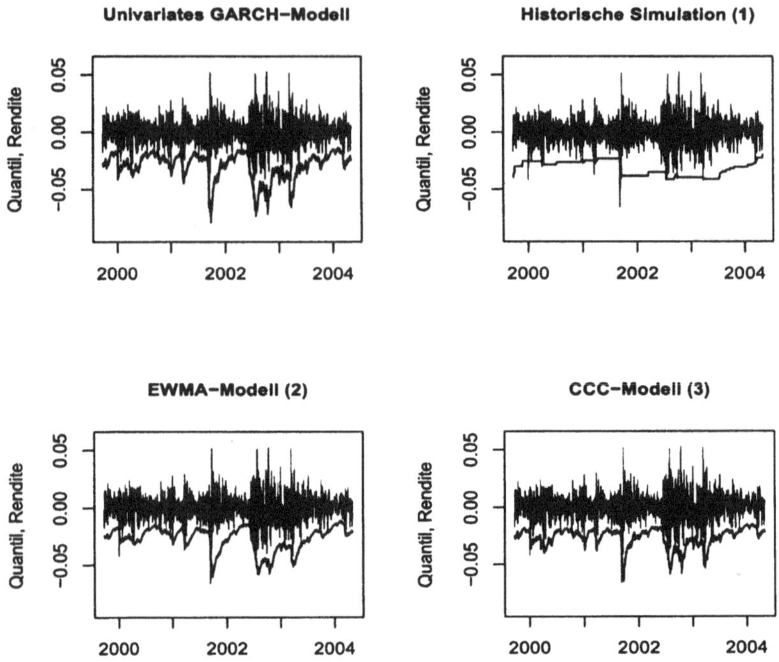

Abbildung 5.13: Quantilsprognosen im Vergleich

Zur Analyse der genannten multivariaten Ansätze soll zunächst die Verbindung zu den univariaten Ansätzen hergestellt werden. Dazu werden die 1-Schritt Quantilsprognosen des univariaten GARCH-Ansatzes unter Einbeziehung der GED-Verteilung (vgl. Abschnitt 5.2.1) mit den Quantilsprognosen der multivariaten Ansätze historische Simulation (Ansatz 1), EWMA-Modell (Ansatz 2) und CCC-Modell mit Normalverteilungsannahme (Ansatz 3) in Abbildung 5.13 verglichen.

Die historische Simulation weist die aus der univariaten Analyse bekannten Charakteristika auf. Die Quantilsprognosen reagieren relativ langsam auf Veränderungen der Renditezeitreihe. Die Anpassungen auf Phasen hoher beziehungsweise geringer Schwankungsbreite der Renditezeitreihe des gewichteten Portfolios erfolgen nicht schnell und heftig genug. Das univariate GARCH-Modell und das multivariate EWMA-Modell weisen einen ähnlichen Verlauf auf. Das GARCH-Modell führt zu ausgeprägteren Anpassungen der Quantilsprognosen, das multivariate EWMA-Modell hingegen zu einem glatteren Verlauf.

Der Vergleich des univariaten GARCH-Modells mit dem multivariaten CCC-Modell führt zu interessanten Erkenntnissen. Das CCC-Modell scheint ähnlich schnell wie das univariate GARCH-Modell auf Veränderungen der Charakteristika der Renditezeitreihe zu reagieren. Jedoch ist zu erkennen, dass die Quantilsprognose noch enger an der Renditezeitreihe verläuft. Bei heftigen negativen Ausschlägen der Renditezeitreihe reagiert die Quantilsprognose zwar schnell, aber nicht ganz so ausgeprägt wie beim univariaten GARCH-Modell. Gegebenenfalls resultieren aus dieser Eigenschaft ein geringerer Wert der Kennzahl QR und eine geringere durchschnittliche Eigenkapitalanforderung.

Die entscheidende Frage ist, ob die multivariate Modellierung in der Lage ist, trotzdem eine zufriedenstellende Anzahl an Backtesting-Ausnahmen zu realisieren. Dieses wird in der späteren tabellarischen Zusammenstellung der Kriterien dargestellt.

In der Abbildung 5.14 werden vier multivariate Ansätze unter Einbeziehung der multivariaten GARCH-Modelle verglichen.

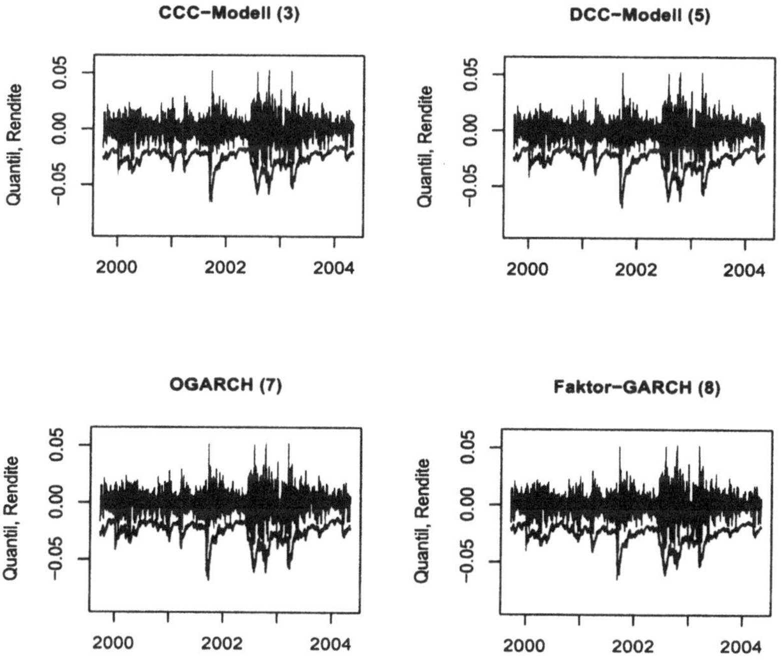

Abbildung 5.14: Quantilsprognosen der multivariaten Ansätze im Vergleich

Dargestellt sind die 1-Schritt Quantilsprognosen der Ansätze mit CCC- (Ansatz 3), DCC- (Ansatz 5), OGARCH- (Ansatz 7) und Faktor-GARCH-Modell (Ansatz 8). Die vier Ansätze verwenden die multivariate Normalverteilungsannahme.

Bei der grafischen Analyse der Quantilsprognosen sind kaum Unterschiede erkennbar. Die multivariaten GARCH-Modelle führen zu einer schnellen Reaktion der Quantilsprognosen auf Veränderungen der Renditezeitreihe.

Das in dieser Abbildung nicht dargestellte CCC-Modell unter Verwendung des dargestellten Simulationsverfahrens (Ansatz 4) weist etwas konservativere Quantilsprognosen aus, da die geschätzten standardisierten Residuen gegebenenfalls eine höhere Anzahl extrem negativer Werte aufweisen, die nicht von der Normalverteilung antizipiert werden. Auf die Unterschiede dieser beiden Ausgestaltungen des CCC-Modells wird später eingegangen.

Deutlicher werden die Unterschiede der vier Ansätze mit multivariaten GARCH-Modellen durch die Darstellung des zeitlichen Auftretens der Backtesting-Ausnahmen in der Abbildung 5.15.

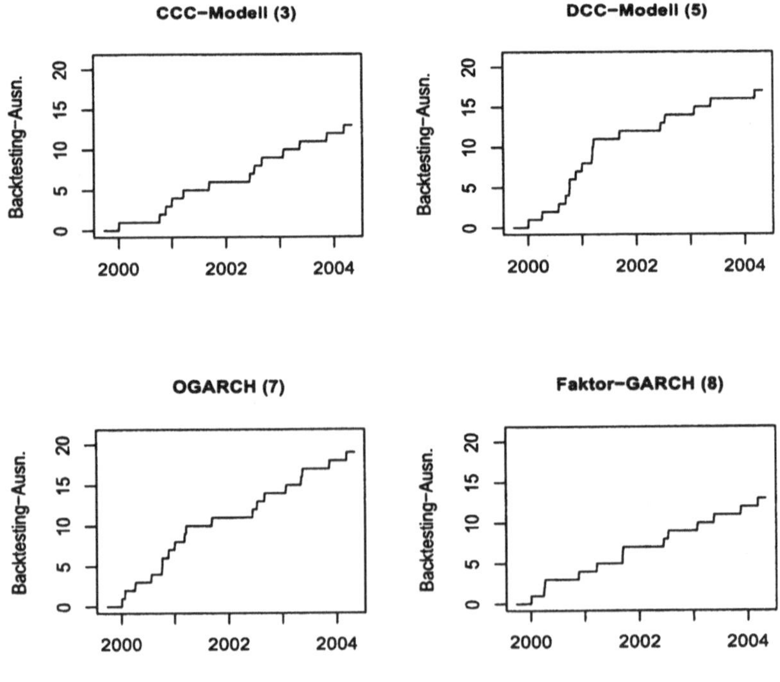

Abbildung 5.15: Backtesting-Ausnahmen im Vergleich

Klar erkennbar ist, dass die Anwendung des DCC-Ansatzes und des OGARCH-Ansatzes zu einer zu hohen Anzahl an Backtesting-Ausnahmen führt. Der CCC-Ansatz und der Faktor-GARCH-Ansatz weisen eine zufriedenstellende Anzahl an Backtesting-Ausnahmen auf. Insbesondere beim DCC-Ansatz ist eine klare Häufung der Backtesting-Ausnahmen in den Jahren 2000 und 2001 erkennbar. In diesem Zeitraum werden die Marktrisiken durch das DCC-Modell systematisch unterschätzt. Beim OGARCH-Ansatz fällt die Häufung an Backtesting-Ausnahmen etwas geringer aus.

Ein besseres Ergebnis zeigen der CCC- und der Faktor-GARCH-Ansatz. Die Backtesting-Ausnahmen treten über den Gesamtzeitraum verteilt auf. Dieses spricht für die gute Qualität der beiden Ansätze. Es liegt keine Struktur vor, die zusätzlich zur Verbesserung der Prognosen mit einbezogen werden könnte. Von diesen beiden Ansätzen scheint der Ansatz Faktor-GARCH exakter zu sein. Der Verlauf der Backtesting-Ausnahmen in Abbildung 5.15 sieht gleichmäßig aus.

Bevor die Auswirkungen des Verlaufs der Backtesting-Ausnahmen auf den Multiplikator dargestellt werden, soll an dieser Stelle der Unterschied zwischen dem CCC- und dem DCC-Modell detaillierter aufgearbeitet werden. Die beiden Ansätze unterscheiden sich nur in der Modellierung der bedingten Korrelationsmatrix.

Das CCC-Modell ermittelt die Korrelationsmatrix gleichgewichtet aus den geschätzten standardisierten Residuen der definierten Länge der Historie (vgl. Abschnitt 3.2.2). Das DCC-Modell wendet hingegen die exponentielle Glättung zur Bildung der Korrelationsmatrix an. Dabei wird der aktuelle Rand der Historie stärker gewichtet, wodurch die Schätzung der Korrelationsmatrix erheblich von wenigen Beobachtungen beeinflusst wird. Dieser Unterschied in der Schätzung der Korrelationsmatrix soll näher betrachtet werden.

Dazu wird die geschätzte durchschnittliche bedingte Korrelation zwischen den Portfoliobestandteilen $\boldsymbol{\omega}'\hat{\mathbf{R}}_{1|n}\boldsymbol{\omega}$ analysiert. In der Abbildung 5.16 wird diese durchschnittliche Korrelation des CCC- und des DCC-Modells mit $\lambda = 0,94$ im Zeitverlauf verglichen. Die Schätzungen des CCC-Modells werden durch die graue Linie, die Schätzungen des DCC-Modells ($\lambda = 0,94$) durch die schwarze Linie beschrieben.

Die Unterschiede der beiden Ansätze sind deutlich erkennbar. Das CCC-Modell bezieht die letzten 2000 Handelstage gleichgewichtet ein, sodass ein sehr ruhiger stetiger Verlauf resultiert. Die durchschnittliche Korrelation sinkt langsam von einem Wert von circa 0,89 auf einen Wert von circa 0,83 ab.

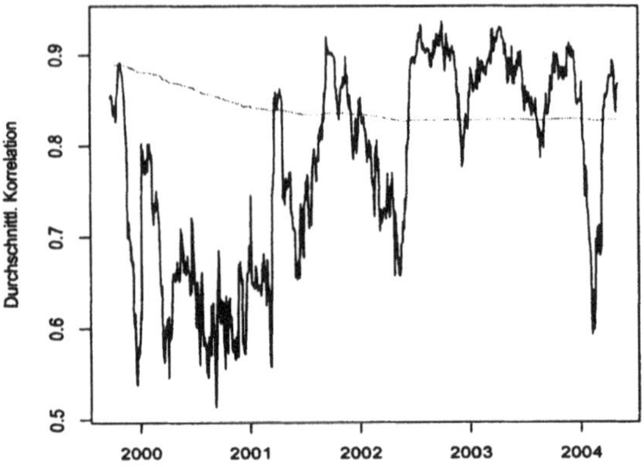

Abbildung 5.16: Durchschnittliche Korrelation des CCC- und des DCC-Modells

Die durchschnittliche Korrelation des DCC-Modells weist dagegen starke Veränderungen im Zeitverlauf aus. Angefangen bei einem Wert von 0,85 sinkt die durchschnittliche Korrelation auf circa 0,51 in der zweiten Jahreshälfte 2000 ab. In den Jahren 2002 und 2003 liegt die durchschnittliche Korrelation zwischenzeitlich über den Werten des CCC-Modells. Am Ende des Betrachtungszeitraums beträgt der Wert circa 0,87.

In diesem stark schwankenden Verlauf der durchschnittlichen Korrelation ist der Grund für die in Abbildung 5.15 ausgewiesenen gehäuften Backtesting-Ausnahmen in den Jahren 2000 und 2001 zu finden. In diesen Jahren ist die durchschnittliche Korrelation bis zur Jahresmitte 2001 deutlich geringer als im CCC-Modell. Kombiniert mit der Modellierung der individuellen Varianzen der Portfoliobestandteile durch univariate GARCH-Modelle und der Normalverteilungsannahme führt der DCC-Ansatz zu einer Unterschätzung der Risiken in dieser Zeitperiode.

Durch die Variation des Glättungsparameters λ fällt die Schwankungsbreite unterschiedlich aus. $\lambda = 0,99$ führt zu einem wesentlich glatteren Verlauf der durchschnittlichen Korrelation. Allerdings bleibt das Grundproblem bestehen. Bei alternativen Werten des Parameters λ kommt es in den Jahren 2000 und 2001 ebenfalls zu gehäuften Backtesting-Ausnahmen.

Im Folgenden wird auf die Konsequenzen der in Abbildung 5.15 dargestellten Backtesting-Ausnahmen hinsichtlich des Multiplikators eingegangen. Die

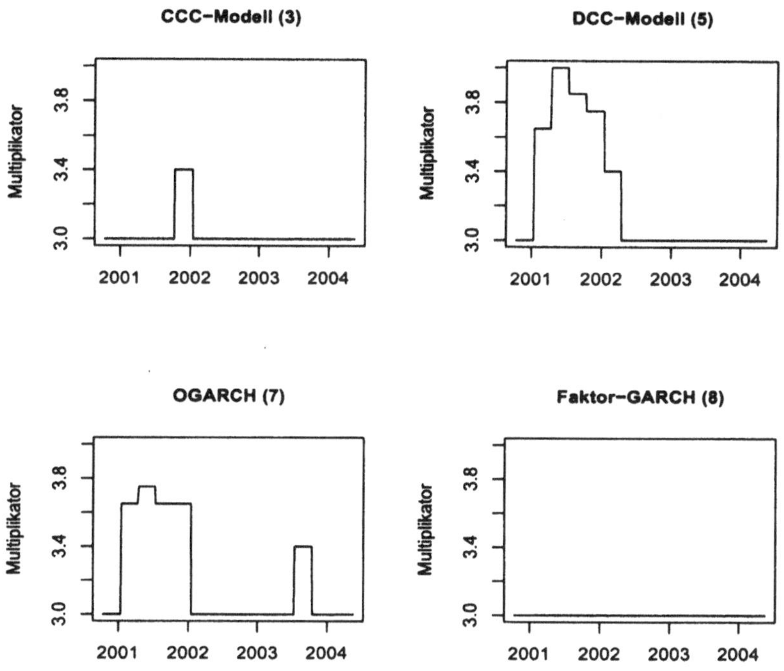

Abbildung 5.17: Multiplikatoren der multivariaten Ansätze im Vergleich

quartalsweise Auswertung der Anzahl der Backtesting-Ausnahmen des letzten Jahres führt zu dem in Abbildung 5.17 dargestellten Verlauf des jeweiligen Basel II-Multiplikators.

Durch Anwendung des CCC-Ansatzes resultiert ein Quartal mit erhöhtem Multiplikator. Der Faktor-GARCH-Ansatz weist den optimalen Verlauf des Multiplikators ohne Erhöhung aus. Beim DCC-Ansatz sind die angesprochenen Probleme in den Jahren 2000 und 2001 ersichtlich. Ein Quartal in diesem Zeitraum wird mit einem Multiplikator der Höhe 4 belegt, das heißt es liegt ein Quartal in der roten Zone vor. Der Ansatz ist daher nicht akzeptabel und eine Änderung des Modells wird durch die jeweilige nationale Aufsichtsbehörde gefordert. Das OGARCH-Modell führt in fünf Quartalen zu einem angehobenen Multiplikator.

Die Auswirkungen des Verlaufs der Multiplikatoren auf die resultierenden durchschnittlichen Eigenkapitalanforderungen werden anhand der folgenden tabellarischen Zusammenfassung der Kriterien diskutiert.

Ansatz	Hist.	Ausn.	Mult.	EKA	GZ	RZ	QR
Hist. Sim. (m. Gew.)	1000	**11**	3.00	84.01	0	0	0.50
GARCH (Sim., GED)	2000	**13**	3.13	81.38	4	0	0.43
CAViaR (AAV)	2000	**12**	3.06	83.95	2	0	0.44
1. Historische Sim.	250	**13**	3.05	86.85	2	0	0.50
	1000	10	3.06	82.79	2	0	0.50
	2000	17	3.29	74.33	6	0	0.52
2. Exp. Glättung	250	*21*	3.35	85.20	5	*2*	0.45
3. GARCH CCC	1000	**13**	3.03	**75.43**	1	0	0.42
(Norm.)	2000	14	3.13	75.96	4	0	0.42
4. GARCH CCC	1000	9	3.00	83.57	0	0	0.43
(Simulation)	2000	8	3.00	82.41	0	0	0.44
5. GARCH DCC	1000	*17*	3.25	81.66	4	*1*	0.43
(0,94)	2000	*22*	3.36	80.76	7	*1*	0.44
6. GARCH DCC	1000	*17*	3.25	81.54	4	*1*	0.43
(0,97)	2000	*23*	3.39	81.39	6	*2*	0.44
7. OGARCH	1000	19	3.22	77.62	5	0	0.42
	2000	*22*	3.33	77.89	6	*1*	0.44
8. Faktor-GARCH	1000	**13**	3.00	**74.70**	0	0	0.41
	2000	**13**	3.09	**75.71**	3	0	0.42

Tabelle 5.9: Vergleich der Ergebnisse für das gewichtete Portfolio

In den ersten drei Zeilen der Tabelle 5.9 sind die drei ausgewählten univariaten Ansätze dargestellt. Die Ausprägungen der Kriterien dieser drei Ansätze stammen aus der Tabelle 5.8 und wurden zum Vergleich übertragen.

In den folgenden Zeilen sind die Auswertungen der multivariaten Ansätze dargestellt. Die historische Simulation der multivariaten Renditezeitreihen mit einer Historie von 250 Tagen kommt zu einer zufriedenstellenden Anzahl an Backtesting-Ausnahmen. Die resultierende durchschnittliche Eigenkapitalanforderung liegt aber über den Werten der univariaten Ansätze.

Die multivariate exponentielle Glättung führt zu 21 Backtesting-Ausnahmen. Die Risiken werden unterschätzt. Es resultieren zwei Quartale in der roten Zone. Folglich ist der Ansatz unzuverlässig und eine Änderung des Modells unumgänglich.

Das CCC-Modell mit der Normalverteilungsannahme und einer Historie von 1000 Handelstagen weist eine zufriedenstellende Anzahl an Backtesting-Ausnahmen aus. Der Multiplikator wird nur einmal angehoben. Die durchschnittliche Eigenkapitalanforderung 75,43 liegt deutlich unter den Werten der univariaten Ansätze. Die Erkenntnisse aus der grafischen Analyse der 1-Schritt Quantilsprognosen bestätigen sich.

Das multivariate CCC-Modell beschreibt in dieser Konstellation die Risiken des gewichteten Portfolios besser als die univariaten Ansätze oder die in der Praxis verwendeten multivariaten Ansätze. Auch die Kennzahl QR bestätigt dieses Ergebnis. Die Summe der asymmetrisch gewichteten absoluten Abweichungen der Quantilsprognose von der Renditezeitreihe bewertet die Güte des Ansatzes. Die ohnehin niedrigen Werte der ausgewählten univariaten Ansätze werden unterschritten.

Es darf nicht vergessen werden, dass dieser Ansatz einige Bausteine der Modellierung kombiniert. Für den Mittelwert der jeweiligen Renditezeitreihe wird nur eine Konstante spezifiziert, die univariaten Innovationen werden durch GARCH(1,1)-Modelle beschrieben, die bedingten Korrelationen werden durch die geschätzten standardisierten Residuen ermittelt und die Verteilungsannahme ist die multivariate Normalverteilung. Das Zusammenwirken dieser Komponenten führt im Vergleich zu guten Ergebnissen.

Das CCC-Modell mit der Anwendung des Bootstrap-Verfahrens führt in Analogie zu den univariaten Ansätzen tendenziell zu konservativeren Quantilsprognosen. Dieses ist an der Unterschreitung der angestrebten Anzahl an Backtesting-Ausnahmen zu erkennen. Daraus ist folgerichtig die höhere durchschnittliche Eigenkapitalanforderung und der höhere Wert der Kennzahl QR begründbar.

Das DCC-Modell führt zu einer höheren Anzahl an Backtesting-Ausnahmen. Die starke Variation der Schätzungen der bedingten Korrelationsmatrix im Zeitverlauf ist in diesem Fall nicht geeignet, eine angemessene Abschätzung der Risiken zu gewährleisten. Dieses gilt sowohl für die Modellierung mit $\lambda = 0,94$ als auch für $\lambda = 0,97$. Beide Varianten führen zu mindestens einem Quartal in der roten Zone. Gegebenenfalls resultiert aus der zeitveränderlichen Modellierung der Korrelationen eine zu hohe Komplexität des Ansatzes, die in der Prognose zu schlechteren Ergebnissen führt. Die sparsame Parametrisierung des CCC-Modells eignet sich besser.

Der OGARCH-Ansatz weist ebenfalls eine zu hohe Anzahl an Backtesting-Ausnahmen auf. Die Reduktion der Informationen der multivariaten Renditezeitreihe auf eine geringe Anzahl an Hauptkomponenten ist nicht zielführend. Die erste Hauptkomponente beschreibt zwischen 83% und 91% der Varianz. Diese Hauptkomponente stellt einen fast gleichgewichteten Durchschnitt der fünf Sektoren-Indizes dar. Die Modellierung ist daher vergleichbar mit der univariaten GARCH-Modellierung des gewichteten Portfolios.

Die Berücksichtigung der zweiten Hauptkomponente führt zu keinen Verbesserungen. Die Interdependenz der Renditezeitreihen kann durch den OGARCH-Ansatz nicht in geeignete Quantilsprognosen überführt werden. Problematisch ist zusätzlich die in der Anwendung resultierende nahezu singuläre Varianz-Kovarianz-Matrix.

Der Multiplikator des OGARCH-Ansatzes mit einer Länge der Historie von 2000 Handelstagen wird zwar aufgrund der Quartale in gelber beziehungsweise roter Zone in sieben Quartalen erhöht, jedoch wird wiederum deutlich, dass die Anhebungen des Multiplikators nicht ausreichen, um die unzuverlässigen anti-konservativen Quantilsprognosen zu kompensieren, denn die resultierende durchschnittliche Eigenkapitalanforderung ist vergleichsweise gering.

Gute Ergebnisse werden hingegen vom Faktor-GARCH-Ansatz erzielt. Es resultiert eine zufriedenstellende Anzahl an Backtesting-Ausnahmen kombiniert mit einer geringen durchschnittlichen Eigenkapitalanforderung. Die Volatilität wird in diesem Ansatz durch den Marktindex Euro Stoxx bestimmt. Die Abhängigkeit der Sektoren-Indizes wird von Tag zu Tag neu ermittelt. Dadurch passt sich die bedingte Varianz-Kovarianz-Matrix flexibel an die vorliegenden Strukturen an. Zur Risikobestimmung werden zu jedem Zeitpunkt die einzelnen Komponenten der Varianz-Kovarianz-Matrix unterschiedlich stark gewichtet. Diese Vorgehensweise führt zu dem niedrigsten Wert der Kennzahl QR.

Zusammenfassend lässt sich zur Anwendung der multivariaten Ansätze sagen, dass die zusätzliche Information sinnvoll genutzt werden kann, um die Value-at-Risk Prognosen im Vergleich zu den univariaten Ansätzen zu verbessern. Die Modellierung der Interdependenz der Portfoliobestandteile mit ausgewählten GARCH-Ansätzen führt zu einer zufriedenstellenden Anzahl an Backtesting-Ausnahmen und geringen Eigenkapitalanforderungen.

Der CCC-Ansatz und der Faktor-GARCH-Ansatz sind in dieser empirischen Vergleichsstudie in der Lage, die Risiken des gewichteten Portfolios sinnvoll zu modellieren. Dabei liegt die gute Eignung der Ansätze in der sinnvollen Kombination der einzelnen Bausteine der Modellierung. Das CCC-Modell mit Simulationsverfahren führt zu konservativeren Quantilsprognosen. Der DCC-Ansatz und der OGARCH-Ansatz weisen ungünstige Ergebnisse hinsichtlich der getroffenen Value-at-Risk Prognosen auf.

5.3 Beurteilung der Ergebnisse

Die empirische Vergleichsstudie liefert eine umfassende Analyse der univariaten und multivariaten Ansätze zur Value-at-Risk Prognose. Die Ansätze wurden dabei unter realistischer Nachstellung der vorliegenden Basel II-Anforderungen betrachtet. Diese Vorgehensweise ist insbesondere für Finanzinstitute interessant, die ihre Marktrisiken anhand dieser Anforderungen zu beurteilen haben.

Zu den univariaten Ansätzen kann festgestellt werden, dass die in der Praxis vorherrschenden Ansätze der historischen Simulation und der historischen Volatilität mit Normalverteilungsannahme nicht in der Lage sind, auf die Veränderungen der betrachteten Renditezeitreihen adäquat zu reagieren. Beide Ansätze beruhen auf einem definierten Zeitfenster, wobei angenommen wird, dass die Verteilung der betrachteten Indizes in diesem Zeitraum konstant ist. Diese Annahme führt zu einer starken Abhängigkeit von der Länge des Zeitfensters.

Bei der Anwendung der beiden Ansätze resultiert entweder eine hohe Anzahl an Backtesting-Ausnahmen oder eine hohe durchschnittliche Eigenkapitalanforderung. Es ist selten der Fall, dass sowohl eine zufriedenstellende Anzahl an Backtesting-Ausnahmen als auch eine geringe durchschnittliche Eigenkapitalanforderung realisiert wird. Die exponentielle Glättung der Volatilität in der Ausgestaltung des EWMA-Modells reagiert zwar schnell auf Veränderungen der Renditezeitreihe, führt aber oftmals zu einer zu hohen Anzahl an Backtesting-Ausnahmen.

Insbesondere der Ansatz der historischen Volatilität führt häufig zu Quartalen in der roten Zone. Dieses deutet auf unzuverlässige Quantilsprognosen hin. Auffallend ist, dass trotz der Quartale in der roten Zone geringe durchschnittliche Eigenkapitalanforderungen resultieren. Dieses zeigt Verbesserungspotential hinsichtlich der Höhe und der Anhebungen des Multiplikators auf. Die momentanen Anhebungen reichen gegebenenfalls nicht aus, um Schwächen des Ansatzes entgegenzuwirken. Zudem besteht kein ausreichender Anreiz für die Finanzinstitute, ihre Berechnungen auf angemessenere Value-at-Risk Ansätze umzustellen.

Aus der Sicht des Finanzinstituts weisen die neueren Ansätze unter Einbeziehung der GARCH-Modelle oder der CAViaR-Modelle bessere Eigenschaften auf. Ausgewählten GARCH-Ansätzen gelingt es, gute Ergebnisse hinsichtlich der Anzahl an Backtesting-Ausnahmen und der durchschnittlichen Eigenkapitalanforderung zu kombinieren. Hierdurch werden Auseinandersetzungen mit der nationalen Aufsichtsbehörde vermieden, da die Qualität des Value-at-Risk Ansatzes anhand der Anzahl der 1-Schritt Backtesting-Ausnahmen beurteilt wird. Zusätzlich werden Eigenmittel nicht unnötig gebunden, da diese Ansätze zu einer geringen, aber angemessenen Eigenkapitalanforderung führen. Bei den unterschiedlichen Ausgestaltungen der GARCH-Ansätze fällt auf, dass die parametrischen Ansätze tendenziell zu einer höheren Anzahl an Backtesting-Ausnahmen neigen. Die semi-parametrischen Ansätze führen eher zu konservativeren Quantilsprognosen. Ein guter Kompromiss wird durch den GARCH-Ansatz mit Simulation und Berücksichtigung der GED-Verteilung erreicht. Durch die Einbeziehung der GED-Verteilung wird eine zusätzliche Flexibilität der Modellierung geschaffen.

Die CAViaR-Ansätze stellen eine klare Alternative zu den bereits beschriebenen Ansätzen dar. In einigen Fällen werden gute Ergebnisse anhand der Backtesting-Ausnahmen und der durchschnittlichen Eigenkapitalanforderungen erreicht. Allerdings fällt kein CAViaR-Ansatz wiederholt durch besonders gute Ergebnisse auf. Die einzelnen Ausgestaltungen hängen im Vergleich zu den GARCH-Ansätzen stärker von der zugrunde liegenden Datenbasis ab.

Die Schätzung der CAViaR-Modelle ist aufwendiger als die Schätzung der anderen Modelle, da zur Optimierung der Zielfunktion Algorithmen benötigt werden, die ausschließlich anhand der Funktionswerte die optimalen Parameter suchen. Die Ermittlung der 10-Schritt Prognosen ist noch nicht befriedigend gelöst und stellt einen Ansatzpunkt weiterer Forschung dar.

Die Modellierung der Interdependenz der Portfoliobestandteile durch ausgewählte multivariate GARCH-Ansätze bringt klare Vorteile. Die multivariaten Ansätze sind in der Lage, eine zufriedenstellende Anzahl an Backtesting-Ausnahmen zu erreichen. Dabei wird die durchschnittliche Eigenkapitalanforderung im Vergleich zu den univariaten Ansätzen reduziert. Der CCC-Ansatz mit Normalverteilungsannahme und der Faktor-GARCH-Ansatz weisen im empirischen Vergleich besonders gute Ergebnisse aus. Dabei ist anzumerken, dass beide Ansätze zwar komplexer als univariate Ansätze sind, der Aufwand der Modellierung ist jedoch relativ gering.

Der CCC-Ansatz benötigt zur Value-at-Risk Prognose ausschließlich die Modellierung der univariaten Zeitreihen mit GARCH-Modellen und eine einfache Schätzung der Korrelationsmatrix aus den geschätzten standardisierten Residuen. Der Faktor-GARCH-Ansatz kommt mit einem univariaten GARCH-Modell und der Schätzung der Abhängigkeiten zwischen den Sektoren-Indizes und dem Marktindex durch lineare Regressionen aus.

Eine höhere Komplexität der Modellierung in Form des DCC-Ansatzes oder des OGARCH-Ansatzes scheint aufgrund der Ergebnisse der empirischen Vergleichsstudie nicht ratsam zu sein.

Die Analyse des Funktionswerts der Quantilsregression für die 1-Schritt Prognose liefert ein zusätzliches Bewertungskriterium. Das Kriterium gibt an, inwiefern die getroffenen Quantilsprognosen den zeitveränderlichen Verlauf der Renditezeitreihe realistisch nachbilden. Dabei wird in der empirischen Vergleichsstudie eine hohe Übereinstimmung der Ergebnisse des Kriteriums mit den ausgewählten geeigneten Ansätzen gefunden, das heißt Ansätze, die eine zufriedenstellende Anzahl an Backtesting-Ausnahmen mit einer geringen durchschnittlichen Eigenkapitalanforderung kombinieren, weisen auch einen geringen Wert des Kriteriums aus. Dies resultiert aus der schnellen Reaktion der Ansätze auf Veränderungen der Renditezeitreihe und der daraus folgenden genauen Nachbildung des Verlaufs der Risikosituation.

Als Zusammenfassung der Ergebnisse der empirischen Vergleichsstudie zeigt sich, dass die vorgestellten neueren Ansätze sehr gute Resultate in den für das Finanzinstitut wichtigen Kriterien erzielen. Insbesondere das univariate GARCH-Modell mit Integration der GED-Verteilung, der multivariate CCC-Ansatz und der multivariate Faktor-GARCH-Ansatz weisen günstige Eigenschaften zur Value-at-Risk Prognose auf.

Kapitel 6

Zusammenfassung und Ausblick

Die genaue Abschätzung der bestehenden Marktrisiken sorgt für eine adäquate Beurteilung der Risikosituation des Unternehmens. Zur Abdeckung der Marktrisiken werden Eigenmittel in angemessener Höhe hinterlegt, um die weitere erfolgreiche Unternehmensentwicklung zu fördern. Insbesondere für Finanzinstitute spielt der Umgang mit Risiken eine entscheidende Rolle. Um die Stabilität des Finanzsystems zu gewährleisten, gibt der Baseler Ausschuss für Bankenaufsicht einen regulatorischen Rahmen zur Abschätzung von Marktrisiken vor.

In der vorliegenden Arbeit wurden die theoretischen Grundlagen der verschiedenen Ausgestaltungsmöglichkeiten der Value-at-Risk Ansätze zur Abschätzung von Marktrisiken detailliert beschrieben. Dabei kam zum einen der Darlegung neuerer Ansätze und zum anderen der konsequenten Ausweitung der theoretischen Darstellungen auf die 10-Schritt Prognose, die multivariate Betrachtungsweise und die Einbeziehung von Simulationsverfahren besondere Bedeutung zu. Für den Anwender von Value-at-Risk Ansätzen liefert diese Arbeit ein umfassendes Spektrum der vorhandenen Möglichkeiten. Daher kann der Anwender den für die jeweilige Unternehmenssituation geeigneten Ansatz auswählen, um somit die Abschätzung der relevanten Marktrisiken zu verbessern.

Um diese Beurteilung der Ansätze sowohl für die wissenschaftliche Forschung als auch für die Anwendung in der Praxis vorzunehmen, wurden alle dargestellten Value-at-Risk Ansätze in einer empirischen Vergleichsstudie anhand europäischer Aktien-Indizes analysiert. Die Besonderheit dieser empirischen Studie besteht in der realistischen Nachstellung der aus den Basel II-Kriterien folgenden Konsequenzen der Anwendung der jeweiligen

Value-at-Risk Ansätze. Der Vergleich der Ansätze beruht damit nicht ausschließlich auf der Analyse der Qualität der Value-at-Risk Prognosen anhand der beobachteten Backtesting-Ausnahmen, sondern berücksichtigt explizit die Höhe der resultierenden Eigenkapitalanforderungen.

Als Ergebnis dieser empirischen Vergleichsstudie ist festzuhalten, dass die analysierten GARCH-Ansätze und die CAViaR-Ansätze eine wesentliche Bereicherung des Spektrums der Ausgestaltungsmöglichkeiten darstellen. Durch die Anwendung dieser neueren Ansätze lassen sich Schwächen der in der Praxis verwendeten Ansätze vermeiden. GARCH-Ansätze und CAViaR-Ansätze führen durch die Kombination einer zufriedenstellenden Anzahl an Backtesting-Ausnahmen mit geringen Eigenkapitalanforderungen zu besseren Ergebnissen.

Bei der univariaten Analyse führt die Verwendung des GARCH-Modells zur Beschreibung der zeitveränderlichen Volatilität zusammen mit der flexiblen Verteilungsannahme der Generalized Error Distribution und der Verwendung von Simulationsverfahren zu besonders guten Ergebnissen. Die Erweiterung der Analyse durch die multivariate Betrachtungsweise verbessert nochmals die Resultate. Dabei wird die Interdependenz der Portfoliobestandteile durch multivariate GARCH-Modelle beschrieben. Die Anwendung dieser multivariaten GARCH-Ansätze lässt sich vereinfachen, indem die Modellierung in einzelne Komponenten zerlegt wird. Die reduzierte Komplexität dieses Vorgehens führt zu einer einfachen Anwendbarkeit und realisiert dennoch bessere Ergebnisse in der empirischen Vergleichsstudie. Im Vergleich zu den univariaten Ansätzen wird bei gleicher Anzahl an Backtesting-Ausnahmen eine geringere Eigenkapitalanforderung erreicht.

Als Handlungsbedarf weiterer wissenschaftlicher Forschung kann die Ausweitung der Analysen hinsichtlich der multivariaten Ansätze angesehen werden. Hierbei sind weitere Ausgestaltungsmöglichkeiten denkbar. Insbesondere die Verwendung alternativer Verteilungsannahmen und die Ausweitung der Nutzung der dargestellten Simulationsverfahren stellen Anknüpfungspunkte weiterer Forschung dar. Zusätzlich hierzu besteht weiterer Forschungsbedarf hinsichtlich der Konstruktion des Basel II-Multiplikators und der 10-Schritt Prognosen mit CAViaR-Modellen.

Literaturverzeichnis

[1] Akgiray, V. (1989): Conditional Heteroscedasticity in Time Series of Stock Returns: Evidence and Forecasts, *Journal of Business*, Vol. 62, S. 55-80.

[2] Alexander, C.O. (2000): Orthogonal Methods for Generating Large Positive Semi-Definite Covariance Matrices, *ISMA Centre Discussion Papers in Finance 2000-06*, University of Reading, UK.

[3] Alexander, C.O. (2001): *Market Models*, Wiley.

[4] Alexander, C.O./Leigh, C.T. (1997): On the Covariance Matrices used in Value at Risk Models, *Journal of Derivatives*, Vol. 4, S. 50-62.

[5] Ang, A./Chen, J. (2002): Asymmetric correlations of equity portfolios, *Journal of Financial Economics*, Vol. 63, S. 443-494.

[6] Artzner, P./Delbaen, F./Eber, J.-M./Heath, D. (1999): Coherent Measures of Risk, *Mathematical Finance*, Vol. 9, S. 203-228.

[7] Baillie, R.T./Bollerslev, T. (1989): The Message in Daily Exchange Rates: A Conditional-Variance Tale, *Journal of Business & Economic Statistics*, Vol. 7, S. 297-305.

[8] Baillie, R.T./Bollerslev, T. (1992): Prediction in dynamic models with time-dependent conditional variances, *Journal of Econometrics*, Vol. 52, S. 91-113.

[9] Baillie, R.T./Myers, R.J. (1991): Bivariate Garch Estimation of the Optimal Commodity Futures Hedge, *Journal of Applied Econometrics*, Vol. 6, S. 109-124.

[10] Barone-Adesi, G./Giannopoulos, K./Vosper, L. (1999): VaR without Correlations for Portfolios of Derivative Securities, *Journal of Futures Markets*, Vol. 19, S. 583-602.

[11] Basle Committee on Banking Supervision (1996): *Amendment to the Capital Accord to Incorporate Market Risks.*

[12] Basle Committee on Banking Supervision (1996): *Overview of the Amendment to the Capital Accord to Incorporate Market Risks.*

[13] Basle Committee on Banking Supervision (1996): *Supervisory Framework for the Use of Backtesting in Conjunction with the Internal Models Approach to Market Risk Capital Requirements.*

[14] Basle Committee on Banking Supervision (2004): *International Convergence of Capital Measurement and Capital Standards: A Revised Framework.*

[15] Bera, A.K./Higgins, M.L. (1993): ARCH Models: Properties, Estimation and Testing, *Journal of Economic Surveys*, Vol. 7, S. 305-366.

[16] Black, F./Scholes, M. (1973): The Pricing of Options and Corporate Liabilities, *The Journal of Political Economy*, Vol. 81, S. 637-654.

[17] Bollerslev, T. (1986): Generalized Autoregressive Conditional Heteroskedasticity, *Journal of Econometrics*, Vol. 31, S. 307-327.

[18] Bollerslev, T. (1990): Modelling the Coherence in Short-Run Nominal Exchange Rates: A Multivariate Generalized Arch Model, *The Review of Economics and Statistics*, Vol. 72, S. 498-505.

[19] Bollerslev, T./Engle, R.F./Wooldridge, J.M. (1988): A Capital Asset Pricing Model with Time-Varying Covariances, *Journal of Political Economy*, Vol. 96, S. 116-131.

[20] Bollerslev, T./Wooldridge, J.M. (1992): Quasi-maximum likelihood estimation and inference in dynamic models with time-varying covariances, *Econometric Reviews*, Vol. 11, S. 143-179.

[21] Boudoukh, J./Richardson, M./Whitelaw, R. (1998): The Best of Both Worlds, *RISK*, Vol. 11, S. 64-67.

[22] Brooks, C./Clare, A.D./Persand, G. (2000): A word of caution on calculating market-based minimum capital risk requirements, *Journal of Banking and Finance*, Vol. 24, S. 1557-1574.

[23] Brooks, C./Persand, G. (2003): Volatility Forecasting for Risk Management, *Journal of Forecasting*, Vol. 22, S. 1-22.

[24] Cappiello, L./Engle, R.F./Sheppard, K. (2003): Asymmetric Dynamics in the Correlations of Global Equity and Bond Returns, *European Central Bank Working Paper Series* No. 204.

[25] Chong, J. (2004): Value at Risk from Econometric Models and Implied from Currency Options, *Journal of Forecasting*, Vol. 23, S. 603-620.

[26] Christoffersen, P.F. (1998): Evaluating Interval Forecasts, *International Economic Review*, Vol. 39, S. 841-862.

[27] Christoffersen, P.F./Diebold, F.X. (2000): How relevant is volatility forecasting for financial risk management?, *Review of Economics and Statistics*, Vol. 82, S. 12-22.

[28] Credit Suisse (2003): *Geschäftsbericht*.

[29] Davison, A.C./Hinkley, D.V. (1997): *Bootstrap methods and their applications*, Cambridge University Press.

[30] Diebold, F.X./Hickman, A./Inoue, A./Schuermann, T. (1998): Scale Models, *RISK*, Vol. 11, S. 104-107.

[31] Diebold, F.X./Nerlove, M. (1989): The Dynamics of Exchange Rate Volatility: A Multivariate Latent Factor Arch Model, *Journal of Applied Econometrics*, Vol. 4, S. 1-21.

[32] Elton, E.J./Gruber, M.J. et al. (2003): *Modern Portfolio Theory and Investment Analysis*, 6. Aufl., Wiley.

[33] Embrechts, P./Klüppelberg, C./Mikosch, T. (1997): *Modelling Extremal Events for Insurance and Finance*, Springer.

[34] Embrechts, P./Resnick, S.I./Samorodnitsky, G. (1998): Living on the Edge, *RISK*, Vol. 11, S. 96-100.

[35] Engle, R.F. (1982): Autoregressive Conditional Heteroscedasticity with Estimates of the Variance of United Kingdom Inflation, *Econometrica*, Vol. 50, S. 987-1008.

[36] Engle, R.F. (2002): New Frontiers for ARCH Models, *Journal of Applied Econometrics*, Vol. 17, S. 425-446.

[37] Engle, R.F. (2002): Dynamic Conditional Correlation: A Simple Class of Multivariate Generalized Autoregressive Conditional Heteroskedasticity Models, *Journal of Business & Economic Statistics*, Vol. 20, S. 339-350.

[38] Engle, R.F./Kroner, K.F. (1995): Multivariate Simultaneous Generalized Arch, *Econometric Theory*, Vol. 11, S. 122-150.

[39] Engle, R.F./Manganelli, S. (2004): CAViaR: Conditional Autoregressive Value at Risk by Regression Quantiles, *Journal of Business & Economic Statistics*, Vol. 22, S. 367-381.

[40] Engle, R.F./Lilien, D.M./Robins, R.P. (1987): Estimating Time Varying Risk Premia in the Term Structure: The Arch-M Model, *Econometrica*, Vol. 55, S. 391-407.

[41] Engle, R.F./Mezrich, J. (1996): GARCH for Groups, *RISK*, Vol. 9, S. 36-40.

[42] Engle, R.F./Ng, V.K. (1993): Measuring and Testing the Impact of News on Volatility, *Journal of Finance*, Vol. 48, S. 1749-1778.

[43] Engle, R.F./Ng, V.K./Rothschild, M. (1990): Asset Pricing with a Factor-ARCH Covariance Structure: Empirical Estimates for Treasury Bills, *Journal of Econometrics*, Vol. 45, S. 213-237.

[44] Engle, R.F./Susmel, R. (1993): Common Volatility in International Equity Markets, *Journal of Business & Economic Statistics*, Vol. 11, S. 167-176.

[45] Fama, E. (1965): The Behavior of Stock Market Prices, *Journal of Business*, Vol. 38, S. 34-105.

[46] Franses, P.H./van Dijk, D. (1996): Forecasting Stock Market Volatility Using (Non-Linear) GARCH Models, *Journal of Forecasting*, Vol. 15, S. 229-235.

[47] Franses, P.H./van Dijk, D. (2000): *Non-linear time series models in empirical finance*, Cambridge University Press.

[48] Giot, P./Laurent, S. (2003): Value-at-Risk for long and short trading positions, *Journal of Applied Econometrics*, Vol. 18, S. 641-664.

[49] Glosten, L.R./Jaganathan, R./Runkle, D.E. (1993): On the Relation between the Expected Value and the Volatility of the Nominal Excess Return on Stocks, *Journal of Finance*, Vol. 48, S. 1779-1801.

[50] Gourieroux, C. (1997): *ARCH Models and Financial Applications*, Springer.

[51] Gourieroux, C./Laurent, J.P./Scaillet, O. (2000): Sensitivity analysis of Values at Risk, *Journal of Empirical Finance*, Vol. 7, S. 225-245.

[52] Granger, C.W.J./Ramanathan, R. (1984): Improved Methods of Combining Forecasts, *Journal of Forecasting*, Vol. 3, S. 197-204.

[53] Greene, W.H. (2000): *Econometric Analysis*, 4. Aufl., Prentice-Hall.

[54] Hamao, Y./Masulis, R.W./Ng, V.K. (1990): Correlations in Price Changes and Volatility across International Stock Markets, *The Review of Financial Studies*, Vol. 3, S. 281-307.

[55] Hamilton, J.D. (1994): *Time Series Analysis*, Princeton University Press.

[56] Hansen, B.E. (1994): Autoregressive Conditional Density Estimation, *International Economic Review*, Vol. 35, S. 705-730.

[57] Harvey, C.R./Siddique, A. (1999): Autoregressive Conditional Skewness, *Journal of Financial and Quantitative Analysis*, Vol. 34, S. 465-487.

[58] He, C./Teräsvirta, T. (1999): Fourth moment structure of the GARCH(p,q) process, *Econometric Theory*, Vol. 15, S. 824-846.

[59] Hendricks, D. (1996): Evaluation of Value-at-Risk Models Using Historical Data, *Federal Reserve Bank of New York Economic Policy Review*.

[60] Hull, J.C. (2000): *Options, Futures, & other Derivatives*, 4. Aufl., Prentice-Hall.

[61] Hull, J.C./White, A. (1998): Incorporating Volatility Updating into the Historical Simulation Method for Value at Risk, *Journal of Risk*, Vol. 1, S. 5-19.

[62] Hyndman, R.J./Fan, Y. (1996): Sample Quantiles in Statistical Packages, *The American Statistician*, Vol. 50, S. 361-365.

[63] Johnson, N.L./Kotz, S./Balakrishnan, N. (1994): *Continuous univariate distributions*, 2. Aufl., Wiley.

[64] Johnson, R.A./Wichern, D.W. (2002): *Applied Multivariate Statistical Analysis*, 5. Aufl., Pearson Education International.

[65] Johnston, J./DiNardo, J. (1997): *Econometric Methods*, 4. Aufl., McGraw-Hill.

[66] Jorion, P. (2002): *Value-at-Risk*, 2. Aufl., McGraw-Hill.

[67] Judge, G.G./Griffiths, W.E. et al. (1985): *The Theory and Practice of Econometrics*, 2. Aufl., Wiley.

[68] Koenker, R./Bassett, G. (1978): Regression Quantiles, *Econometrica*, Vol. 46, S. 33-50.

[69] Kroner, K.F./Kneafsey, K.P./Claessens, S. (1995): Forecasting Volatility in Commodity Markets, *Journal of Forecasting*, Vol. 14, S. 77-95.

[70] Kroner, K.F./Ng, V.K. (1998): Modeling Asymmetric Comovements of Asset Returns, *The Review of Financial Studies*, Vol. 11, S. 817-844.

[71] Kupiec, P.H. (1995): Techniques for Verifying the Accuracy of Risk Measurement Models, *Journal of Derivatives*, Vol. 3, S. 73-84.

[72] Lamoureux, C.G./Lastrapes, W.D. (1990): Persistence in Variance, Structural Change, and the GARCH Model, *Journal of Business & Economic Statistics*, Vol. 8, S. 225-234.

[73] Lintner, J. (1965): The Valuation of Risk Assets and the Selection of Risky Investments in Stock Portfolios and Capital Budgets, *The Review of Economics and Statistics*, Vol. 47, S. 13-37.

[74] Longin, F./Solnik, B. (1995): Is the correlation in international equity returns constant: 1960-1990?, *Journal of International Money and Finance*, Vol. 14, S. 3-26.

[75] Mandelbrot, B. (1963): The variation of certain speculative prices, *Journal of Business*, Vol. 36, S. 394-419.

[76] Manganelli, S./Engle, R.F. (2001): Value at Risk Models in Finance, *European Central Bank Working Paper Series* No. 75.

[77] Markowitz, H. (1952): Portfolio Selection, *The Journal of Finance*, Vol. 7, S. 77-91.

[78] Marquardt, D.W. (1963): An Algorithm for Least-Squares Estimation of Nonlinear Parameters, *Journal of the Society for Industrial and Applied Mathematics*, Vol. 11, S. 431-441.

[79] McNeil, A.J./Frey, R. (2000): Estimation of tail-related risk measures for heteroscedastic financial time series: an extreme value approach, *Journal of Empirical Finance*, Vol. 7, S. 271-300.

[80] Merbecks, A./Stegemann, U./Frommeyer, J. (2004): *Intelligentes Risikomanagement*, Redline Wirtschaft bei ueberreuter.

[81] Mills, T.C. (1993): *The Econometric Modelling of Financial Time Series*, Cambridge University Press.

[82] Mittnik, S./Paolella, M.S. (2000): Conditional Density and Value-at-Risk Prediction of Asian Currency Exchange Rates, *Journal of Forecasting*, Vol. 19, S. 313-333.

[83] Mittnik, S./Paolella, M.S./Rachev, S.T. (2000): Diagnosing and treating the fat tails in financial returns data, *Journal of Empirical Finance*, Vol. 7, S. 389-416.

[84] Morgan, J.P. (1996): *RiskMetrics - Technical Document.*

[85] Mossin, J. (1966): Equilibrium in a Capital Asset Market, *Econometrica*, Vol. 34, S. 768-783.

[86] Nelder, J.A./Mead, R. (1965): A simplex method for function minimization, *Computer Journal*, Vol. 7, S. 308-313.

[87] Nelson, D.B. (1991): Conditional Heteroskedasticity in Asset Returns: A New Approach, *Econometrica*, Vol. 59, S. 347-370.

[88] Nelson, D.B./Cao, C.Q. (1992): Inequality Constraints in the Univariate GARCH Model, *Journal of Business & Economic Statistics*, Vol. 10, S. 229-235.

[89] Perridon, L./Steiner, M. (1999): *Finanzwirtschaft der Unternehmung*, 10. Aufl, Vahlen.

[90] Pickands, J. (1975): Statistical Inference Using Extreme Order Statistics, *The Annals of Statistics*, Vol. 3, S. 119-131.

[91] Pindyck, R.S./Rubinfeld, D.L. (1998): *Econometric Models and Economic Forecasts*, 4. Aufl., McGraw-Hill.

[92] Poon, S.-H./Granger, C.W.J. (2003): Forecasting Volatility in Financial Markets: A Review, *Journal of Economic Literature*, Vol. 41, S. 478-539.

[93] Reichling, P. (2003): *Risikomanagement und Rating*, Gabler.

[94] Sarma, M./Thomas, S./Shah, A. (2003): Selection of Value-at-Risk Models, *Journal of Forecasting*, Vol. 22, S. 337-358.

[95] Schwert, G.W. (1990): Stock Volatility and the Crash of '87, *The Review of Financial Studies*, Vol. 3, S. 77-102.

[96] Sharpe, W.F. (1964): Capital Asset Prices: A Theory of Market Equilibrium under Conditions of Risk, *The Journal of Finance*, Vol. 19, S. 425-442.

[97] Stahl, G. (1997): Three cheers, *RISK*, Vol. 10, S. 67-69.

[98] Stulz, R.M. (1996): Rethinking Risk Management, *Journal of Applied Corporate Finance*, Vol. 9, S. 8-24.

[99] The Royal Swedish Academy of Sciences (2003): Time-series Econometrics: Cointegration and Autoregressive Conditional Heteroskedasticity, *Bank of Sweden Prize in Economic Sciences in Memory of Alfred Nobel*.

[100] West, K.D./Cho, D. (1995): The predictive ability of several models of exchange rate volatility, *Journal of Econometrics*, Vol. 69, S. 367-391.

[101] White, H. (1982): Maximum Likelihood Estimation of Misspecified Models, *Econometrica*, Vol. 50, S. 1-26.

[102] Zakoian, J.-M. (1994): Threshold heteroskedastic models, *Journal of Economic Dynamics and Control*, Vol. 18, S. 931-955.

Kolibri 360 GmbH
Ferdinand-Jühlke-Straße 7
99095 Erfurt, Deutschland
produktsicherheit@kolibri360.de